本书系陇东学院博士基金项目"唐代礼仪制度发展变迁史论"（项目编号：XYBYSK2202）系列成果之一

# 唐代礼仪文献与礼制研究

陈飞飞 著

中国社会科学出版社

# 图书在版编目(CIP)数据

唐代礼仪文献与礼制研究 / 陈飞飞著. -- 北京：中国社会科学出版社, 2024. 8. -- ISBN 978-7-5227-4010-2

Ⅰ. K892.9

中国国家版本馆 CIP 数据核字第 2024433XM7 号

| 出 版 人 | 赵剑英 |
| --- | --- |
| 责任编辑 | 金　燕　石志杭 |
| 责任校对 | 冯英爽 |
| 责任印制 | 李寡寡 |

| 出　　版 | 中国社会科学出版社 |
| --- | --- |
| 社　　址 | 北京鼓楼西大街甲 158 号 |
| 邮　　编 | 100720 |
| 网　　址 | http://www.csspw.cn |
| 发 行 部 | 010-84083685 |
| 门 市 部 | 010-84029450 |
| 经　　销 | 新华书店及其他书店 |

| 印　　刷 | 北京明恒达印务有限公司 |
| --- | --- |
| 装　　订 | 廊坊市广阳区广增装订厂 |
| 版　　次 | 2024 年 8 月第 1 版 |
| 印　　次 | 2024 年 8 月第 1 次印刷 |

| 开　　本 | 710×1000　1/16 |
| --- | --- |
| 印　　张 | 17.25 |
| 字　　数 | 251 千字 |
| 定　　价 | 89.00 元 |

凡购买中国社会科学出版社图书，如有质量问题请与本社营销中心联系调换
电话：010-84083683
**版权所有　侵权必究**

# 目　录

绪　论 ································································ (1)

## 上编　唐代礼仪文献综论

**第一章　唐代礼仪文献及其研究价值与意义** ···················· (21)
 第一节　唐代礼仪文献的内容 ································· (21)
 第二节　唐代礼仪文献的研究价值与意义 ··················· (27)
 小　结 ·························································· (32)

**第二章　唐代礼仪著作研究**
  ——从《旧唐书·经籍志》《新唐书·艺文志》
   所载礼书目录谈起 ········································ (33)
 第一节　唐代礼仪著作的基本内容 ··························· (33)
 第二节　唐代礼仪著作的作者群体考察 ····················· (40)
 第三节　唐代礼仪典籍的撰作特点与保存状况 ············· (57)
 小　结 ·························································· (64)

## 目 录

**第三章　唐代礼仪文章研究**
　　——以《文苑英华》为中心……………………………………（66）
　　第一节　唐代礼仪文章的主要内容………………………………（66）
　　第二节　唐代礼仪文章的作者群体考察…………………………（75）
　　第三节　唐代礼仪文章的撰作特点与保存状况…………………（82）
　　小　结………………………………………………………………（86）

## 下编　唐代五礼制度下的文献描写与礼仪实践

**第四章　唐代吉礼祭祀器物的文献描写与实际应用**……………（91）
　　第一节　唐代祭祀活动中礼仪器物的制度规定…………………（92）
　　第二节　相关文献中的礼仪器物…………………………………（96）
　　第三节　相关制度与文献内容的比较研究………………………（111）
　　小　结………………………………………………………………（116）

**第五章　吉、嘉融合：唐代南郊赦文研究**………………………（118）
　　第一节　唐代南郊礼仪与大赦……………………………………（118）
　　第二节　唐代南郊赦文的特点与内容……………………………（124）
　　第三节　唐代南郊赦文的功能与意义……………………………（137）
　　小　结………………………………………………………………（141）

**第六章　从张九龄到李德裕：唐代前后期的蕃书撰作与宾礼变革**………………………………………………………（142）
　　第一节　张九龄与唐前期的蕃书写作……………………………（145）
　　第二节　李德裕与唐后期的蕃书写作……………………………（165）
　　第三节　唐代前后期的蕃书与宾礼对比研究……………………（172）
　　小　结………………………………………………………………（178）

## 第七章　军礼的评判：唐代的大射与射礼判文 …………（179）
  第一节　唐代判文中的射礼描写 ……………………（180）
  第二节　射礼判文的意义与内涵 ……………………（186）
  小　结 ……………………………………………………（191）

## 第八章　出土文献与礼仪：唐代碑志与敦煌国忌行香文研究 ………………………………………………（192）
  第一节　唐代碑志及其相关礼仪 ……………………（192）
  第二节　唐代国忌礼仪与敦煌国忌行香文 …………（200）
  小　结 ……………………………………………………（214）

## 第九章　从文献到思想
  ——唐代礼仪文献与礼仪制度、文化、思想关系的再思考 ……………………………………（215）
  第一节　唐代礼仪文献关注点及内容的发展与变迁 …（215）
  第二节　唐代礼仪思想的历史转变 …………………（219）
  第三节　礼仪文献与礼仪制度、文化、思想关系的再认识 ……………………………………（227）

## 结　语 …………………………………………………………（231）

## 参考文献 ………………………………………………………（235）

## 附　表 …………………………………………………………（251）

## 后　记 …………………………………………………………（269）

# 绪 论

## 一 选题背景

《礼记·乐记》曰："天高地下，万物散殊，而礼制行矣。"孔颖达疏："礼者，别尊卑，定万物，是礼之法制行矣。"①"礼"在整个中国古代社会发展过程中的作用至关重要，从知礼到懂礼，再到用礼，礼在社会生活中的秩序性和规范性也被一步步地树立，并在维护统治、明辨尊卑、和谐社会关系等方面有着不可替代的意义与价值，为古代国家维护等级秩序、宗法关系所必需，而且其作为国家存在的精神支柱，与用于治政的律令一样都是不可或缺的国家基础制度内容之一。

邹昌林在《中国古礼研究》中指出，"礼"在中国是一个独特的概念，为其他任何民族所无。其他民族之"礼"一般不出礼俗、礼仪、礼貌的范围，而中国之"礼"，则与政治、法律、宗教、思想、哲学、习俗、文学、艺术，乃至经济、军事无不结为一个整体，为中国物质文化和精神文化之总名。中国的礼从礼俗发展到礼制，从礼制发展到礼义，既而又由礼制、礼义回归到礼俗……中国之"礼"固重于形式，故中国之"礼"是活在中国人心中的一个基础，而且，"礼"是中国文化的根本。② 阎步克先生在论及"士大夫政治演生"时，也认为"礼"显示出

---

① （汉）郑玄注，（唐）孔颖达正义，吕友仁整理：《礼记正义》卷四七《乐记》，上海古籍出版社2008年版，第1482页。

② 邹昌林：《中国古礼研究》，台湾文津出版社1992年版，第12—13页。

无所不包的性质，他在《士大夫政治演生史稿》中指出，"礼"统摄了社会各个领域，从法度政制直到冠、婚、丧、祭之民间礼俗，大抵都被纳入了"礼"①，由此可见"礼"的丰富内涵与研究价值。

唐代是我国古代礼制发展相当完善的一个时期，它所制定的礼制不仅在当时具有至高无上的权威性，而且对后世也产生了深远的影响。"圣人惧其邪放，于是作乐以和其性，制礼以检其情，俾俯仰有容，周旋中矩。故肆觐之礼立，则朝廷尊；郊庙之礼立，则人情肃；冠婚之礼立，则长幼序；丧祭之礼立，则孝慈著；蒐狩之礼立，则军旅振；享宴之礼立，则君臣笃。是知礼者，品汇之璿衡，人伦之绳墨，失之者辱，得之者荣，造物已还，不可须臾离也。"② 唐代的五礼制度继承前朝③，又在此基础上丰富健全，成为整个社会管理与人伦秩序的标准法则，更是以《大唐开元礼》的修撰完成标志着中国古代礼仪制度发展的高峰，成为后世修撰礼仪典籍的不刊蓝本。唐代的吉、宾、军、嘉、凶五礼既是对自《周礼》以来各项礼仪制度发展变迁的概括与总结，也是当时朝廷礼制、社会礼俗生活等各方面礼仪活动的现实需求之所在。学界有关唐代礼仪制度的研究成果早已汗牛充栋，粲然可观，但礼仪制度本身所包含的内容广泛，总有一些细节尚未被学人所注目，而且礼制本身并不孤立，其对于当时整个社会政治经济制度、文化传统的影响也不能概而论之，因此，研究礼制除了对其本身要进行深入探讨外，同时还要将礼制与反映唐代社会、政治、经济、文化等各方面的现有文献内容结合起来，进行综合的考察。只有这样，才能对礼制与唐代社会的真正关系有一个更加全面地了解。

唐代的礼仪制度，既是中国古代五礼制度的发展高峰，又是唐宋之际国家礼制与社会礼俗发展变迁的重要过渡，在近三百年的社会历史前

---

① 阎步克：《士大夫政治演生史稿》，北京大学出版社2015年版，第415页。
② 《旧唐书》卷二一《礼仪志》，中华书局1975年版，第815页。
③ 唐代的五礼次序根据《贞观礼》《大唐开元礼》的记载，依次为吉、宾、军、嘉、凶，但在本书中，出于实际篇幅与内容的考虑，并未严格按照这一顺序设置章节与展开行文，特此说明。

进过程之中，礼制也随之跌宕起伏、盛衰演变，被赋予了复杂多样的内容特征与实质内涵，极具学术研究意义与价值。在前辈学者研究成果的基础之上，本书从唐代礼仪制度的文本载体——礼仪文献入手，先是整体把握其基本内容的撰作与存世情况，然后通过一些具有代表性的文献细节的研究，论证其与唐朝当时施行的礼仪制度之间的辩证关系，进而全面讨论唐代礼仪文献的研究意义与价值。同时，在具体礼仪文献的研究过程之中，本书以从下而上、由外而内的视角来探究唐代礼仪制度的内容特点与发展变迁轨迹，不仅丰富与深化了现有的礼制研究成果，而且对于唐代一些礼仪制度的实际践行情况进行了举例与说明，指出不同类型礼仪文献的实用性、可操作性与时空局限性，并结合唐代社会历史发展情况，分析礼仪文献及其反映的礼仪制度、文化、思想之间的互动关系，对于它们自身的特点、统一与矛盾的细节、文质观等问题也展开了进一步论述。

唐代礼仪文献内容丰富，数量庞大，具有文学与史学的双重属性。在虚实之间记载并描绘了唐代文人士子对于礼仪制度的认识与评价，可以从文人自身、社会风气、国家礼制等多个维度展开探索，从而全面细化研究大唐礼制的实际实施情况与社会认可程度。本书利用九个章的内容围绕主题展开分析与研究，在综合前辈学者研究成果的基础之上，对于数量庞大、内容繁复的礼仪文献本身进行了整体性的论述与概括，清楚地掌握了其内容特点与研究价值，并根据其体例与内容尝试分类研究。《旧唐书·经籍志》与《新唐书·艺文志》所记载的礼书目录，可以作为五代、北宋时期官方收集整理唐代留存礼仪著作情况的显著例证，而宋代《文苑英华》《册府元龟》等大型类书的编撰，又是分类保存唐代礼仪文章的最佳载体，这些古人的辛勤成果为本书的论述与研究提供了坚实的文献资料基础。

唐代实际施行的吉、凶、军、宾、嘉五礼制度，从不同的角度涵盖了唐代的政治、军事、外交等官方日常政务与不同阶层的婚嫁、丧葬等社会生活，虽然随着时间流逝，这些画面与场景难以完整再现，但描述与记录这些礼俗活动的礼仪文献却在历史的长河之中一直流传下来，成为后世了解与研究唐代礼仪制度的第一手资料。敦煌文书、墓志碑刻等考古出土新资料，更是完整地保留了唐代礼仪文献的原始面貌。因此，本书展开了有关唐代吉礼祭祀器物文章、南郊赦礼之后颁布的官方赦礼文书、对外交往活动中的政府敕书、军礼中的射礼判文、与吉凶礼仪有关的碑刻墓志及敦煌文书等文献内容的分析与研究，讨论它们与礼仪制度实际实施情况的异同之处，利用这些文献来反证唐代礼仪制度的实践与发展变迁情况，也从中发掘出了唐代文人士子对于这些礼仪活动以及官方礼仪制度的认识与理解，并对存在的古礼与今制、文献与现实等矛盾与争论之处进行辩驳与总结，从唐人的语言文字中更好地把握礼仪制度的内涵与特征，也为这些礼仪文献的文本功能与实际应用情况作出解释与说明。

唐代辉煌灿烂的礼仪制度催生了丰富多样的礼仪文献，而丰富多样的礼仪文献又是唐代礼制的文本载体与现实反映，它们不仅有深入细致的描写与刻画，还有全面广泛的讨论与评价，并且随着雕版印刷等科学技术的发展将这些文本细节与观点传之后世，使之成为当今学界了解与研究唐代礼仪制度的重要文献资料，极大地推动了唐代礼制的研究进展，并为唐代礼仪文化、思想的继承与传播增添助力。

子曰："夏礼，吾能言之，杞不足征也；殷礼，吾能言之，宋不足征也。文献不足故也。足，则吾能征之矣。"[①] 古礼的保留与呈现极大地依托于礼仪文献的保存与流传情况，只有足够完整的礼仪文献的存在，人们才能借以了解和研究古礼的整体面貌。唐代的礼仪文献总体上包括朝廷的礼制典籍、文人士子的礼仪著作及文章等内容，但由于年代久远，而且其时雕版印刷等保存传播的手段、技术也尚未发展成熟与普遍应用，导致了大量礼学典籍的佚失。在遗留下来的诸多唐代史料典籍当中，礼仪文献占据着非常重要的一部分，虽然它们在一定程度上真实记载或反

---

[①]（清）刘宝楠撰，高流水点校：《论语正义》卷三《八佾第三》，中华书局1990年版，第91—92页。

映了当时的礼仪制度，但由于历史时空间隔千年，记载断层，关于唐代确切实施的礼仪制度及其现场状况仍留有很大程度的论证空白，也成为诸多史学家们不断研究与钻研的意义所在。本书的研究也是希望从唐代礼仪文献的自身情况出发，结合传世文献与新近考古出土成果，对于其整体内容有一个概括性认知，研究它们的撰作与保存情况，并由此展开对于唐代礼仪制度的相关研究，从中发掘出唐代礼仪文献与礼仪制度之间的关系以及唐人的礼制思想，充分展现唐代的礼仪文化，深刻解读唐代礼仪的实质内涵与外在表现，为唐代礼仪制度史及其相关礼仪问题的研究工作添砖加瓦。

## 二　唐代礼仪文献研究现状综述

学界当前关于唐代礼仪文献的研究成果主要集中在以下两个方面：一是以一些礼仪文献和文学作品为切入点，从整体上把握唐代礼仪制度与礼仪文献的对应关系；二是从五礼之中选取一种礼仪文献展开研究，也包括对于传世文学典籍著作、考古碑志资料、敦煌文书等反映唐代礼仪制度的文献内容的研究，因其内容丰富，较易把握，学者们可以根据自身的学科领域与兴趣旨向，进行重点选择与深入，并随之产生极具价值的研究成果，解决史书记载中的遗留问题。这两方面的研究内容视角不同，方法不同，最终得到的结论与数量也相差甚多，但都需要认真分析与论证，使其成为打开学术创新突破口的力量与钥匙。关于唐代礼仪制度及其五礼体系下各礼的研究成果情况，陈寅恪、陈戍国、吴丽娱、任爽、杨志刚、张国刚、高明士、甘怀真、堀敏一、金子修一、石见清裕、麦大维（David McMullen）、王贞平、雷闻、王美华、顾涛、朱溢、王博、吕博、冯茜等前辈学者着墨颇多[1]，兹不赘述，现将关于唐代礼

---

[1] 已有学者对唐代礼仪制度的相关成果进行了综述研究，如朱溢《隋唐礼制史研究的回顾和思考》，《史林》2011年第5期；杨英《改革开放四十年来的中古礼学和礼制研究》，《文史哲》2020年第5期；拙著《戎祀之间：唐代军礼研究》（中国社会科学出版社2021年版）一书绪论部分也对唐代五礼制度的研究情况进行了总结与论述，详见第3—22页。

仪文献的研究现状综述如下：

（一）礼仪文献总体性研究现状

从整体上研究礼仪文献以及相关礼仪制度、文化、思想的成果主要有：陈赟从文字渊源、功能特点和相互影响三个方面来探索文章与礼乐的历史关联[①]；刘小明的《〈文苑英华〉中的涉礼判文》，主要研究了《文苑英华》中的涉礼判文，表达了唐代司法审判对礼的重视与依赖[②]；罗军凤对于西方学界新兴的礼仪理论展开分析与辩证，并从早期中国的实际情况出发探讨了这一理论的功能与意义[③]；王学军系统地探讨了唐以前礼制与文学的关联、具体表现及其历史演变[④]；程章灿则通过秦始皇东巡刻石来探讨其背后的政治、礼仪与文化史意义[⑤]；于俊利通过文学描述与礼学文献记载的相互对照，从唐代的礼学思想、礼制活动分析其对当时文人、文学、社会风气，以及对唐代文学之题材、主题、文体、文学表现手法、文学观念等的影响，揭示了造就唐代文学特色的深层原因，并选取唐代吉礼中的郊祀、封禅、释奠，凶礼中的挽歌、悼诗，嘉礼中的朝贺以及军礼中的巡狩等方面的礼仪文学作品展开了详细的考察研究[⑥]；美国学者柯马丁也对秦始皇石刻这一文献进行了关注，并由此深入分析早期中国的文献与礼仪[⑦]。总体来说，这些成果在研究理论方面具有开创性与借鉴意义，但其研究内容与对象则跨越了先秦至隋唐多个时间段，不够集中。而且以本书的研究对象来说，关于唐代礼仪文献的整体研究成果，于俊利的《唐代礼制文化与文学》为本书的研究思路与方法提供了较好的研究借鉴意义。

---

[①] 陈赟：《文章与礼乐》，《贵州社会科学》2006年第2期。
[②] 刘小明：《〈文苑英华〉中的涉礼判文》，《广播电视大学学报》2011年第4期。
[③] 罗军凤：《文本与仪礼：早期中国文化研究与礼仪理论》，《文学评论》2013年第3期。
[④] 王学军：《无厚与有间：先唐礼制与文学》，博士学位论文，南京大学，2013年。
[⑤] 程章灿：《传统、礼仪与文本——秦始皇东巡刻石的文化史意义》，《文学遗产》2014年第2期。
[⑥] 于俊利：《唐代礼制文化与文学》，中国社会科学出版社2014年版。
[⑦] ［美］柯马丁：《秦始皇刻石：早期中国的文本与仪式》，刘倩译，上海古籍出版社2015年版。

(二) 五礼文献具体研究现状

1. 吉礼文献。关于唐代吉礼祭祀文献的研究成果颇多，在整体研究方面，于俊利从《全唐文》《唐文拾遗》《唐文续拾》中统计出71位作者，共有祭文484篇，并研究认为，随着政治气氛与文人创作心态的差异化发展，唐代祭文的文体也相应产生了变化，呈现出从骈文到散文再到骈文的发展轨迹①；之后又在同一资料的基础上，讨论了唐代祭文中骈文的演变过程②。刘东楠的《唐代祭文研究》，对于唐代祭文的分类与特征进行了详细论证，并探讨了祭文的文学价值与流变情况③。严春华的《唐代祭神文论略》认为，唐代祭神文的最大特征是可以通过各种方法直接参与祭祀仪式，成为祭祀活动的一部分，不仅直接保留了唐代的祭祀活动，反过来又促进了唐代祭神文的繁荣④。冯志弘以韩愈的《潮州祭城隍神文》等祭神文为中心，分析论述了韩愈撰写的祭神文与他所秉持的儒家思想之间的关系⑤。何奕儒则以敦煌文献为中心，论述了敦煌祭文的特点、类型与文学特色，并专门探讨了敦煌的祭文与民间丧祭仪式⑥。

在具体的吉礼祭祀礼仪文献研究方面，可以从郊祀、封禅、籍田、道教祭祀、雩祀、释奠等礼仪文献谈起。关于唐代的郊祀礼仪文献，如张树国的《汉至唐郊祀制度沿革与郊祀歌辞研究》，主要研究了汉至唐郊祀制度的沿革及其礼仪中的歌辞⑦；冯茜的《〈开元礼〉与郑王之争在礼制层面的消亡——以郊祀为中心讨论》，认为唐代郊祀礼制的变动与郑王学说的争论随着《开元礼》的确定而消亡⑧；吴丽娱的《从郊礼"奠玉帛"的文字看〈开元礼〉的制作——〈大唐开元礼〉札记之二》，从

---

① 于俊利：《唐代祭文的文体演变》，《社会科学评论》2008年第2期。
② 于俊利、傅绍良：《从唐代祭文看骈文的演进》，《东方丛刊》2009年第2期。
③ 刘东楠：《唐代祭文研究》，硕士学位论文，郑州大学，2008年。
④ 严春华：《唐代祭神文论略》，《衡阳师范学院学报》2012年第2期。
⑤ 冯志弘：《鬼神、祭礼与文道观念——以韩愈〈潮州祭城隍神文〉等祭神文为中心》，《河北师范大学学报》2016年第4期。
⑥ 何奕儒：《敦煌祭文写本研究》，硕士学位论文，贵州师范大学，2019年。
⑦ 张树国：《汉至唐郊祀制度沿革与郊祀歌辞研究》，《陕西师范大学学报》2008年第1期。
⑧ 冯茜：《〈开元礼〉与郑王之争在礼制层面的消亡——以郊祀为中心讨论》，《中国典籍与文化》2011年第4期。

郊祀礼仪中"奠玉帛"的文字繁简写法和方式探讨出《大唐开元礼》对《贞观礼》《显庆礼》二礼礼仪的吸收和折中①。关于唐代封禅文的研究，林晓娜认为，直到唐代才建立起封禅文的范式，并且在其基础上，唐人又进行了一定的创新②；杨晴的《唐宋封禅文学研究》全面论述了唐宋时期封禅文学的产生机制、时代特征与价值，并指出了二者的区别与原因③。关于唐代籍田礼仪文献的研究，主要有郝二旭的《唐五代敦煌农业祭祀礼仪浅论》，利用敦煌文书研究了唐五代敦煌地区的农业祭祀礼仪，涉及了籍田礼④；王田田的《唐及唐以前藉田奏议辑证》，主要考察唐及唐以前臣子所上籍田奏议，讨论籍田礼是否实施及其实施背景与效果⑤。关于道教祭祀礼仪中的青词，学界也有提及，如王雨萌撰文研究了唐代青词的产生与发展，形式、内容及其价值⑥；丁放、韩文涛则从唐诗文化学的角度，探讨了青词与唐诗的关系及其相互影响⑦。关于唐代雩祀求雨礼仪文献的研究，主要有赵玉平的《唐代敦煌地区"雩礼"考述》，文章结合敦煌文书对唐代敦煌地区的雩礼进行了研究⑧；曹馨月的《唐代祈雨文研究》，对于唐代祈雨祭祀过程中产生的文献展开研究，指出了唐代祈雨文的政治教化与文学功用，并揭示了其宗教与民俗传承价值⑨。白雪松的《浅谈〈大唐开元礼〉中的释奠礼》，主要利用《大唐开元礼》，对唐代释奠礼的发展与变化进行了论述⑩；向群的《唐判文中所见有关家庙问题的讨论》则通过唐代士人撰写的判文来研究唐代的

---

① 吴丽娱：《从郊礼"奠玉帛"的文字看〈开元礼〉的制作——〈大唐开元礼〉札记之二》，载《隋唐辽宋金元史论丛（第八辑）》，上海古籍出版社2018年版，第44—60页。
② 林晓娜：《论封禅文体的演变及唐代封禅文的特色》，《理论界》2010年第12期。
③ 杨晴：《唐宋封禅文学研究》，博士学位论文，西北师范大学，2016年。
④ 郝二旭：《唐五代敦煌农业祭祀礼仪浅论》，《农业考古》2014年第4期。
⑤ 王田田：《唐及唐以前藉田奏议辑证》，硕士学位论文，东北师范大学，2017年。
⑥ 王雨萌：《唐代青词刍议》，载樊英峰主编《乾陵文化研究（八）》，三秦出版社2014年版，第344—348页。
⑦ 丁放、韩文涛：《论青词与唐诗》，《江淮论坛》2017年第2期。
⑧ 赵玉平：《唐代敦煌地区"雩礼"考述》，《兰台世界》2009年第10期。
⑨ 曹馨月：《唐代祈雨文研究》，硕士学位论文，四川师范大学，2020年。
⑩ 白雪松：《浅谈〈大唐开元礼〉中的释奠礼》，《理论界》2011年第3期。

家庙礼仪制度①。

2. 嘉礼文献。有关唐代嘉礼的文献研究多集中在赦礼文书、册命文书与婚礼文书等方面，主要有邵治国的《浅析唐代赦宥实施的仪式、程序及赦书》，对于唐代赦书的颁布与格式进行了简述②；禹成旼的《试论唐代赦文的变化及其意义》，认为唐代的赦文自武则天以后产生了巨大变化，具有了立法性质与特殊含义③，她的《唐代赦文颁布的演变》，对于唐代赦文颁布仪式的演变过程进行了论述④；魏斌的《唐代赦书内容的扩展与大赦职能的变化》，认为唐代的赦书内容较之前代有所扩展，增加了许多与朝廷行政有关的申明和禁令⑤，他的《"伏准赦文"与晚唐行政运作》，对于晚唐赦书新出现的公文用语"伏准赦文"进行了辨析，并研究了其在晚唐政治中的行政意义与深远影响⑥；张祥的《唐代遗诏、即位册文诸问题研究》，对于唐代遗诏、即位册文的具体情况作了简要介绍，并就遗诏中的摄冢宰、即位册文的详细内容展开了论述⑦；张攀利的《唐代官员册命制度研究》，在研究唐代官员册命制度的同时，也对册礼文书稍有论及⑧；孟宪实也撰文重点论述了唐代册书适用范围的变化问题⑨；有关唐代婚书的研究成果多以出土文献、敦煌文书为中心，如史睿的《出土文献所见唐代士族婚姻礼法的特点与源流——兼谈婚姻礼法与士族兴衰》，利用出土文献对唐代士族婚姻礼法的特点与源流展开考证⑩；张艳云的《从敦煌的婚书程式看唐代许婚制度》，根据敦煌文

---

① 向群：《唐判文中所见有关家庙问题的讨论》，《广州文博》2017年第1期。
② 邵治国：《浅析唐代赦宥实施的仪式、程序及赦书》，《常德师范学院学报》2002年第2期。
③ [韩] 禹成旼：《试论唐代赦文的变化及其意义》，《北京理工大学学报》2004年第3期。
④ [韩] 禹成旼：《唐代赦文颁布的演变》，载《唐史论丛（第八辑）》，三秦出版社2006年版，第114—132页。
⑤ 魏斌：《唐代赦书内容的扩展与大赦职能的变化》，《历史研究》2006年第4期。
⑥ 魏斌：《"伏准赦文"与晚唐行政运作》，《中国史研究》2006年第1期。
⑦ 张祥：《唐代遗诏、即位册文诸问题研究》，硕士学位论文，南京师范大学，2017年。
⑧ 张攀利：《唐代官员册命制度研究》，硕士学位论文，陕西师范大学，2019年。
⑨ 孟宪实：《唐代册礼及其改革》，《历史研究》2021年第3期。
⑩ 史睿：《出土文献所见唐代士族婚姻礼法的特点与源流——兼谈婚姻礼法与士族兴衰》，载余欣主编《中古时代的礼仪、宗教与制度》，上海古籍出版社2012年版，第85—108页。

书中的通婚书与答婚书来研究唐代的许婚制度[1]。敦煌文书中的《下女夫词》是反映唐代民间婚礼情况的重要文献，也引起了众多学者的关注与研究，如李正宇的《〈下女夫词〉研究》[2]、宋雪春的《敦煌本〈下女夫词〉的写本考察及相关问题研究》[3]与《〈俄藏敦煌文献〉中四件〈下女夫词〉残片的缀合》，以及刘思敏的《敦煌文献〈下女夫词〉研究》[4]等，从内容、版本等多个角度展开研究。另外，杨为刚的《礼制与情欲：唐代婚礼的仪式书写与文学表达》，也是利用敦煌文书中的官方礼书与婚礼中的口诵诗文来研究唐代社会中的婚姻礼仪[5]；李小奇的《论白居易婚姻判文律法书写的意义》，主要探讨了白居易撰写的婚姻判文的意义与体现[6]；孙娜的《唐代元日朝贺诗文研究》，主要探讨了唐代的元日朝贺礼仪及其诗文创作，并进一步分析了这些诗文的特色、价值与作者心态[7]。

3. 凶礼文献。关于唐代凶礼文献的研究主要集中在悼祭文、哀册文、《大唐元陵仪注》、敦煌文书、笔记小说、丧葬律令等方面，主要成果有纪艳丽的《唐代悼祭文概说》主要研究了唐代悼祭文繁荣的原因、社会文化内涵及其文学价值[8]；王育龙对于发掘出土的唐惠庄太子李㧑哀册作了简要介绍与研究[9]；樊英峰、拜根兴的《唐懿德太子哀册文关联问题述论》，结合传世文献中李峤所作的懿德太子哀册文以及懿德太子墓中考古发现的哀册文残片展开了相关论述[10]；鹏宇对于唐惠陵出土

---

[1] 张艳云：《从敦煌的婚书程式看唐代许婚制度》，《敦煌研究》2002年第6期。
[2] 李正宇：《〈下女夫词〉研究》，《敦煌研究》1987年第2期。
[3] 宋雪春：《敦煌本〈下女夫词〉的写本考察及相关问题研究》，《敦煌学辑刊》2012年第4期。
[4] 刘思敏：《敦煌文献〈下女夫词〉研究》，硕士学位论文，青海师范大学，2019年。
[5] 杨为刚：《礼制与情欲：唐代婚礼的仪式书写与文学表达》，《中华文史论丛》2020年第3辑。
[6] 李小奇：《论白居易婚姻判文律法书写的意义》，《宁夏大学学报》2015年第6期。
[7] 孙娜：《唐代元日朝贺诗文研究》，硕士学位论文，西北师范大学，2013年。
[8] 纪艳丽：《唐代悼祭文概说》，硕士学位论文，辽宁师范大学，2006年。
[9] 王育龙：《唐惠庄太子李㧑墓哀册简论》，《文博》2001年第6期。
[10] 樊英峰、拜根兴：《唐懿德太子哀册文关联问题述论》，载樊英峰主编《乾陵文化研究（二）》，三秦出版社2006年版，第247—256页。

的"让皇帝"李宪夫妇的哀册与谥册进行了校勘解读①；刘瑞萍的《唐代遗诏的传世情况及基本模式》，对于唐代遗诏的传世情况以及基本模式进行论证研究②；朱莉华的《唐代哀册文研究》对于唐代哀册文的使用、作者、形式、内容、艺术特色都进行了考证，并揭示了哀册文所反映的唐代丧葬文化及其产生的文体、文化影响③；贾鸿源对于新近刊布的《唐惠昭太子哀册》残简尝试进行复原研究④；王一涵的《先唐哀祭文体研究》，主要针对先唐时期各类哀祭文体的源流演变、文体特征及其产生与流变的文化背景和原因展开论述⑤；高梦蝶的《中唐哀祭文研究》，主要以中唐时期的 256 篇哀祭文为研究对象，探究了哀祭文的发展过程及其创作情况⑥。利用敦煌文书、墓志等出土文献的研究成果主要有龚泽军的《敦煌写本祭悼文研究》，以敦煌文书为中心，考察了唐代祭悼文的源流与演变，研究了敦煌祭悼文所反映的民俗宗教、词汇与文学价值⑦；金身佳则主要关注于敦煌文书中的宅经、葬书，并逐一分类定名与解读⑧，之后又指出敦煌宅经葬书中所反映的天人合一理念⑨；吴羽对于反映唐代丧葬择日的文书 P.2534《阴阳书·葬事》展开补充论述⑩；江波在研究唐代墓志撰书人的同时，提及了墓志所反映的唐代丧葬观念⑪；张剑光的《礼缘人情：唐代民间的丧祭礼仪——以宋代笔记为核心的考察》，主要利用宋代笔记小说对于唐代民间的丧葬礼仪进行了研究⑫；吴丽娱的《终极之典：中古丧葬制度研究》，结合《丧葬令》

---

① 鹏宇：《唐惠陵出土哀册与谥册校勘》，《文物春秋》2011 年第 4 期。
② 刘瑞萍：《唐代遗诏的传世情况及基本模式》，《黑龙江史志》2015 年第 5 期。
③ 朱莉华：《唐代哀册文研究》，硕士学位论文，西华师范大学，2018 年。
④ 贾鸿源：《〈唐惠昭太子哀册〉复原研究》，《文献》2021 年第 6 期。
⑤ 王一涵：《先唐哀祭文体研究》，中央编译出版社 2018 年版。
⑥ 高梦蝶：《中唐哀祭文研究》，硕士学位论文，南京师范大学，2018 年。
⑦ 龚泽军：《敦煌写本祭悼文研究》，博士学位论文，四川大学，2005 年。
⑧ 金身佳：《敦煌写本宅经葬书研究》，博士学位论文，兰州大学，2006 年。
⑨ 金身佳：《敦煌写本宅经葬书与古人的天人合一理念》，《湘潭大学学报》2007 年第 4 期。
⑩ 吴羽：《敦煌文书〈阴阳书·葬事〉补正数则》，《敦煌研究》2013 年第 2 期。
⑪ 江波：《唐代墓志撰书人及相关文化问题研究》，博士学位论文，吉林大学，2010 年。
⑫ 张剑光：《礼缘人情：唐代民间的丧祭礼仪——以宋代笔记为核心的考察》，《社会科学动态》2017 年第 4 期。

## 绪 论

《天圣令》中的一些律令文献对于唐代的丧葬礼仪制度展开论述[①]。

有关《大唐元陵仪注》的研究有麦大维的《唐代宗的丧仪》[②]；金子修一等日本学者的一系列成果，如金子修一等的《大唐元陵仪注试释（一）》[③]《大唐元陵仪注试释（二）》[④]《大唐元陵仪注试释（三）》[⑤]；金子修一、江川式部的《从唐代礼仪制度看〈大唐元陵仪注〉研究的意义》[⑥]；金子修一等的《大唐元陵仪注试释（四）》[⑦]《大唐元陵仪注试释（五）》[⑧]；稻田奈津子的《奈良时代天皇丧葬仪礼——关于大唐元陵仪注的讨论》[⑨]；金子修一撰，博明妹翻译的《围绕〈大唐元陵仪注〉的诸多问题》，对于《通典》中所载《大唐元陵仪注》的条文及其来源进行了解释和评价[⑩]；金子修一主编的《大唐元陵仪注新释》[⑪]，集金子修一、江川式部、河内春人等众多日本学者多年来对《大唐元陵仪注》的最终研究成果于一体，对于《大唐元陵仪注》自身及其各项礼仪进行了详细说明；吴凌杰的《唐代帝王丧葬礼制研究》，也对《大唐元陵仪注》的文献流变、价值与影响进行了论述[⑫]。

---

[①] 吴丽娱：《终极之典：中古丧葬制度研究》，中华书局2012年版。

[②] McMullen David, "The Death Rites of Tang Daizong", in *State and Court Ritual in China*, edited by Joseph P. McDermott, London: Cambridge University Press, 1999, pp. 150-196.

[③] [日]金子修一等：《大唐元陵仪注试释（一）》，《山梨大学教育人间科学部纪要》3卷2号，2002年，第1—16页。

[④] [日]金子修一等：《大唐元陵仪注试释（二）》，《山梨大学教育人间科学部纪要》4卷2号，2002年，第1—18页。

[⑤] [日]金子修一等：《大唐元陵仪注试释（三）》，《山梨大学教育人间科学部纪要》5卷2号，2003年，第1—23页。

[⑥] [日]金子修一、[日]江川式部：《从唐代礼仪制度看〈大唐元陵仪注〉研究的意义》，中国唐史学会第九届年会论文，云南，2004年7月，第1—11页。

[⑦] [日]金子修一等：《大唐元陵仪注试释（四）》，《山梨大学教育人间科学部纪要》6卷2号，2005年，第1—13页。

[⑧] [日]金子修一等：《大唐元陵仪注试释（五）》，《山梨大学教育人间科学部纪要》7卷1号，2005年，第1—17页。

[⑨] [日]稻田奈津子：《奈良时代天皇丧葬仪礼——关于大唐元陵仪注的讨论》，《东方学》2007年第104辑。

[⑩] [日]金子修一：《围绕〈大唐元陵仪注〉的诸多问题》，博明妹译，《中国史研究动态》2011年第4期。

[⑪] [日]金子修一主编：《大唐元陵仪注新释》，汲古书院2013年版。

[⑫] 吴凌杰：《唐代帝王丧葬礼制研究》，硕士学位论文，上海师范大学，2020年。

4. 宾礼文献。有关唐代宾礼文献的研究多集中在外交文书、国书等方面：中村裕一曾结合中日文献，对国书在唐代七种王言中的相应位置进行了界定，并从格式上对国书进行分类论述①；石见清裕不仅较为系统地整理了现存的唐代国书②，并且涉及了授予国书的相关礼仪③；韩昇则利用中日交往的国书解决了一些外交上的疑难问题④；堀敏一曾对日本与隋唐王朝的国书、渤海与日本之间的国书展开了分析研究⑤；拜根兴根据唐与新罗交往的文献资料考察了唐代的宾礼仪式与实施⑥；陆超祎的《初唐前期外交文书研究》主要研究了武德元年至高宗弘道年间唐朝与其他政权往来的外交文书，并探讨其在特殊时代背景下的有用性与实效性⑦；李丽艳的《唐代宾礼研究——以〈大唐开元礼〉为研究视角》，以《大唐开元礼》为中心，主要讨论了唐代宾礼的仪制、实际遵循状况与特点，并且补充了未被记录的宾礼礼仪⑧；景凯东则认为，相较于国书，蕃书的称谓更为恰当，并从内涵、功能和撰写者等方面讨论唐代的蕃书⑨。

5. 军礼文献。有关唐代军礼文献的研究，多集中在唐代的军事露布方面，主要研究成果有：郭绍林的《隋唐军事文书》介绍了隋唐时期的几种军事文书，并对军礼中的露布有所提及⑩；吕博的《唐代露布的两

---

① ［日］中村裕一：《唐代制敕研究》，汲古书院1991年版。
② ［日］石见清裕：《唐朝发给〈国书〉一览》，《亚洲游学（第26辑）》，勉诚出版社2001年版，第23—38页。
③ ［日］石见清裕：《唐朝的国书授与仪礼》，《东洋史研究》1998年第2期。
④ 韩昇：《空海入唐与日本国书初探》，载《暨南史学（第一辑）》，暨南大学出版社2002年版，第38—51页。
⑤ ［日］堀敏一：《隋唐帝国与东亚》，韩昇、刘建英编译，兰州大学出版社2010年版，第69—101页。
⑥ 拜根兴：《唐朝的宾礼仪式及其实施考论——以与新罗的交往为中心》，载《域外汉籍研究集刊（第十二辑）》，中华书局2015年版，第15—29页。
⑦ 陆超祎：《初唐前期外交文书研究》，硕士学位论文，南京师范大学，2016年。
⑧ 李丽艳：《唐代宾礼研究——以〈大唐开元礼〉为研究视角》，硕士学位论文，辽宁大学，2015年。
⑨ 景凯东：《论唐代的蕃书类王言》，载叶炜主编《唐研究（第二十五卷）》，北京大学出版社2020年版，第341—360页。
⑩ 郭绍林：《隋唐军事文书》，《洛阳师范学院学报》2003年第3期。

期形态及其行政、礼仪运作——以〈太白阴经·露布篇〉为中心》,全面剖析了唐代露布在前后期的不同公文形态,并借此展示出唐代前后期行政运作过程的转变①,其博士学位论文《"君之大柄"与"圣人之履"——礼与唐代政治变迁诸问题研究》将礼制研究与政治史研究结合起来,认为礼制变动是政治变迁的外在表现,同时在举例研究过程中,选取了军礼中的宣露布礼,考察了礼仪背后的政治驱动力②。

6. 礼书典籍、敦煌书仪。除了研究唐代五礼制度中具体的礼仪文献之外,学界还对唐代修撰的官私礼仪书籍展开了论述研究,其中,《大唐开元礼》是现存最为完备的记载唐代五礼制度的文献,并且修撰于开元盛世,最具代表性,故而研究成果极为丰富,如池田温的《大唐开元礼解说》,对于《大唐开元礼》进行了初步解说③;赵澜的《〈大唐开元礼〉初探——论唐代礼制的演化历程》,对《大唐开元礼》的撰作过程、特点及影响逐一展开论述④;杨华的《论〈开元礼〉对郑玄和王肃礼学的择从》,认为《开元礼》是一个南北综汇、郑王杂糅的产物,而且王学占据主要地位⑤;吴丽娱的《营造盛世:〈大唐开元礼〉的撰作缘起》,认为《大唐开元礼》的撰作是唐玄宗营造盛世的精神产品⑥;刘安志的《关于〈大唐开元礼〉的性质和行用问题》⑦、吴丽娱的《礼用之辨:〈大唐开元礼〉的行用释疑》⑧,是关于争论《大唐开元礼》是否实施的文章;吴丽娱的《新制入礼:〈大唐开元礼〉的最后修订》,主要讨论

---

① 吕博:《唐代露布的两期形态及其行政、礼仪运作——以〈太白阴经·露布篇〉为中心》,载《魏晋南北朝隋唐史资料(第二十八辑)》,上海古籍出版社2012年版,第144—165页。
② 吕博:《"君之大柄"与"圣人之履"——礼与唐代政治变迁诸问题研究》,博士学位论文,武汉大学,2014年。
③ [日]池田温:《大唐开元礼解说》,载古典研究会《大唐开元礼》,汲古书院1972年影印本,第828页。
④ 赵澜:《〈大唐开元礼〉初探——论唐代礼制的演化历程》,《复旦学报》1994年第5期。
⑤ 杨华:《论〈开元礼〉对郑玄和王肃礼学的择从》,《中国史研究》2003年第1期。
⑥ 吴丽娱:《营造盛世:〈大唐开元礼〉的撰作缘起》,《中国史研究》2005年第3期。
⑦ 刘安志:《关于〈大唐开元礼〉的性质和行用问题》,《中国史研究》2005年第3期。
⑧ 吴丽娱:《礼用之辨:〈大唐开元礼〉的行用释疑》,《文史》2005年第2辑。

《大唐开元礼》的最后修订问题[1]；张文昌的《唐代礼典的编纂与传承——以〈大唐开元礼〉为中心》，以《大唐开元礼》为中心研究了唐代礼典的编撰与传承[2]；赵晶的《唐令复原所据史料检证——以〈大唐开元礼〉为中心》，以《大唐开元礼》为中心，并结合其他版本，在唐令的复原工作上进行验证[3]。

还有关于《贞观礼》《显庆礼》《大唐郊祀录》等现存或亡佚的礼仪文献的研究成果，如吴丽娱的《关于〈贞观礼〉的一些问题——以所增"二十九条"为中心》，主要讨论了《贞观礼》的修撰背景与理念[4]；吴丽娱的《对〈贞观礼〉渊源问题的再分析——以贞观凶礼和〈国恤〉为中心》，以《贞观礼》中的凶礼和《国恤》为例，研究认为唐代贞观之际的礼仪借鉴和吸收了南北两方的礼制成果[5]；赵晶的《〈显庆礼〉所见唐代礼典与法典的关系》，主要讨论《显庆礼》中礼典与法典的关系[6]；吴羽的《唐宋礼典与社会变迁——以〈中兴礼书〉为中心》，以宋代修撰的《中兴礼书》为中心，探讨了唐宋时期礼仪典籍的编撰与社会变迁问题[7]；雷闻的《吐鲁番新出土唐开元〈礼部式〉残卷考释》，主要考证研究了吐鲁番出土的开元《礼部式》残卷，补充了传统史料的不足[8]；吴丽娱的《〈显庆礼〉与武则天》，主要研究了《显庆礼》的修撰背景与

---

[1] 吴丽娱：《新制入礼：〈大唐开元礼〉的最后修订》，载侯仁之主编《燕京学报（新十九期）》，北京大学出版社2005年版，第45—66页。

[2] 张文昌：《唐代礼典的编纂与传承——以〈大唐开元礼〉为中心》，花木兰文化出版社2008年版。

[3] 赵晶：《唐令复原所据史料检证——以〈大唐开元礼〉为中心》，《文史哲》2018年第2期。

[4] 吴丽娱：《关于〈贞观礼〉的一些问题——以所增"二十九条"为中心》，《中国史研究》2008年第2期。

[5] 吴丽娱：《对〈贞观礼〉渊源问题的再分析——以贞观凶礼和〈国恤〉为中心》，《中国史研究》2010年第2期。

[6] 赵晶：《〈显庆礼〉所见唐代礼典与法典的关系》，载［日］高田时雄编《唐代宗教文化与制度》，京都大学人文科学研究所2007年版。

[7] 吴羽：《唐宋礼典与社会变迁——以〈中兴礼书〉为中心》，博士学位论文，中山大学，2007年。

[8] 雷闻：《吐鲁番新出土唐开元〈礼部式〉残卷考释》，《文物》2007年第2期。

特色①；张文昌的《唐宋礼书及其研究的回顾与展望》，对唐宋时期的礼仪文献进行了梳理，并对相关研究成果进行回顾与展望②；吴丽娱的《关于唐〈丧葬令〉复原的再检讨》，在复原《天圣令》中《丧葬令》的同时探讨唐宋时期的丧葬制度③；吴羽的《论中晚唐国家礼书编撰的新动向对宋代的影响——以〈元和曲台新礼〉、〈中兴礼书〉为中心》，对于中晚唐时期修撰的礼书《元和曲台新礼》展开研究，并指出其对宋代礼书修撰的深远影响④，他的《今佚唐代韦彤〈五礼精义〉的学术特点及影响——兼论中晚唐礼学新趋向对宋代礼仪的影响》对于唐代韦彤修撰的礼书《五礼精义》展开了研究⑤，他的《今佚唐〈开元礼义鉴〉的学术渊源与影响》对于已经亡佚的唐代礼书《开元礼义鉴》的学术渊源与影响进行了研究论述⑥；张文昌的《制礼以教天下：唐宋礼书与国家社会》，对于唐宋时期的礼书也作了全面介绍⑦；吴丽娱的《从唐代礼书的修订方式看礼的型制变迁》，对唐代礼书的修订方式进行了梳理，认为礼法结合的方式与礼的形制变迁是我们理解中古制度和唐宋变革的一个出口⑧；倪晨辉的《"为邦之道"与唐宋令典研究——以〈卤簿令〉、〈衣服令〉、〈乐令〉复原为中心》，对于唐代的一些礼典进行了复原研究⑨；冯茜的《礼书编纂中的制礼思想——以〈大唐郊祀录〉为中

---

① 吴丽娱：《〈显庆礼〉与武则天》，载《唐史论丛》第 10 辑，三秦出版社 2008 年版，第 1—16 页。
② 张文昌：《唐宋礼书及其研究的回顾与展望》，载黄俊杰编《东亚儒学研究的回顾与展望》，华东师范大学出版社 2008 年版，第 86—121 页。
③ 吴丽娱：《关于唐〈丧葬令〉复原的再检讨》，《文史哲》2008 年第 4 期。
④ 吴羽：《论中晚唐国家礼书编撰的新动向对宋代的影响——以〈元和曲台新礼〉、〈中兴礼书〉为中心》，《学术研究》2008 年第 6 期。
⑤ 吴羽：《今佚唐代韦彤〈五礼精义〉的学术特点及影响——兼论中晚唐礼学新趋向对宋代礼仪的影响》，载《魏晋南北朝隋唐史资料（第二十五辑）》，武汉大学文科学报编辑部 2009 年版，第 148—168 页。
⑥ 吴羽：《今佚唐〈开元礼义鉴〉的学术渊源与影响》，《魏晋南北朝隋唐史资料（第二十六辑）》，武汉大学文科学报编辑部 2010 年版，第 187—202 页。
⑦ 张文昌：《制礼以教天下：唐宋礼书与国家社会》，台湾大学出版中心 2012 年版。
⑧ 吴丽娱：《从唐代礼书的修订方式看礼的型制变迁》，《中国古代法律文献研究（第八辑）》，社会科学文献出版社 2014 年版，第 148—177 页。
⑨ 倪晨辉：《"为邦之道"与唐宋令典研究——以〈卤簿令〉、〈衣服令〉、〈乐令〉复原为中心》，博士学位论文，吉林大学，2017 年。

心》，主要以《大唐郊祀录》为中心探讨了唐代的制礼思想①，她的著作《唐宋之际礼学思想的转型》，也论及唐代礼书的编撰与唐代的礼学思想②。

敦煌文书中的书仪，也反映了唐代民间社会中的一些礼俗细节，可以作为礼仪文献进行研究，如周一良的《敦煌写本书仪中所见的唐代婚丧礼俗》③，赵和平的《敦煌写本书仪研究》④，周一良、赵和平的《唐五代书仪研究》⑤；还有姜伯勤的《唐贞元、元和间礼的变迁——兼论唐礼的变迁与敦煌元和书仪文书》⑥，主要研究敦煌元和书仪与唐代礼制的变迁。另有吴丽娱先生的一系列论述，如《唐礼摭遗——中古书仪研究》⑦《敦煌书仪中的唐礼》⑧《敦煌书仪与礼法》⑨《礼俗之间：敦煌书仪散论》⑩《关于唐五代书仪传播的一些思考——以中原书仪的西行及传播为中心》⑪ 等，对于敦煌书仪进行了初步整理与深入研究，并揭示出其与唐代礼制、民俗的密切关系⑫。

由上可见，目前唐代礼仪文献的研究成果主要集中于《大唐开元礼》《全唐文》等唐代大型文献著录以及唐人文集等内容资料，通过查找分析，摘录出唐代的有关礼仪文献并展开研究。此外，还有一些陆续出土的文物考古资料，如墓志、哀册文、敦煌文书等，也极大地补充了

---

① 冯茜：《礼书编纂中的制礼思想——以〈大唐郊祀录〉为中心》，载《唐史论丛（第三十辑）》，三秦出版社 2020 年版，第 170—184 页。
② 冯茜：《唐宋之际礼学思想的转型》，生活·读书·新知三联书店 2020 年版。
③ 周一良：《敦煌写本书仪中所见的唐代婚丧礼俗》，《文物》1985 年第 7 期。
④ 赵和平：《敦煌写本书仪研究》，新文丰出版公司 1993 年版。
⑤ 周一良、赵和平：《唐五代书仪研究》，中国社会科学出版社 1995 年版。
⑥ 姜伯勤：《唐贞元、元和间礼的变迁——兼论唐礼的变迁与敦煌元和书仪文书》，载《敦煌艺术宗教与礼乐文明：敦煌心史散论》，中国社会科学出版社 1996 年版。
⑦ 吴丽娱：《唐礼摭遗——中古书仪研究》，商务印书馆 2002 年版。
⑧ 吴丽娱：《敦煌书仪中的唐礼》，《中国社会科学院院报》2003 年 1 月 23 日。
⑨ 吴丽娱：《敦煌书仪与礼法》，甘肃教育出版社 2013 年版。
⑩ 吴丽娱：《礼俗之间：敦煌书仪散论》，浙江大学出版社 2015 年版。
⑪ 吴丽娱：《关于唐五代书仪传播的一些思考——以中原书仪的西行及传播为中心》，《敦煌学辑刊》2018 年第 2 期。
⑫ 杜海：《敦煌书仪研究评述》，《史学月刊》2012 年第 8 期。

唐代原有礼仪文献的不足，丰富了唐代礼仪制度的研究成果。但是，综合以上的研究成果来看，唐代礼仪文献的研究尚处于极度不均衡的状态，学界在吉礼祭神文、嘉礼赦文、凶礼哀册文、《大唐元陵仪注》、军礼露布以及敦煌文书中的祭文及葬经、《下女夫词》、书仪等方面著述颇多，大致仍围绕吉凶礼仪展开研究，其中缘由大致有二：一方面，吉凶礼仪占据着唐代日常生活的绝大部分，极大地影响着当时社会生活的方方面面，颇受研究者的重视；另一方面，有关吉凶礼仪的传世文献与考古资料相对较多，更加有利于学者直接利用，并展开深入研究。但同时也忽略了吉凶礼仪之外的其他礼仪文献，相应的研究成果也略有不足，需要在前人研究成果的基础上继续扩展。

此外，关于唐代礼仪文献的学术研究，全面整体性的研究成果相对缺乏，而且主要集中于早期中国与理论探索；而分类细化的研究成果虽然相对丰富，但缺乏总体上的考量与把握，过于零散。同时，当前的研究成果在礼仪文献与礼仪制度的综合研究上，也存在一些缺陷与不足，值得展开进一步讨论与深化研究。因此，对于前人已经注目或研究的礼仪文献，本书不再进行重复工作或仅是略有提及，而将研究的重点放在那些尚未被充分利用、极具研究价值的礼仪文献，分析它们的内容、特点及其时代背景与社会风气，并将其与同时期的礼仪制度进行关联，从这一独特的视角来把握唐代的礼仪制度与思想文化。另外，唐代礼仪文献的保存状况、作者群体以及发展变迁的轨迹，都是有关唐代礼仪制度、文化、思想等研究方向的重要内容，尚存在一些缺点与不足，而本书的研究成果恰好可以在这一方面进行补充，以丰富与促进唐代礼仪制度的整体研究。

# 上 编
## 唐代礼仪文献综论

> 本编内容主要在于全面整理与概括唐代的礼仪文献，从其内容、分类、作者、撰作特点、保存情况以及研究价值与意义等多个方面展开讨论，以求对于有唐一代的礼仪文献有一个总体性的认识与了解，为进一步地分析与研究工作奠定基础

# 第一章 唐代礼仪文献及其研究价值与意义

本书研究的唐代礼仪文献，无论是概念的选择，还是其自身所涉的内容、性质、分类与研究价值和意义等，都需要在具体的阐述过程之中一一指陈，方可全面认知与了解。故而本章先对其相关内容进行简要的概括与综论，以点明主旨、引入下文。

## 第一节 唐代礼仪文献的内容

文本，是指书面语言的表现形式，从文学角度说，通常是指具有完整、系统含义的一个句子或多个句子的组合。广义的"文本"可以指代任何由书写所固定下来的任何话语（法·利科尔）；而狭义的"文本"指的是由语言文字组成的文学实体，代指"作品"，其相对于作者、世界构成一个独立、自足的系统。文本是文学作品之本，它以语言文字为媒介来承载所要传播的信息，西方学术界关于文本的研究有着深厚的学术积淀，并诞生出了文本学、文本主义等理论框架，形成了包括英美新批评、俄国形式主义、法国结构主义以及后结构主义、后经典叙事学等文论内容，但由于西方世界太过张扬个性，在强调自身理论的同时却造成了共性的消弭，更加注重文论流派之间的理论分歧，而忽略了更为重要的文本主义文论系统的研究。相对来说，我国的文本学研究长时间处于落后状态，主要的原因在于国内对于西方学术界前沿理论的研究不够，而且自身学术界的价值观念和知识结构都存在很多现实问题。直到20世纪90年代中期以后，中国学者开始尝试建构中国自己的文本理论，逐渐填补国内文本学研究的空白，傅修延在总结西方文本主义理论与中国传统文本理念的同时，提出了当时文本学研究所面临的三项任务，其中之一就是如何发掘中国的文本学传统，用现代概念和范畴来透视古代文论。① 直至今日，我国的文本学研究仍然处于探索、发展阶段，相关理论与学说正在走向成熟与完善，并开始从文学界扩展影响至其他学科与研究领域。

而文献的概念以及文献学的发展成熟则与我国历史的发展一脉相承，最早见于《论语·八佾》："夏礼，吾能言之，杞不足征也；殷礼，吾能言之，宋不足征也。文献不足故也。足，则吾能征之矣。"郑玄进一步解释为"献，犹贤也。我不以礼成之者，以此二国之君，文章贤才不足故也"②，即"文献"二字的对应意义为文章、贤才，随着历史的不断发展，文献的含义和范围更加丰富明确，今人杜泽逊总结认为，"文献是古今一切社会史料的总称"，并且是我们"认识历史、研究历史、验证历史的依据"③。因此，以其命名的文献学的研究范围就包括了古今任何时代的一切文献，可见，以现有的视角来看，文本与文献相互交融，不分彼此，无论是广义的文本还是狭义的文本，基本可以囊括在文献的概念与范围之中。我国语言文字的发展具有自己独特的轨迹与个性，并从诞生之初一直到今天，从未中断，成为记载中华民族悠久历史与璀璨文明的重要工具，甚至被誉为"第五大发明"。以汉字为基础，进而遣词造句，写成文本书献，无数的排列组合与灵活运用，最终产生了不可胜

---

① 傅修延：《文本学——文本主义文论系统研究》，北京大学出版社2004年版，第2—5页。
② （清）刘宝楠撰，高流水点校：《论语正义》卷三《八佾第三》，中华书局1990年版，第91—92页。
③ 杜泽逊：《文献学概要》，中华书局2008年版，第4页。

## 第一章 唐代礼仪文献及其研究价值与意义

数的文学作品与历史记忆。文献的产生与发展是在历史的前进过程中不断形成的，其中蕴含着多维度的丰富多彩的信息与内涵，每一个时代的文献都是该时代智慧与文明结晶的物化呈现，并以此不断散发着魅力，吸引着一代又一代的历史文化工作者前去阅读与欣赏，从中汲取宝贵的知识与财富。

但在我国传统的学术门类体系中，历史学与文献学是混沌不分的，而且传统的文献学研究重在强调著作的整体特征以及目录、版本等外在体现，经常忽视内在文献之间的不同与差异，很难深入并准确地理解古人的意图与表达。直到五四运动以后，西方的学术理念才大量传入国内，开始影响我国的学术分类，独立的文献学体系得以产生，并于1980年以后逐渐走向成熟，呈现出历史学与文献学的分流状态。[1] 近年来，在跨学科理论的影响下，文献学与历史学又开始积极结合，形成一种分途发展、相辅相成、和谐共存的良性互动关系，而在新历史主义理论的影响下，文学与历史的界限也逐渐被打破，历史中的文本书献成为重要的研究对象，并强调对其进行综合性解读，以揭示历史与文学之间相互影响、相互作用的深层关系，文献的整体价值、文本的特殊性也得到了更多的重视与研究。

以本书的研究对象——唐代礼仪文献来说，其既包含了独立且特殊的文学文本，也囊括了具有代表性的历史文献，既是唐代文人反复推敲、遣词造句而完成的优秀文学作品，又是直接反映唐代礼仪制度与社会文化的珍贵历史资料，能够完整地体现大唐风采以及盛世背景下个体人物的思想活动与历程，具有极高的各学科综合研究的学术价值与意义。因此，本书以"文献"作为语言词汇上的主要表达，以求在整体上对于唐代的礼仪文献进行概括总结，同时又在具体研究过程中融入文本细节的分析与阐述，促进唐代礼仪制度、文化、思想以及相关人物、时代背景的深入研究工作。

---

[1] 陈峰：《文本与历史：近代以来文献学与历史学的分合》，《山东社会科学》2010年第1期。

唐朝（618—907）是继短命隋朝（581—618）之后的大一统中原王朝，共历二十一帝，国祚二百八十九年，距今已达一千多年，虽然在唐朝统治的时空范围之内，诞生了数不胜数的历史文献与画卷，其文化的繁荣及鼎盛程度几乎空前绝后，每一篇都足以令世人感到惊奇与震撼。但受限于当时的科学技术、战争等原因，处于写本时代末期的唐朝仍然无法摆脱典籍大量散佚失传的残酷现实，最终导致如今能够见到的唐朝历史文献真迹微乎其微。即便如此，侥幸得以传承的很多唐代历史文献在后世的流传过程中也受到各种因素的影响而被迫改变原貌，虽然仍属唐人作品，却也产生了诸多版本与解释，极大地困扰了致力于探寻唐朝历史真相的研究学者。

中国古代的文字发展到了唐代，已经处于以形声字为主体，并保留了一些表形字和表音字的形音文字阶段中期[1]，其主流的书写形式有楷书、草书与行书，对于句读、语法的研究与运用也处于承前启后的重要历史时期[2]。唐代诗歌与文章的创作注重韵律，骈体与散体相结合，逐渐摆脱六朝以来的华丽文风，注重内容与现实，并处于不断发展变化之中，如欧阳修在《新唐书·文艺传》篇首所阐述的唐文三变，"唐有天下三百年，文章无虑三变。高祖、太宗，大难始夷，沿江左余风，缀句绘章，揣合低卬，故王、杨为之伯。玄宗好经术，群臣稍厌雕瑑，索理致，崇雅黜浮，气益雄浑，则燕、许擅其宗。是时，唐兴已百年，诸儒争自名家。大历、贞元间，美才辈出，擩哜道真，涵泳圣涯，于是韩愈倡之，柳宗元、李翱、皇甫湜等和之，排逐百家，法度森严，抵轹晋、魏，上轧汉、周，唐之文完然为一王法，此其极也"[3]。其实，类似观点早已出现于唐人的文章之中，如唐德宗时期的梁肃在《补阙李君前集序》中指出："唐有天下几二百载，而文章三变。初则广汉陈子昂以风雅革浮侈，次则燕国张公说以宏茂广波澜。天宝以还，则李员外（李

---

[1] 刘又辛、方有国：《汉字发展史纲要》，中国大百科全书出版社2000年版，第370页。
[2] 任远：《唐代语法研究刍议》，《浙江师范大学学报》1993年第3期。
[3] 《新唐书》卷二〇一《文艺上》，中华书局1975年版，第5725—5726页。

## 第一章 唐代礼仪文献及其研究价值与意义

华)、萧功曹(萧颖士)、贾常侍(贾至)、独孤常州(独孤及)比肩而出,故其道益炽"①,虽然所处的时代不同,观点也略有区别,但都突出了有唐一代文风不断变化的显著特征。从陈子昂到杜甫,再到白居易、韩愈,都在强调文献的实际功能与内涵,如白居易曾在《与元九书》中写道:"文章合为时而著,歌诗合为事而作"②;韩愈也提倡反对浮薄的骈体,恢复古文,主张文以载道,掀起了一股从文学领域蔓延到思想领域、社会领域的改革运动旋风。在这些文风与思潮的影响之下,唐代的文学作品较之前代,能更深层次地反映出自身时代的政治制度、社会经济与文化思想,再加上历史的变迁与浮沉,唐朝的文学作品经历了残酷的毁坏与淘汰,最终形成今天我们所能见到的文化遗存,真迹更是凤毛麟角。因此,每一份唐代文献都值得我们珍视与好好品鉴。

幸运的是,随着我国社会经济的发展与考古学科的建设成熟,基础建设和城市扩张大范围开展,原本保存于地下、洞窟等不被世人所知的大量唐代文献又陆续重现在世人面前,这些墓志、碑石、敦煌吐鲁番文书等历史文献再一次地将研究者的目光吸引到一千多年前的唐朝,并涌现出了一大批驰名中外的唐史学者与研究成果。这些新文献的再现,也引发了学术界关于其认识与研究利用的广泛讨论,极大地促进了历史学科的建设与创新发展。

在现存的唐代文献当中,礼仪文献占有很大比重与分量,其价值与意义自然不容忽视。在中国古代社会中,"礼"具有非常丰富的文化内涵与象征意义,是社会秩序的维系与日常生活的典范,阎步克先生在研究秦汉时期士大夫阶层的同时,也认为礼显示出无所不包的性质,统摄了社会各个领域,从法度政制直到冠、婚、丧、祭之民间礼俗,大抵都被纳入了礼中③,而唐代又是中国古代礼仪制度发展成熟的高峰,礼仪

---

① (清)董诰等编:《全唐文》卷五一八《补阙李君前集序》,中华书局1983年版,第5261页。
② (唐)白居易撰,顾学颉点校:《白居易集》卷四五《与元九书》,中华书局1999年版,第962页。
③ 阎步克:《士大夫政治演生史稿》,北京大学出版社2015年版,第415页。

更是深入社会生活的方方面面,"圣人惧其邪放,于是作乐以和其生,制礼以检其情,俾俯仰有容,周旋中矩。故肆觐之礼立,则朝廷尊;郊庙之礼立,则人情肃;冠婚之礼立,则长幼序;丧祭之礼立,则孝慈著;蒐狩之礼立,则军旅振;享宴之礼立,则君臣笃。是知礼者,品汇之璿衡,人伦之绳墨,失之者辱,得之者荣,造物已还,不可须臾离也"①。同时,历史文献的诞生也离不开日常生活的环境与土壤,所以,礼仪文献也就自然而然地成为唐代历史文献的重要组成部分,成为唐代礼仪制度与礼仪文化思想的细节描述与文本载体。

以唐代的五礼制度为例,现存的礼仪文献中与吉礼有关的主要包括祭祀各种神祇的祭文与郊祀礼仪文献;与嘉礼有关的主要包括赦礼文书、册命文书与婚礼文书;与凶礼有关的主要包括悼祭文、哀册文等丧葬文书与大量考古出土的墓志、玉册;与宾礼有关的主要包括唐与外邦之间沟通交流的外交文书;与军礼有关的主要包括军事活动当中的露布,以及深刻反映唐代五礼制度的《大唐开元礼》与《大唐郊祀录》等典章制度类书籍。在五礼制度之外,还包括反映唐代世俗社会生活礼仪的敦煌吐鲁番文书与笔记小说等零散的文献资料,为后人了解唐代乡村基层社会的婚丧礼仪提供了更为真实的原始记录。

总体来说,结合传统史料与考古成果,当前可见的唐代礼仪文献主要包括几经波折流传下来的官方礼制典籍、私人礼学著作、礼仪诗文以及后世传承或出土的敦煌吐鲁番文书、墓志、碑石、玉册等新旧资料中反映唐代礼仪的传世与考古文献资料。这些礼仪文献各自的撰作环境不同,体例不同,所反映的礼仪内容自然也有着较大差异,当前学术界已经出现利用它们研究唐代礼仪的科研成果,但受限于学者研究方向与旨趣,多拘泥于个体文献的深入探索,导致产出的学术观点过于精细而不够全面,缺乏对于唐代礼仪文献的整体把握与全面研究,而本书的研究目的即在于对唐代的礼仪文献有一个清晰全面的认识,并对其进行综合

---

① 《旧唐书》卷二一《礼仪志》,第815页。

研究，整体把握唐代礼仪文献与礼仪制度之间的密切关系，透过文献的表象，来探究深层次的制度与文化内涵。

## 第二节 唐代礼仪文献的研究价值与意义

本书的研究意义首先在于明确唐代礼仪文献与礼仪制度的关系。一般可以将其分为两个层面来进行理解：一是文与礼的关系；二是礼仪制度与文学的关系。"文"与"礼"，从起源来说，二者具有相关性，《说文解字》认为，"文，错画也。象交文"[1]。《易·系辞下》认为，"物相杂，故曰文"[2]。由此可见，"文"的初始意思为纹彩、条文相互错杂的一种美好状态，在天、人之间则表现为："刚柔交错，天文也；文明以止，人文也"，进而使得"文"与"礼"产生了相通互补之意，共同构成人与社会中的现象与法则，也就是儒家经常提到的"博我以文，约我以礼"的君子修养以及"郁郁乎文哉"的感叹。但随着儒家学说的发展，"质"作为"文"的对立概念被引入思想体系之中，如果"文"指的是修饰与技巧，那么"质"就指的是朴素与本质，二者又成为君子的象征，"文质彬彬，然后君子"。在此情况之下，原有的"礼""文"关系瞬间崩塌，"礼"面临着从"文"还是从"质"的价值选择，无论是极尽奢华的礼文还是简朴粗糙的礼质，都有着非常明显的缺陷，也容易成为其他诸子百家攻讦儒家的突破口。当然，标榜着要建立和谐的人与社会关系的儒家是无法舍弃"礼"的，他们要力求达到"文""质""礼"三者的平衡与融通，使其成为施行于万事万物而不改的思想真理。秦汉大一统之后，儒家学说逐渐取得统治者的重视与信赖，以董仲舒为首的汉代儒生们也积极改造儒家思想，使其更加符合统治者的实际需要，于是在"文""质""礼"道德辩证关系方面，董仲舒提出了"三代改

---

[1] （汉）许慎撰，（清）段玉裁注：《说文解字注》，上海古籍出版社1981年版，第425页。
[2] 李学勤主编：《周易正义》卷八，北京大学出版社1999年版，第319页。

制质文说"（三统说），以夏、商、周三代礼仪互相继承为前提，又认为在具体的实践层面，三代各有侧重，而且文质循环互救，取代之前的对立局面，达到了动态平衡，所谓"夏上忠，殷上敬，周上文者，所继之救，当用此也"①。对于这种理论上的构建，左康华认为，利弊参半，一方面促进了礼在制度上的落实；另一方面又加重了儒家礼学的"文繁"之弊。经过魏晋南北朝的积淀与发展，中古礼仪制度逐渐建立起成熟的五礼体系，隋唐时期继承并发扬光大，使传统的五礼制度达到顶峰，"文""质""礼"三者的关系更加亲密，也愈加复杂，在新的历史条件下反映出明显不同于以往的新逻辑与新面貌，而对于传统文质观念的理解与运用，就成为研究和了解唐代礼仪文献的实际内涵与特征表现之外的应有之义。

从制度与文学层面来说，有些礼仪制度直接促进了某些文体的产生，对于文学的发展有极大的推动作用，比如祭祀礼仪之于祭文、凶礼之于挽歌等，但随着时间的流逝与历史的发展，原来的礼仪活动已经完全消失，只有相应的部分礼仪文学得以流传，反过来却成为后世研究历史过程中礼仪制度的最佳史料。《毛诗诂训传》曾指出："故建邦能命龟，田能施命，作器能铭，使能造命，升高能赋，师旅能誓，山川能说，丧纪能诔，祭祀能语；君子能此九者，可谓有德音，可以为大夫。"② 也就是文学界提炼出的"大夫九能说"，即大夫在不同场合的九种特定言说方式，后发展为九种不同的文体。张方在《中国诗学的基本观念》中指出："文与礼名异而实同，则可视为体用之制，即礼为体，文为用"③，中国古代文体的产生大都源于实际的需要，而这种实际的需要又与礼乐文化有着密切关系，于俊利将礼仪制度与文学这种对应关系进行了总结，她认为礼与文在本源、意义上有相关性，二者相生相成。首先，礼仪制度推进了文章的发展，并直接促进某些文体的产生；其次，中国古代文

---

① 《汉书》卷五六《董仲舒传》，中华书局1964年版，第2518页。
② 《毛诗正义》卷三，阮元校刻十三经注疏本，中华书局1980年版，第316页。
③ 张方：《中国诗学的基本观念》，东方出版社1999年版，第8页。

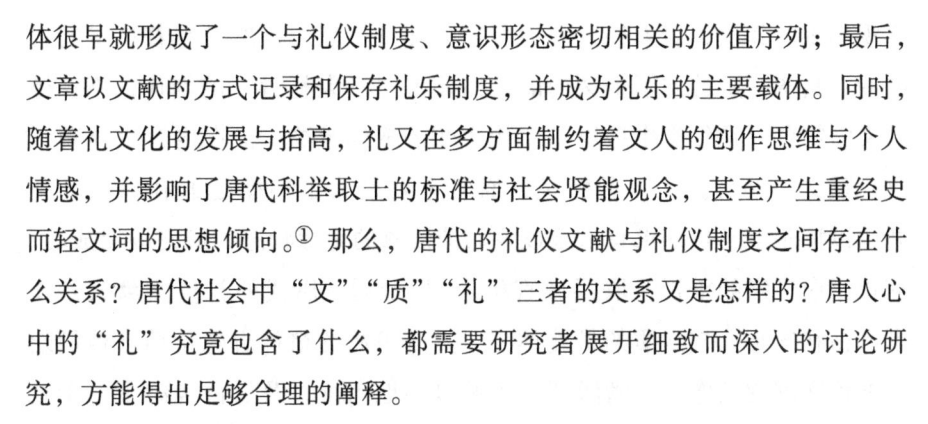

第一章 唐代礼仪文献及其研究价值与意义

体很早就形成了一个与礼仪制度、意识形态密切相关的价值序列；最后，文章以文献的方式记录和保存礼乐制度，并成为礼乐的主要载体。同时，随着礼文化的发展与抬高，礼又在多方面制约着文人的创作思维与个人情感，并影响了唐代科举取士的标准与社会贤能观念，甚至产生重经史而轻文词的思想倾向。[1] 那么，唐代的礼仪文献与礼仪制度之间存在什么关系？唐代社会中"文""质""礼"三者的关系又是怎样的？唐人心中的"礼"究竟包含了什么，都需要研究者展开细致而深入的讨论研究，方能得出足够合理的阐释。

另外，唐代的礼仪文献与礼仪制度有怎样的发展特点与优秀之处，对于当今社会有怎样的影响与启示，我们如何借鉴并吸收唐代先进的礼仪文化与思想，也是本书的研究意义与旨趣所在。当我们回顾历史的时候，往往被那些党派林立、明争暗斗的政治事件所影响，却忽略了根植在社会深处的传统文化与礼仪制度，其实正是这些内容在延续历史，促进历史向前发展，直到今天，仍然能够看到传统文化的遗存与影响。作为五千年以来不断发展并形成的优秀文明，我们需要了解并借鉴和吸收它们，让其作为我们中华民族生生不息的思想源泉，成为我们发展和崛起的不竭动力，指引我们走上更为宽阔光明的发展道路。

唐代礼仪文献作为唐代历史文献的重要组成部分，既是唐朝琳琅满目的优秀文学作品的部分体现，又是唐代礼仪制度与社会礼仪生活的生动记载与描绘，因此具有十分重大的学术研究价值与意义。

唐代礼仪文献的研究价值主要体现在文学价值、史料价值与社会功能价值三个方面。

（1）文学价值。首先，唐代的礼仪文献本就是文学作品的一部分，是唐代的文人作者们呕心沥血、文思泉涌的成果体现。无论是学术著作还是文学篇章，都具备一定的文学色彩，是当时社会物质与文化的结晶，凝结了作者个人的知识储备与文学素养，是唐代璀璨盛世的文学主体的

---

[1] 于俊利：《唐代礼制文化与文学》，中国社会科学出版社2014年版，第94—103页。

客观体现。其次，唐人耗费心力所作的礼仪文献，自然是有着特定的目的的，具备一定的实用主义功能，如杜甫"三大礼赋"的创作，不仅极具文学特色，在创作中运用了汉代大赋的散体笔法，又在内容上体现了汉代赋文"劝百讽一"的特色，而且主要是为了向朝廷的礼仪活动献礼，以摆脱自己长期求官未果以及颠沛流离的生活状态，最终取得成功，获得了唐玄宗的重视，取得做官机会。[①] 最后，唐代的礼仪文献又是作者人格状况与人文素质的最终体现，具有极高的精神思想价值。他们通过礼仪文献的撰作，充满激情、挥洒自如地向读者及后世描绘了一个礼乐文明臻至极盛的完美时代，他们内心中幸逢治世的骄傲与自豪也在这些文献的字里行间充分显露，成为世人不停回忆、不断汲取的精神食粮。

（2）史学价值。首先，唐代的礼仪文献是在唐朝时空范围内产生的历史文献，是研究唐代礼仪制度的重要史料，目前学术界关于唐代礼仪制度的研究，除仅有的几部典章制度类礼书（如《大唐开元礼》《大唐郊祀录》《通典》等）之外，只能依赖于众多零散的唐人文学作品与新出土的石刻资料。其次，典章制度类的著作只是某一时期朝廷礼仪制度的总结，对于细节的记录与基层社会的描写严重缺乏，故而大量零散的礼仪文献可以作为重要的史学资料进行分析与研究，以补充正史、制度类礼书等研究资料的不足。最后，唐代的礼仪文献具有自身的独特价值，涉及唐代社会礼仪生活的方方面面，从贵族阶层到底层平民，从婚姻到丧葬，内容丰富，特点鲜明，直接反映唐代的礼仪制度与礼仪实践，可以摆脱旧有的研究范式，引领史学全新的研究方向与领域。

（3）社会功能价值。唐代的礼仪文献不仅在当时社会，而且在如今的时代，都具有非常重要的社会功能价值，它以文本的形式保留了唐代礼仪制度的精华，并且代代相传，惠及后世，成为现代社会人际关系与价值准则的思想源泉。我们面对历史遗留下来的如此丰富的文献资源，应当取其精华、去其糟粕，让其更好地服务于现代社会。

---

① 于俊利：《唐代礼制文化与文学》，中国社会科学出版社2014年版，第249—266页。

## 第一章　唐代礼仪文献及其研究价值与意义

唐代礼仪文献的研究意义主要有以下几个方面。

（1）全面了解现有唐代礼仪文献的整体情况，为进一步研究的开展奠定基础。学术研究的开展既要注重在细节上的创新与突破，也要留意对于研究整体的了解与把握，不能只知其一，不知其二，而当前的学术界也存在类似问题，需要及时修正并时刻警醒。关于礼仪文献的研究，最关键的就是对于研究的对象要有一个清楚而又全面地认识与把握，在充分分析研究资料的基础之上，才能使得具体的研究工作顺利开展。

（2）分析理解唐代礼仪文献的文学性与史学性，为相关学科的利用研究与突破创新扫清障碍。唐代的礼仪文献既是文学作品又是历史文献，兼具文学性与史学性，在展开研究的过程中要注意区分并积极运用不同学科的理论与方法，通过详细的分析与论证，得到相应的观点与结论，并与已有的学术成果进行比照，考量其合理性与实际价值，最终通过跨学科的理论方法进行融会贯通，实现整体研究工作的创新与突破。

（3）可以全面深入地研究唐代的礼仪制度，为了解唐代真实的社会礼仪生活以及想象构建而成的盛唐礼乐文明提供注脚。这些礼仪文献不仅是唐代不同历史阶段礼仪制度的反映，而且是作者结合自身经历与文学创作，通过诗词歌赋、表状论赞等文学表达形式描绘出的现实与想象相结合的大唐礼乐盛世，虽然部分内容超出现实情况，略显夸张，但瑕不掩瑜。这些礼仪文献在虚实之间表达了作者对于礼仪秩序的理解与美好社会生活的赞美与向往，是后世窥探大唐帝国礼乐文明的绝佳窗口，也是建设现代文明社会的思想源泉。

所以，唐代的礼仪文献与礼仪制度、文化、思想之间有着怎样的对应关系、如何具体表现，以及对于当时的社会政治、经济、军事、文化产生了怎样的影响，都需要从细微之处逐一展开分析研究。同时通过这些实际上的研究工作，可以一睹唐代礼仪制度的发展程度以及文学作品的创作与流传情况，了解这些成果的特点与优异之处，整体把握唐代的制度文明与文学风采，并以此为基础，作为当今社会解决问题、向前发展的文化资本与思想源泉。

上编　唐代礼仪文献综论

# 小　结

  本章从整体上对于唐代礼仪文献的内容、分类、研究价值与研究意义展开概述，以求对于本书的研究对象——唐代礼仪文献有一个更为直观的认识与了解，并希望通过这些工作，促进学界对于其背后包含的礼仪制度、文化乃至于思想层面的深入研究。同时，利用历史学、文献学、考古学、文学等学科以及文本学、解释学等相关理论、研究方法与成果，全面剖析这些礼仪文献的内容与特点，从不同维度深入考察其学术研究价值与意义，使研究者全面认识并利用这些珍贵的礼仪文献，推动相关领域的研究工作。

# 第二章 唐代礼仪著作研究
## ——从《旧唐书·经籍志》《新唐书·艺文志》所载礼书目录谈起

结合上一章提及的唐代礼仪文献的分类问题，本章将对其中一类的礼仪著作展开研究，以了解唐代礼仪著作撰写与保存的整体情况，并进而探究这些礼仪著作的作者群体，分析他们的礼学渊源、仕宦经历及其礼学思想与成就，以便对于唐代的礼仪著作有一个更加真切的认识与把握。礼仪典籍的保存与撰作是中国古代王朝国家礼仪制度继承转变的重要环节，也能从侧面反映出该王朝文人官僚群体礼仪观念与思想的取向与选择。《旧唐书·经籍志》与《新唐书·艺文志》分别记载了不同历史时期内有唐一代收藏以及编撰的典籍书目，礼仪著作也是其中的一部分。虽然两《唐书》的目录在某些内容上也有重合，但各有侧重，差别也非常明显，不仅直观地体现了唐代礼仪书目的整体情况，同时也能更好地反映出唐代礼仪著作从五代到北宋的保存散佚情况，为进一步地分析研究提供了便利。

## 第一节 唐代礼仪著作的基本内容

礼仪制度与思想的保存与流传需要以相应的礼仪文献为载体，某一时代的礼仪发展状况也能凭借其保存和撰作的礼仪典籍数量来进行侧面评价。但由于秦汉以来战争、水火等天灾人祸，礼仪典籍的毁坏与亡佚现象非常明显，严重影响了后世礼学的发展与礼仪制度的施行。本节以《旧唐书·经籍志》[①]与《新唐书·艺文志》所载礼仪书目为例，首先考察唐代礼仪典籍的撰作背景与渊源，进而梳理出唐代礼仪著作的整体内容与特点，并对其作者及保存情况进行分析研究，以求对于唐代礼仪著作有一个更加全面深入的认识与了解。

"礼，先王以承天之道，以理人之情，失之者死，得之者生。故圣人以礼示之，天下国家可得而正也。"[②]故周致太平，周公制礼，以为后王之法。周衰之后，礼崩乐坏，到了孔子时已"不能征"也。自秦始皇焚书以后，虽然继之而起的好事之君、慕古之士一直致力于创建学校、搜购经籍，但随之而来的乱世再一次将苦心搜集的文本典籍付诸战火，或丧或亡，不可计数。魏晋南北朝分裂时期、隋唐王朝武力统一的过程中都曾有大规模典籍损毁的事件发生，虽然期间隋炀帝出于个人爱好，"喜聚逸书"，故而"隋世简编，最为博洽"[③]，但随着大业末年的战乱，所存典籍再度遭难，直到唐王朝踏平割据，重归一统，礼乐之事才再度引起重视。

中古礼制经过魏晋南北朝的变迁发展，五礼系统逐渐定型[④]，因此，隋唐时代就成为五礼体系的第一个发展高峰，也为后世的礼制发展奠定了基础。唐朝自高祖禅代之际，就命温大雅、窦威与陈叔达参定礼仪，但因当时朝廷草创，没有时间制作新礼，郊祀宴享就只能用隋代旧制。[⑤]唐太宗时，才令房玄龄、魏徵等著新礼一百卷，是为《贞观礼》，采用五礼体系，吉、宾、军、嘉、凶五礼依次展开，为后来的礼书修撰制定

---

① 英国学者杜希德曾对《旧唐书·经籍志》的史料来源进行了解读，参见［英］杜希德《唐代官修史籍考》，黄宝华译，上海古籍出版社2010年版。
② （唐）杜佑撰，王文锦等点校：《通典》卷四一《礼》，中华书局2016年版，第1109页。
③ 《旧唐书》卷四六《经籍志》，第1962页。
④ 梁满仓：《论魏晋南北朝时期的五礼制度化》，《中国史研究》2001年第4期。
⑤ 《唐会要》卷三七《五礼篇目》，第781、784页。

了模板。高宗时，由于朝臣以为《贞观礼》节文未尽，又下诏修撰《显庆礼》一百三十卷，但《显庆礼》在行用后却不如《贞观礼》，故而后来二礼并行不废，每有大事便召集礼官临时撰定。[1] 唐玄宗开元二十年（732），在开元盛世的光辉照耀下，朝廷颁行所修《大唐开元礼》一百五十卷，该礼折中贞观、显庆二礼，兼容南北，有学者称赞其为"我国礼制史上一部总结性法典，反映了盛唐社会生活的繁荣气象"[2]。

安史之乱以后，唐王朝在很长一段时间内忙于戡定内乱，抚平战争创伤，对于礼制建设则有心无力。直到唐德宗即位以后才逐渐有了恢复盛唐帝国权威、修礼改乐的努力举措。颜真卿为代宗陵寝礼仪所撰的《大唐元陵仪注》，正是根据《大唐开元礼》而修的。[3] 贞元九年（793）王泾上所撰《大唐郊祀录》十卷，其书分凡例、祀礼、祭礼和飨礼四部分，虽然在编纂体例和内容上不如《开元礼》，但其记载的内容却很有时代意义与研究价值，姜伯勤先生即认为《大唐郊祀录》是反映唐德宗时期整备礼制的重要文献。[4] 贞元十七年（801），太常卿韦渠牟进呈《贞元新集开元后礼》二十卷，出现了对于《开元礼》的改制趋势。十九年（803），杜佑上《通典》二百卷，其中《礼典》就达一百卷。唐宪宗励精图治，促进元和中兴之局，礼仪也为之一新，元和十一年（816），秘书郎韦公肃撰《礼阁新仪》三十卷，以"录开元以后礼文损益"，其实质是将开元礼以后涉及礼文变革损益的诏文敕令加以整理编辑。十三年（818），王彦威编《曲台新礼》三十卷，"集开元二十一年以后至元和十三年五礼裁制敕格而成"[5]，后又采"元和以来王公士民昏祭丧葬之礼"为《续曲台礼》三十卷[6]，则是根据时代的发展所作的礼

---

[1] 《旧唐书》卷二一《礼仪志》，第818页。
[2] 赵澜：《〈大唐开元礼〉初探——论唐代礼制的演化历程》，《复旦学报》1994年第5期。
[3] 吴丽娱主编：《礼与中国古代社会·隋唐五代宋元卷》，中国社会科学出版社2016年版，第93页。
[4] 姜伯勤：《唐贞元、元和间礼的变迁——兼论唐礼的变迁与敦煌元和书仪文书》，收入氏著《敦煌艺术宗教与礼乐文明：敦煌心史散论》，中国社会科学出版社1996年版，第448页。
[5] 《唐会要》卷三七《五礼篇目》，第783页。
[6] 《新唐书》卷一一《礼乐志》，第309页。

书汇编。从官方礼书的修撰情况来看，唐前期出于国家制度建设和政治需求，注重于撰修大型礼典，中央政府集合众多礼官儒生，耗费数年时间来完成编修工作，旨在宣扬王朝盛世下的礼仪制度，展示唐朝蓬勃发展的朝气与活力，也是唐朝政治统治、制度完善、经济繁荣、国力强盛的体现。到了唐后期，则倾向于私人撰修礼书，规模整体上不如唐前期，而且多为整理总结和适时修补，这清晰地反映了唐代前后期礼制发展的变化，与唐朝的社会变革和综合国力的变化有着很大的联系，这一内容详见后文论述。

根据两《唐书》所载礼书目录统计[①]，唐人共撰作经部类礼书23部，约占所藏经部类礼书总体的19%。其中由皇帝或官方撰修的有2部，分别为唐玄宗御刊，李林甫等撰作的《御刊定礼记月令》一卷；唐宪宗元和十二年（817）诏定的《礼记字例异同》一卷。其余21部为唐代儒学家对于前代经典礼书的注疏、正义与问答，其中《周礼》类2部，分别为贾公彦所撰《周礼疏》、王玄度所撰《周礼义决》；《礼记》类7部，分别为魏徵所撰《次礼记》、孔颖达所撰《礼记正义》、贾公彦所撰《礼记疏》、王玄度所注《礼记》、成伯玙所撰《礼记外传》、王元感所撰《礼记绳愆》、王方庆所撰《礼记正义》；《仪礼》类1部，为贾公彦所撰《仪礼疏》；问答类4部，分别为王方庆所撰《礼杂问答》、李敬玄所撰《礼论》、杜肃所撰《礼略》、张频所撰《礼粹》；其他注疏集解类7部，分别为元行冲所撰《类礼义疏》、张镒所撰《三礼图》、陆质所撰《类礼》、韦彤所撰《五礼精义》、丁公著所撰《礼志》、丘敬伯所撰《五礼异同》、孙玉汝所撰《五礼名义》。由上可见，唐代儒生与文人对于礼学典籍的注疏与讨论非常盛行，对于礼学都有着自己的认知与见解，并撰作成书籍流传于世，虽然许多书籍如今已经亡佚，但它们的名目依然镌刻在史籍之上。

唐代共撰史部仪注类礼书共60部，约占所藏史部仪注类礼书的

---

① 目录见本书附表1、附表2。

38%。其中，国家大型礼书3部，分别为《大唐仪礼》（《贞观礼》）、《永徽五礼》（《显庆礼》）、《开元礼》；各朝礼要6部，分别为李延寿所撰《太宗文皇帝政典》《紫宸礼要》、韦渠牟所撰《贞元新集开元后礼》、韦公肃所撰《礼阁新仪》、王彦威所撰《曲台新礼》《续曲台礼》；封禅仪注类礼书4部，分别为孟利贞所撰《封禅录》、令狐德棻所撰《皇帝封禅仪》、裴守贞所撰《神岳封禅仪注》、韦述所撰《东封记》；明堂仪注类礼书6部，分别为郭山恽所撰《大享明堂仪注》、张大瓚所撰《明堂义》、姚璠等人合撰《明堂仪注》、李袭誉所撰《明堂序》、员半千所撰《明堂新礼》、李嗣真所撰《明堂新礼》；礼仪注解类礼书8部，分别为窦维鋈所撰《吉凶礼要》、韦叔夏所撰《五礼要记》、王悫中所撰《礼仪注》、萧嵩所撰《开元礼义镜》《开元礼京兆义罗》《开元礼类释》《开元礼百问》、李弘泽所撰《直礼》；唐人撰作的礼仪汇集类礼书5部，分别为颜真卿所撰《礼乐集》、柳逞所撰《唐礼纂要》、王泾所撰《大唐郊祀录》、裴瑾所撰《崇丰二陵集礼》、王方庆所撰《古今仪集》；宗庙、家庙仪注类礼书10部，分别为郭山恽所撰《亲享太庙仪》、杨炯所撰《家礼》、孟诜所撰《家祭礼》、范传式所撰《寝堂时飨仪》、郑正则所撰《祠享仪》、王方庆所撰《三品官祔庙礼》、周元阳所撰《祭录》、贾顼所撰《家荐仪》、卢弘宣所撰《家祭仪》、孙日用所撰《仲享仪》；丧礼及五服仪注类礼书8部，分别为戴至德所撰《丧服变服》、张戬所撰《丧仪纂要》、孟诜所撰《丧服正要》、商价所撰《丧礼极议》、张荐所撰《五服图》、仲子陵所撰《五服图》、裴茝所撰《内外亲族五服仪》、佚名所撰《葬王播仪》；书仪类礼书5部，分别为裴矩所撰《大唐书仪》，裴茝撰、朱俦注《书仪》，郑余庆所撰《书仪》，裴度所撰《书仪》，杜友晋所撰《书仪》；其他仪注类书目5部，分别为徐令信所撰《玉玺正录》、刘孝孙所撰《二仪实录》、袁郊所撰《二仪实录衣服名义图》《服饰变古元录》、王晋所撰《使范》。

由上述两种礼书统计数据及书目来看，即便唐代仍然非常重视前代流传下来的礼仪典籍，尤其是《周礼》《礼记》《仪礼》所包含的三礼之学，唐代儒学家也根据时代的发展和自己的理解对于这些礼书进行了注疏集解，以便国家礼仪制度的制定和社会生活的展开。但是，唐人撰作的仪注类书籍在数量上和内容上都更加丰富，他们针对某一项具体礼仪而展开讨论，撰作仪注，更加有利于礼仪在唐代社会生活中的应用与实践，也更符合社会现实需要，这也正是唐代礼仪发展鼎盛的最为重要的原因。史部仪注类礼书从《贞观礼》到《显庆礼》，再到《大唐开元礼》，唐朝政府在短时间内就撰写完成了三部大型官方礼书，明显反映出唐朝政府在礼仪制度与礼仪实施方面的急切需求。但随着唐代社会政治经济的快速发展，既有的礼书已经很难提供具体而又完备的礼仪指导，故而针对某一项具体礼仪而撰作礼书的仪注类典籍便逐渐兴盛发展起来；而且官方撰作的《贞观礼》《显庆礼》《开元礼》与私家撰著的《家祭仪》《书仪》等礼书，由上至下、由尊至卑，全方位地服务于唐代君主、百官与基层民众的社会礼仪生活，促进了社会的繁荣与和谐发展。

  这些大量的公私著述为唐礼的丰富和发展提供了充分的理论基础和践行准则，也是后人充分理解唐代礼制繁荣发展的最佳材料。但同时我们也应该看到，即使唐代有如此多的礼仪类书籍，但能够保留到今天，为研究者充分利用的却少之又少。当下的唐代礼制研究，我们能够借助的资料仅有《旧唐书》《大唐开元礼》《唐六典》《大唐郊祀录》《通典》《唐会要》《唐大诏令集》和《新唐书》等几种常见的典籍以及一些散落于各处的俗礼书而已，而且因其记述与内容各有侧重，对于研究工作的展开或多或少地造成了不利的影响。

  《大唐开元礼》是开元盛世的产物，主要是为了规范礼仪程序，强化大唐帝国权威，其内容采用标准的五礼模式记述，作为官方正统礼书，有着强大的规范性和秩序性，是研究唐前期礼仪制度的重要文献资料；《唐六典》的性质同于《大唐开元礼》，是官方修撰的行政法典，其中第四卷有关于尚书省礼部的一些记载，但相关内容较少。虽然关于《大唐开元礼》和《唐六典》是否行用仍有争论，但将其作为唐帝国最强盛时期礼与法的象征意向则是毋庸置疑的；《大唐郊祀录》则只关注德宗贞

## 第二章 唐代礼仪著作研究

元时期的郊祀礼仪,该书旨在"上表陛下教敬之源,下申微臣蚁术之望"[1],是德宗意欲重构唐帝国权威的成果之一,体例虽小,但很有针对性,对于郊祀礼仪和所祭神祇有详尽介绍;《通典》是杜佑在前人基础上修撰而成的,其中《礼书》一百卷,占全书内容的二分之一,其书也以五礼为序,重在追根溯源,考察各种礼仪的历史沿革,在参考《大唐开元礼》等礼书的基础上,对于唐礼也有一番分析见解;《旧唐书·礼仪志》重在记录唐代的礼仪事件,根据主题和时间来展开行文,属于礼论性质的记述,稍显零碎;《唐会要》则属于资料汇编性质,其中记录了很多有关唐代礼仪制度的条文,对于唐代礼仪制度的研究有着很好的补充作用;《唐大诏令集》则以唐代诏令为主,其中也有一些涉及礼仪制度的诏令;《新唐书·礼乐志》则是标准的五礼结构,参照《大唐开元礼》,以记录礼仪程序为主。这些常见书目各有侧重,但并不完整,只能部分反映某一时期内的礼仪制度内容与发展情况,而且,很多著作包括了照抄《大唐开元礼》的一些内容,使得自身的研究价值大打折扣。当然,20世纪敦煌地区发现的纸卷文书也能提供一些参考,其中最重要的是书仪类文书[2],新发现和出土的墓志碑刻资料也能为我们的研究提供一些新的思路。虽然数量上相对可观,但这些资料系统性不强,记述各有侧重,官方和私家的见解也存在一些抵牾和差异,加之自身的细碎化和不完整性等缺憾,亦为相关研究带来了诸多不便。

有关唐代礼制典籍的大致情况已如上述,据此可知,唐代的确是一个礼制高度发展的时代,尤其是集大成者之《大唐开元礼》,欧阳修评价为"由是,唐之五礼之文始备,而后世用之,虽时小有损益,不能过也"[3]。只可惜很多珍贵的典籍都已经亡佚,后人已无法了解唐代礼制鼎盛时期的全貌,我们在充分利用这些现存资料的同时,也必须留意新资

---

[1] (唐)王泾:《大唐郊祀录》,民族出版社影印适园丛书本2000年版,第728页。
[2] 如周一良、赵和平《唐五代书仪研究》,中国社会科学出版社1995年版;赵和平《敦煌写本书仪研究》,新文丰出版公司1993年版;吴丽娱《敦煌书仪中的唐礼》,《中国社会科学院院报》2003年1月23日第3版。
[3] 《新唐书》卷一一《礼乐志》,第309页。

料的发现并及时准确地运用于唐代礼制研究工作之中。

礼仪书籍是进行礼仪活动和研究礼仪变迁的基础性资料，如若想要研究某一时期的礼仪制度，则对于基础资料的整理与分析必不可少。上文所做的正是对于唐代礼仪书籍的整理探讨，就现存的资料来看，大部分的资料都集中于统治阶层，只有一些敦煌文书涉及下层民众的社会生活礼仪，这就极大地限制了唐代礼制的研究方向与突破点，因此，在期待新材料出现的同时，如何充分利用现有的资料来进行突破性创新性研究就是最需要史学工作者解决的难题之一。

综上所述，有唐一代撰作的礼仪著作既有沿袭古礼，针对三礼进行问答训诂的专业礼经，以此表达唐人对于前代礼仪的认知与传承；也有针对唐代实际礼仪建设与实施过程中的问题所作的指导与仪注类礼书，二者融汇古今，集礼仪思想与实际操作于一体，共同构成了唐代礼仪著作的基本概况。但受限于技术条件与时代久远，上述大多数唐代礼仪著作均已亡佚，但其价值仍值得关注与留意[①]，现存者仅有《大唐开元礼》《大唐郊祀录》与一些敦煌书仪，但引发了众多学者的讨论与研究，著述颇多，极大地促进了唐代礼仪制度的研究进程。

## 第二节　唐代礼仪著作的作者群体考察

上节内容对于唐代礼仪著作的基本情况进行了论述，由此可总结出唐人共撰作礼仪著作83部，对应作者共计62人，其中生平信息严重缺乏、不可详考者有18人，其余44人都有相应传记或墓志等零星资料可以参考。笔者以这44人为唐代礼仪著作的作者群体，以其所生活的大致

---

[①]　如吴羽针对唐代已佚礼仪著作所进行的相关研究，颇具借鉴价值，参见吴羽《今佚唐代韦彤〈五礼精义〉的学术特点及影响——兼论中晚唐礼学新趋向对宋代礼仪的影响》，《魏晋南北朝隋唐史资料（第二十五辑）》，武汉大学文科学报编辑部2009年版，第148—168页；吴羽《今佚唐〈开元礼义鉴〉的学术渊源与影响》，《魏晋南北朝隋唐史资料（第二十六辑）》，武汉大学文科学报编辑部2010年版，第187—202页。

年代为顺序，结合史传资料及其他文献记载，对于他们的生平、仕宦情况以及礼学思想与成就展开论述，全面考察这些礼学作者的个人实际情况，以求对于唐代礼学著作的编撰背景与创作环境有一个更加直观的认识。

1. 裴矩（548—627），河东闻喜（今山西省闻喜县）人，两《唐书》有传。历仕北齐、北周、隋、唐四朝，因其博学，年少知名，在隋炀帝时监领西域诸胡在张掖的互市，并遍访其习俗，撰成《西域图记》三卷上奏，帮助炀帝实现了经略夷狄的政治愿望，之后炀帝被弑，裴矩辗转流落到窦建德军营之中，并为其创定朝廷礼仪，完善典章制度。李世民打败窦建德之后，裴矩归降唐朝，历任太子左庶子、太子詹事、民部尚书等职，贞观元年（627）卒，赠绛州刺史。裴矩曾与虞世南合撰《吉凶书仪》，援引故事，符合礼仪法度，为当时学者所称赞。由于他历职久远，知晓前朝旧事，因此深得高祖、太宗推重。[1]

2. 孔颖达（574—648），字仲达，冀州衡水（今河北省衡水市）人，两《唐书》有传。受业于大儒刘焯，隋大业年间明经出身，武德年间被太宗引为秦王府学士，历仕隋唐两朝，先后担任河内郡博士、太学助教、国子博士、给事中、国子司业、太子右庶子、国子祭酒等职。尤明《礼记》，贞观十一年（637）参与修订《贞观礼》，十七年（643），以年老致仕。十八年（644），图形于凌烟阁。二十二年（648）卒，终年七十五，陪葬昭陵，赠太常卿，谥曰宪，编撰有《五经正义》一百八十卷。[2]

3. 李袭誉，李袭志之弟，两《唐书》有传。隋末为冠军府司兵，唐初授太府少卿，封安康郡公，与兄同附籍于宗正寺。历仕潞州总管、光禄卿、蒲州刺史、扬州大都督府长史、太府卿、凉州都督等职，他通敏，

---

[1]《旧唐书》卷六三《裴矩传》，第2406—2409页；《新唐书》卷一〇〇《裴矩传》，第3931—3934页。

[2]《旧唐书》卷七三《孔颖达传》，第2601—2603页；《新唐书》卷一九八《孔颖达传》，第5643—5644页。

有识度，好写书，撰《五经妙言》四十卷、《江东记》三十卷、《忠孝图》二十卷、《明堂序》一卷。①

4. 刘孝孙，荆州（今湖北省荆州市）人，两《唐书》有传。年少知名，与虞世南、蔡君和、孔德绍、庾抱、庾自直、刘斌等游玩山水，以文会友，大业末年没于王世充。在唐历仕虞州录事参军、著作佐郎、谘议参军、太子洗马等职，撰有《古今类序诗苑》四十卷、《二仪实录》一卷。②

5. 令狐德棻（583—666），宜州华原（今陕西省铜川市）人，两《唐书》有传。历仕起居舍人、秘书丞、秘书少监、礼部侍郎、太常卿、国子祭酒等职，乾封元年（666）卒，享年八十四。令狐德棻博涉文史，年少知名，武德五年（622）与侍中陈叔达等奉诏修撰《艺文类聚》，并重加钱财，购买遗书，上书请求编修前朝正史，得到了高祖李渊的赞同，于是开始了唐初集中编修前朝正史的大型工程。令狐德棻具体负责《周书》的修撰，并参与编修《贞观礼》，之后修撰《氏族志》《晋书》。贞观十五年（641），太宗想要封禅，以太常卿韦挺、礼部侍郎令狐德棻为封禅使，令他们修撰仪注，令狐德棻因此撰成《皇帝封禅仪》六卷，但最终未能成行。高宗永徽元年（650）以后，令狐德棻参与编成《五代史志》，修撰《高宗实录》，著述颇丰。③

6. 李敬玄（615—682），亳州谯县（今安徽省亳州市谯城区）人，两《唐书》有传。他受马周推荐入仕，历仕西台舍人、弘文馆学士、西台侍郎、中书侍郎、吏部侍郎、吏部尚书，官至宰相。永淳元年（682）卒，享年六十八，追赠兖州都督。他博览群书，尤其擅长五礼，撰《礼论》六十卷、《正论》三卷、文集三十卷，并且生性强记，在铨选工作

---

① 《旧唐书》卷五九《李袭志附袭誉传》，第2331—2332页；《新唐书》卷九一《李袭志附袭誉传》，第3790—3791页。
② 《旧唐书》卷七二《刘孝孙传》，第2583页；《新唐书》卷一〇二《刘孝孙传》，第3977页。
③ 《旧唐书》卷七三《令狐德棻传》，第2596—2599页；《新唐书》卷一〇二《令狐德棻传》，第3982—3984页。

中相当称职，颇受时人赞誉。①

7. 柳逞，正史无传，《全唐文》中记载有上官仪所作的《为朝臣贺凉州瑞石表》一篇，其中描述了贞观十七年（643）柳逞担任礼部郎中前去勘验凉州瑞石之事。②

8. 孟诜（621—713），汝州梁县（今河南省汝州市）人，两《唐书》有传。进士出身，历任凤阁舍人、台州司马、春官侍郎、同州刺史等职，神龙初致仕，隐归山里，冶炼药饵，开元初卒，享年九十三。他爱好方术，曾侍读睿宗，晚年保养身性，药不离口，有古人之风。著述颇丰，撰有《家》《祭礼》各一卷，《丧服要》二卷，《补养方》《必效方》各三卷。③

9. 员半千（621—714），本名余庆，晋州临汾（今山西省临汾市）人，两《唐书》有传。制举出身，历职武陟县尉、左卫胄曹、左卫长史、正谏大夫、水部郎中、濠州刺史、太子右谕德等，开元二年（714）卒④，享年九十四。他师于王义方，备受义方重视，后应八科举，并在高宗殿试中对策上第，垂拱中充任宣慰吐蕃使，临行前被武则天留下入阁供奉。之后撰作《明堂新礼》三卷、《封禅四坛碑》十二首呈奏武后，迎合了当时朝廷的礼仪需求，得到了奖赏。长安年间，因不愿担任控鹤之职，忤旨被贬，后参与修撰《三教珠英》。中宗时任外官，睿宗朝征拜入内，兼任崇文馆学士，累封平原郡公。他贯通经史，为官清白爱民，不与浮薄之人同流合污，致仕之后，喜爱游玩山水，定居于尧山、沮水之间，葬后，吏民惜之，哀哭于野。⑤

---

① 《旧唐书》卷八一《李敬玄传》，第 2754—2756 页；《新唐书》卷一〇六《李敬玄传》，第 4052—4053 页。
② 《全唐文》卷一五五《为朝臣贺凉州瑞石表》，第 1581—1582 页。
③ 《旧唐书》卷一九一《孟诜传》，第 5101—5102 页；《新唐书》卷一九六《孟诜传》，第 5599—5600 页。
④ 《新唐书·员半千传》记为"开元九年"，参见《新唐书》卷一一二《员半千传》，第 4162 页。
⑤ 《旧唐书》卷一九〇《员半千传》，第 5014—5015 页；《新唐书》卷一一二《员半千传》，第 4161—4162 页。

10. 王玄度（625—695），太原晋阳（今山西省太原市）人，两《唐书》无传。正史中仅见一条记载：他在贞观年间担任校书郎时曾注解《尚书》《毛诗》，并向太宗上表请求废除孔颖达、郑玄的注释，颁行自己的注本。太宗召集有名的儒生在礼部进行议论，王玄度凭借口辩之才，众儒一时无法找出错误进行诘难，于是郎中许敬宗请求藏其书于秘阁，河间王李孝恭特意请求将王玄度的注本与孔颖达、郑玄的注本同时发行。就在此时，度支郎中崔仁师上奏驳斥王玄度学术不精，他的注释歪曲儒家经典，并且挑选出不合大义的条文一同呈奏，请求罢免王玄度。太宗最后依从了崔仁师的建议，王玄度遭到了罢废。在《新唐书·艺文志》中也保留有他注解的《尚书》《毛诗》与《春秋左氏传》，从他担任校书郎一职并注解多部经典来看，他不仅熟读儒家经典，而且具有较高的理解与编撰能力，尽管他在与儒生的辩论之中占尽优势，但由于他的注解与当时政府推崇的孔颖达、郑玄等主流思想不同，故而遭到了无情的罢免，颇为遗憾。① 根据出土墓志记载，王玄度卒于证圣元年（695），享年七十一，但并未记载其任官情况。②

11. 元行冲（653—729），河南人，北魏常山王元素连之后，《旧唐书》有传。他进士出身，"博学多通，尤善音律及诂训之书"③，历仕通事舍人、太常少卿、右散骑常侍、左散骑常侍、国子祭酒、太子宾客、弘文馆学士等职，封常山郡公。开元十七年（729）卒，享年七十七，赠礼部尚书，谥曰献。玄宗曾诏令元行冲集结学者撰修《类礼义疏》，想要将其作为官方学本，于是元行冲召集国子博士范行恭、四门助教施敬本等，撰成《类礼义疏》五十卷，开元十四年（726）八月奏上，但遭到了时任尚书右丞相张说的驳斥，张说认为此书"与先儒第乖，章句隔绝"④，不适合立于官学，玄宗同意了张说的建议，于是赏赐了元行冲

---

① 《旧唐书》卷七四《崔仁师传》，第2620页。
② 吴钢主编：《全唐文补遗（第八辑）》，三秦出版社2005年版，第338页。
③ 《旧唐书》卷一〇二《元行冲传》，第3176—3177页。
④ 《旧唐书》卷一〇二《元行冲传》，第3178页。

等人二百匹绢,该书最终被藏于内府,不复行用。元行冲本人也痛恨自己遭到排斥,于是隐退著论,三年后去世。元行冲进士出身,并先后担任太常少卿、国子祭酒、弘文馆学士等职,说明他无论是在礼学,还是在其他儒家经典方面,都非常精通,故而史传称其博学多闻,在他去世后,唐朝赠其礼部尚书,更是突出其在礼仪方面的建树,但他奉命撰成的五十卷《类礼义疏》却因张说的反对而不能被立于学官,甚为可惜。[1]

12. 戴至德(？—679),戴胄兄子,过继戴胄,两《唐书》有传。父子相继为宰相,参与修撰《永徽留本司格后》十一卷,著有《丧服变服》一卷,仪凤四年(679)卒,赠开府仪同三司、并州大都督,谥曰恭。[2]

13. 李延寿,世居相州(今河南省安阳市),两《唐书》有传。明经出身,历职太子典膳丞、崇贤馆学士、御史台主簿、符玺郎,以修史闻名后世,撰成《南史》《北史》,并编撰《太宗文皇帝政典》,深得高宗赞赏,藏于秘阁,并赏赐其家帛五十段。[3]

14. 贾公彦,生卒年不详,铭州永年(今河北邯郸市永年区)人,两《唐书》有传。拜张士衡为师学习礼仪,精通三礼,高宗永徽年间官至太常博士。他在编撰《周礼义疏》时选用郑玄注本,并汇综诸家经说进行扩充,在体例上仿照《五经正义》,"世称其发挥郑学最为详明"[4]。在编撰《仪礼义疏》时,采用北齐黄庆、隋朝李孟悊两家的义疏,依据郑玄注本,经过删改之后成书。[5] 他的儿子贾大隐,继承父学,官至礼部侍郎。撰有《周礼疏》五十卷、《仪礼疏》五十卷、《礼记疏》八十卷。[6]

---

[1] 《旧唐书》卷一〇二《元行冲传》,第3176—3182页。
[2] 《旧唐书》卷七〇《戴胄传附戴至德》,第2535页。
[3] 《旧唐书》卷七三《李延寿传》,第2600—2601页;《新唐书》卷一〇二《李延寿传》,第3985—3986页。
[4] (宋)晁公武撰,孙猛点校:《郡斋读书志》,上海古籍出版社1990年版,第75页。
[5] (宋)陈振孙撰,徐小蛮、顾美华点校:《直斋书录解题》,上海古籍出版社1987年版,第41—42页。
[6] 《旧唐书》卷一八九《贾公彦传》,第4950页;《新唐书》卷一九八《贾公彦传》,第5649—5650页。

15. 裴守贞，或写作裴守真，绛州稷山（今山西省运城市）人，两《唐书》有传。进士出身，历仕乾封县尉、太常博士、司府丞、汴州司录、成州刺史、宁州刺史等职，长安年间卒，赠户部尚书。他擅长礼仪之学，经常参与国家礼仪活动。永淳二年（683）七月，高宗下诏将于其年十一月封禅嵩山，诏令他与国子司业李行伟、考工员外郎贾大隐、太常博士韦叔夏等议定封禅仪注，因此撰成《神岳封禅仪注》十卷。高宗驾崩之后，丧葬礼仪不够完备，裴守贞又与韦叔夏、中书舍人贾大隐等草创仪注，完善礼仪。①

16. 窦维鍌，窦希瓘从父弟，《旧唐书》有传。好学多著，清俭自守，与中书令张说、黄门侍郎卢藏用、给事中裴子余等来往亲善，官至水部郎中，撰有《吉凶礼要》二十卷。②

17. 王元感，濮州鄄城（今山东省菏泽市鄄城县）人，两《唐书》有传。他明经出身，历职博城县丞、左卫率府录事兼直弘文馆、四门博士、太子司议郎兼崇贤馆学士等。他博闻强记，精于撰著，在武则天亲祀南郊、享明堂以及封禅嵩岳的礼仪活动中，奉命与儒生共同修撰仪注，折服众人，并得到了魏知古、徐坚、刘知几等人的联名推荐。先后撰修《尚书纠谬》十卷、《春秋振滞》二十卷、《礼记绳愆》三十卷，并注解《孝经》《史记》，官给纸笔，并藏于秘书阁。③

18. 王方庆（？—702），雍州咸阳（今陕西省咸阳市）人，史传记其为琅琊王氏之后，《旧唐书》有传。门荫出身，历仕越王府参军、太仆少卿、广州都督、洛州长史、并州长史、太子左庶子、鸾台、凤阁侍郎等职，官至宰相。长安二年（702）卒，赠兖州都督，中宗即位以后，以旧僚之情追赠吏部尚书。王方庆本人博学好著述，尤精《三礼》，家中藏书也非常丰富，"不减秘阁"。神功元年（697）七月，清边道大总

---

① 《旧唐书》卷一八八《裴守真传》，第4924—4925页；《新唐书》卷一二九《裴守真传》，第4473—4474页。
② 《旧唐书》卷一八三《窦德明附维鍌传》，第4726页。
③ 《旧唐书》卷一八九《王元感传》，第4963页；《新唐书》卷一九九《王元感传》，第5666—5668页。

管建安王武攸宜打败契丹，凯旋还朝，并同时举行诣阙献俘的礼仪活动。内史王及善认为，凯旋入城，按例有军乐，但正值孝明高皇帝忌月，请备而不奏。王方庆认为，礼经之中只有忌日，没有忌月，奏请依旧凯旋奏乐，武则天听从了他的建议。针对当时每月一日在明堂举行告朔礼仪的制度，司礼博士辟闾仁谞认为，该礼不合经史，应该废除，而王方庆据理力争，引经据典，论证了此礼的合理性，于是武则天下令集众儒议论，最终王方庆的言论得到了大多数人的认可，这一制度也得到了继续遵行。之后王方庆又上奏端正朝官礼仪，得到了武则天的认可。圣历二年（699），武则天想要在冬季举行讲武之礼，但相关部门准备不足，推迟到了孟春。王方庆疏奏认为，按照礼经，讲武应该在孟冬举行，孟春不适合举行讲武，而且不符合礼仪要求，希望武则天不违时令，到了孟冬再举行讲武。这一建议得到了武则天的认可，并亲自撰写制书进行批答。后来又上书指出，东宫宫殿及门名触犯了太子名讳，请求改换，得到了武则天的听从。从这一系列与礼仪有关的上书与奏言来看，王方庆确实熟读《三礼》，而且经常引经据典，不作空谈，他编撰的《礼杂问答》十卷、《三品官袝庙礼》二卷、《古今仪集》五十卷、《礼记正义》十卷，都对当时的社会礼仪产生了重要影响。[①]

19. 郭山恽，蒲州河东（今山西省运城市）人，《旧唐书》有传。历仕国子司业、括州长史等职，开元初年卒。他少通《三礼》，业优经史，他赞同王方庆关于每月一日在明堂举行告朔礼仪制度的观点，又讥笑王元感的经学思想，尝以古诗讽谏中宗沉迷伎艺，得到了中宗的赞赏，之后他与祝钦明为了迎合韦后，共同向中宗奏言皇后应当助祭郊祀，颇受时人非议。[②]

20. 孟利贞（？—685），华州华阴（今陕西省渭南市）人，《旧唐书》有传。门荫出身，历职太子司议郎、著作郎、弘文馆学士等，垂拱初年去世。曾参与修撰《瑶山玉彩》，编撰《续文选》十三卷、《封禅

---

[①]《旧唐书》卷八九《王方庆传》，第 2896—2901 页。
[②]《旧唐书》卷一八九《郭山恽传》，第 4970—4971 页。

录》十卷，以文辞著称。①

21. 杨炯（650—693），华阴（今陕西省渭南市）人，两《唐书》有传。中神童举，历任校书郎、崇文馆学士、詹事司直、梓州司法参军、盈川令等职，他自幼聪敏博学，擅长文学。仪凤年间，太常博士苏知几上表请求改易现有的公卿冕服制度，高宗诏令有司详议，杨炯撰文认为现有冕服合乎古制，而苏知几的新制颇为不经，并无可取之处，于是苏知几的请求被驳回。他在地方上为政残酷，肆意杀人，又在居处大量书写进士亭台榜额，深为周围人所讥笑。他与王勃、卢照邻、骆宾王并以文词齐名，合称王杨卢骆，又称"初唐四杰"，著有《家礼》十卷，文集三十卷。②

22. 李嗣真（？—696），滑州匡城（今河南省长垣县）人，两《唐书》有传。明经出身，历职许州司功、义乌令、始平令、司礼丞、御史中丞等，后被来俊臣构陷，流配岭南。万岁通天年间征还，死于途中，武则天深加怜悯，赠济州刺史，神龙初，又赠御史大夫。他博学强记，精通音律，又擅长阴阳推算之术，能自知祸福而提前应对，高宗对此非常惊异，拜他为司礼丞，掌五礼仪注，加中散大夫，封常山子。撰有《明堂新礼》十卷，《孝经指要》《诗品》《书品》《画品》各一卷。③

23. 韦叔夏（？—707），尚书左仆射韦安石之兄，《旧唐书》有传。明经出身，历仕太常博士、春官（礼部）员外郎、成均司业、春官侍郎、太常少卿、国子祭酒等职，封沛国郡公，赠兖州都督、修文馆学士，谥曰文，享年七十余岁。他少时就精通《三礼》，高宗驾崩之后，与中书舍人贾大隐、太常博士裴守贞等撰定丧礼仪注。久视元年（700），武则天诏令成均司业韦叔夏、太子率更令祝钦明等刊定司礼博士修撰的国家吉凶礼仪仪注。他精通礼学，修撰有《五礼要记》三十卷，流传于

---

① 《旧唐书》卷一九〇《孟利贞传》，第4997页。
② 《旧唐书》卷一九〇《杨炯传》，第5000—5004页；《新唐书》卷二〇一《杨炯传》，第5741页。
③ 《旧唐书》卷一九一《李嗣真传》，第5098—5099页；《新唐书》卷九一《李嗣真传》，第3796—3798页。

世。其子韦縚，也以精通礼学而知名。①

24. 萧嵩（？—749），贞观初左仆射、宋国公萧瑀曾侄孙，两《唐书》有传。门荫出身，历任洺州参军、醴泉县尉、监察御史、殿中侍御史、中书舍人、宋州刺史、尚书左丞、兵部侍郎、兵部尚书、河西节度使、中书令、尚书右丞相、太子太师、青州刺史等职，官至宰相。天宝八载（749）薨，享年八十余岁，赠开府仪同三司。他担任河西节度使期间，部署将领，修筑城池，离间吐蕃，并在与吐蕃的战争中取得重大胜利，因功拜相，遥领中书令。在他入朝为相期间，领衔修撰《大唐开元礼》一百五十卷，又有《开元礼义镜》一百卷、《开元礼京兆义罗》十卷、《开元礼类释》二十卷、《开元礼百问》二卷，但这些著作都是集贤殿众儒围绕《开元礼》所作，萧嵩仅是居中领衔而已。②

25. 李林甫（683—753），两《唐书》有传，出自李唐宗室，是高祖从父弟长平王叔良的曾孙。门荫出身，但由于他凭借圣宠，长期专权，又城府极深，朝野为之侧目，甚至被《新唐书》的编撰者列为奸臣。李林甫历仕千牛直长、太子中允、国子司业、御史中丞、刑部、吏部二部侍郎、礼部、户部、兵部三部尚书等职，官至宰相，封晋国公，死后赠太尉、扬州大都督。虽然李林甫本人并不以文学知名，但他精于吏干，注重格令制度的修撰与实施，从他的任职情况来看，基本遍及六部，在他领衔编修的《唐六典》中，不仅详细叙述了唐代典章制度的沿革，更是浓墨重彩地记录了他在开元年间所进行的政治、经济、军事、礼仪制度等方面的改革活动，为开天盛世的形成打下了坚实的制度基础。李林甫奉玄宗诏命领衔编撰的《御刊定礼记月令》一卷，服务于当时特别流行的皇帝四时在明堂宣读月令的礼仪活动，属于官方大型礼仪所需要的文献。③

---

① 《旧唐书》卷一八九《韦叔夏传》，第4964—4965页。
② 《旧唐书》卷九九《萧嵩传》，第3093—3095页；《新唐书》卷一〇一《萧瑀传附萧嵩》，第3953—3954页。
③ 《旧唐书》卷一〇六《李林甫传》，第3235—3241页；《新唐书》卷二二三《李林甫传》，第6343—6349页。

26. 韦述（？—757），司农卿韦弘机之曾孙，两《唐书》有传。进士出身，历仕栎阳尉、右补阙、起居舍人、屯田员外郎、吏部二郎中、国子司业、左右庶子、工部侍郎等职，安史之乱中陷于贼，授伪官，肃宗收复两京以后，韦述被流放，受辱绝食而死。其家藏书千卷，韦述小时候便全部看完，贯穿经史，了如指掌，后为集贤院学士，兼知史官，多次参与国家大型礼书的修撰工程，天宝九载（750），充礼仪使。韦述在书府四十年，居史职二十年，爱好著述，有良史之才，撰成《国史》一百一十二卷、《史例》一卷、《唐职仪》三十卷、《高宗实录》三十卷、《御史台记》十卷、《两京新记》五卷、《东封记》一卷，共计二百余卷。[①]

27. 颜真卿（708—784），琅琊临沂（今山东省临沂市）人，两《唐书》有传。北齐黄门侍郎颜之推之后，家学渊源颇深，进士出身，历仕监察御史、殿中侍御史、东都畿采访判官、侍御史、武部员外郎、平原太守、同州刺史、蒲州刺史、饶州刺史、升州刺史、浙江西道节度使、蓬州长史、利州刺史、荆南节度使、硖州别驾、湖州刺史、刑部尚书、太子少傅、太子太师等职，兴元元年（784）被李希烈杀害，享年七十七。颜真卿勤于学业，有辞藻，尤其擅长书法，为人忠正不阿，刚而有礼，虽然他被杨国忠排挤出朝廷，但在安史之乱爆发以后，颜真卿在燕赵之地首举义旗，极大地扰乱了叛军后方，拖延了安史叛军的进军速度，功勋卓著。至德二载（757），他前往肃宗行在，朝于凤翔，看见大臣酒醉入朝、在班不肃，便上奏进行弹劾，对于违礼之事即刻指陈，保障了肃宗在西幸时期的礼法威严，肃宗遣中使进行宣劳，赞其为名儒，深达礼体。代宗驾崩以后，颜真卿出任礼仪使，认为高祖以下七位皇帝谥号繁多，上奏请以皇帝初谥为准，被诬言排挤而无法推行。杨炎任相之际，厌恶颜真卿，奏改为太子少傅，仍兼礼仪使。卢杞秉权时期，排挤颜真卿，上奏遣他出使劝降叛将李希烈，颜真卿自知死路而毅然出使，

---

[①]《旧唐书》卷一〇二《韦述传》，第3183—3185页；《新唐书》卷一三二《韦述传》，第4529—4531页。

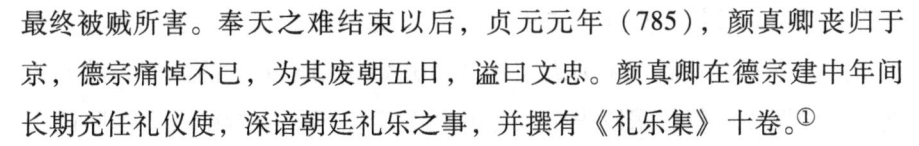

最终被贼所害。奉天之难结束以后，贞元元年（785），颜真卿丧归于京，德宗痛悼不已，为其废朝五日，谥曰文忠。颜真卿在德宗建中年间长期充任礼仪使，深谙朝廷礼乐之事，并撰有《礼乐集》十卷。①

28. 张镒（？—783），苏州人，朔方节度使张齐丘之子，两《唐书》有传。门荫出身，他历仕左卫兵曹参军、大理评事、殿中侍御史、屯田员外郎、祠部、右司员外郎、濠州刺史、江南西道都团练观察使、洪州刺史、河中晋绛都防御观察使、汴滑节度观察使、汴州刺史、集贤殿学士、凤翔陇右节度使等职，在奉天之难中被朱泚旧部李楚琳所杀，赠太子太傅。他为政清净，重视经学，在地方上招揽人才，讲训生徒，并编撰《三礼图》九卷、《五经微旨》十四卷、《孟子音义》三卷，而且名重道直，在主持唐与吐蕃的清水会盟期间，本来约定唐朝用牛、吐蕃用马为牲，但张镒深感耻辱，遂以羊猪犬三物为牲进行杀礼，象征性地保全了他自己与唐朝的一丝颜面。②

29. 韦渠牟（749—801），京兆万年（今陕西省西安市）人，两《唐书》有传。受韩滉辟署出仕，历任秘书郎、四门博士、右补阙、右谏议大夫、太府卿、太常卿等职，贞元十七年（801）卒，享年五十三，赠刑部尚书，谥曰忠。韦渠牟年少聪慧，涉猎经史，有口辩之才，答问锋生，深受德宗信任，依附者甚多，他论著颇多，并行于世，有《贞元新集开元后礼》二十卷，为《开元礼》以后至贞元年间的礼仪制度合集。③

30. 韦彤，京兆（今陕西省西安市）人，四世从祖韦方质，为武后时宰相，《新唐书》有传。德宗时为太常博士，以研习《礼》而闻名，曾在张茂宗丧期娶义章公主事件中上表反对，认为以凶渎嘉，不合礼制，

---

① 《旧唐书》卷一二八《颜真卿传》，第3589—3597页；《新唐书》卷一五三《颜真卿传》，第4854—4861页。
② 《旧唐书》卷一二五《张镒传》，第3545—3549页；《新唐书》卷一五二《张镒传》，第4829—4831页。
③ 《旧唐书》卷一三五《韦渠牟传》，第3728—3729页；《新唐书》卷一六七《韦渠牟传》，第5109—5110页。

但没有被德宗接纳。贞元十二年（796），德宗诏命朔望进食太庙，但韦彤认为此举不合礼制，认为天宝年间才开始有朔望进食的制度，并非古礼，应该罢去，但德宗以先帝裁定其礼为由，仍然坚持施行。当昭陵寝宫被火焚毁以后，只能客祭于瑶台寺，而且原来的寝宫在山上，缺乏水源，再次修建又劳民伤财，于是唐朝政府想要在行宫修造寝宫，德宗下诏令宰相百官议论。吏部员外郎杨于陵认为，在行宫修建寝宫方便可行。韦彤也认为，这种做法符合礼仪，可以施行。韦彤去世后，会昌五年（845），武宗诏令京城不允许百官立私庙。宰相李德裕等人引用韦彤的观点认为，在京城立庙方便告祭，而且符合礼制，可以在宫城南面九坊中的三坊立庙，但没有被武宗采纳①，说明其礼仪思想有实用价值，影响深远。

31. 陆质（？—806），吴郡（今江苏省苏州市）人，两《唐书》有传。受藩镇辟署而入仕，历仕左拾遗、太常博士、左司郎中、国子博士、信、台二州刺史、给事中等职，他精于经学，尤深《春秋》，受教并传承了赵匡、啖助的学问，著有《集注春秋》二十卷，《类礼》二十卷，《君臣图翼》二十五卷，并行于世，儒生们私谥为"文通先生"②。

32. 仲子陵（744—802），蜀人，正史无传。进士出身，历职太常博士、礼部主客、刑部司门员外郎等，贞元十八年（802）卒，享年五十九，在诗赋创作方面有所突破与创新③，并与袁彝、韦彤、裴茝同为大历、贞元年间著名的礼学大家④。

33. 张荐（744—804），深州陆泽（今河北深州市）人，两《唐书》有传。以孝闻充史官修撰，历任左拾遗、太常博士、工部员外郎、户部司郎中、谏议大夫、秘书少监、工部侍郎等职，在出使吐蕃的途中病死，享年六十一，赠礼部尚书。张荐精通史传，典知礼仪，贞元元年

---

① 《新唐书》卷二〇〇《韦彤传》，第5708—5709页。
② 《旧唐书》卷一八九《陆质传》，第4977—4978页；《新唐书》卷一六八《陆质传》，第5127—5128页。
③ 何易展：《唐代巴蜀文人仲子陵生平考述》，《西华师范大学学报》2006年第6期。
④ 《新唐书》卷二〇〇《儒学传》，第5707页。

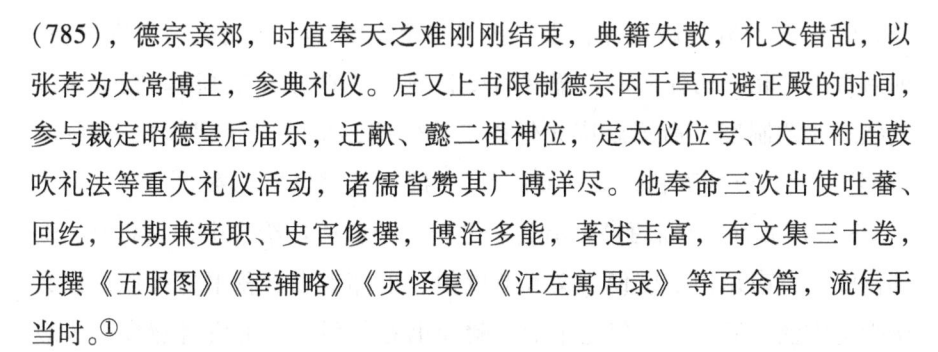

(785)，德宗亲郊，时值奉天之难刚刚结束，典籍失散，礼文错乱，以张荐为太常博士，参典礼仪。后又上书限制德宗因干旱而避正殿的时间，参与裁定昭德皇后庙乐，迁献、懿二祖神位，定太仪位号、大臣祔庙鼓吹礼法等重大礼仪活动，诸儒皆赞其广博详尽。他奉命三次出使吐蕃、回纥，长期兼宪职、史官修撰，博洽多能，著述丰富，有文集三十卷，并撰《五服图》《宰辅略》《灵怪集》《江左寓居录》等百余篇，流传于当时。[①]

34. 王泾，正史无传，仅记载其参与贞元、元和年间的几次礼仪活动。贞元九年（793），太常礼院修撰王泾考证有唐以来历代郊庙沿革制度，撰成《大唐郊祀录》十卷，并奏上。永贞元年（805）十一月，德宗神主祔于太庙，礼仪使杜黄裳与礼官王泾等建议将高宗神主迁于西夹室；元和元年（806）七月，顺宗神主再次祔庙，有司无法决断，太常博士王泾认为应该将中宗神主迁于太庙夹室，这样才符合礼制，得到了礼仪使杜黄裳的认可，并上奏实施；元和十四年，太常丞王泾上疏请求废除太庙朔望上食制度，得到了一些礼官的支持，宪宗诏令百官详议，但最终以该制源自玄宗，虽不合礼仪，但仍旧继续沿袭。由此可见，王泾对于礼仪制度也非常熟悉，能够合理地处理国家日常礼仪事务，其撰作的《大唐郊祀录》流传至今，极具参考意义与研究价值。

35. 裴茝，元和年间担任过太常博士，通习古今礼仪。由于当时唐朝礼仪典制中没有皇太子丧礼，宪宗特地诏命他领衔修撰，其著作有《内外亲族五服仪》二卷、《书仪》三卷。

36. 郑余庆（745—820），荥阳（今河南省荥阳市）人，两《唐书》有传。进士出身，建中年间任职藩镇，贞元初年入朝。历任兵部员外郎、库部郎中、工部侍郎、中书侍郎、郴州司马、尚书左丞、太子宾客、国子祭酒、河南尹、兵部尚书、太子少傅、山南西道节度观察使、尚书左仆射、凤翔尹、凤翔陇右节度使等职，官至宰相。元和十五年（820）

---

[①] 《旧唐书》卷一四九《张荐传》，第4023—4025页；《新唐书》卷一六一《张荐传》，第4979—4982页。

卒，时年七十五，赠太保，谥曰贞。郑余庆勤学，善属文，为官清俭，前后数次拜相，历仕四朝。德宗时受诏撰《惠昭太子哀册》。宪宗时以其熟悉典章制度，命郑余庆充任详定礼仪使，参酌实施朝廷礼乐制度，"朝廷仪制、吉凶五礼，咸有损益焉"，撰有《书仪》二卷。①

37. 卢弘宣，《新唐书》有传。进士出身，历任给事中、京兆尹、刑部侍郎、剑南东川节度使、义武节度使、工部尚书、秘书监等职，以太子少傅致仕，后卒，享年七十七，赠尚书右仆射。卢弘宣性宽厚，为政减省，吏民安之，他担忧士庶人家祭祀没有准则，便结合十二家法，撰成《家祭仪》以供参考，颇有利于当时。②

38. 裴瑾，河东人氏，正史无传，《全唐文》中保留有柳宗元所作的《裴瑾崇丰二陵集礼后序》，简要介绍了裴瑾担任礼仪使杜佑的判官的期间，帮助完成德宗、顺宗丧礼事宜，并撰写《崇丰二陵集礼》的实践过程。③

39. 韦公肃，《新唐书》有传。元和初为太常博士，撰写完善宪宗耕籍礼仪，并帮助解决郑余庆二祖妣祔庙祭祀的礼仪难题。元和六年（811），宪宗诏命礼官王泾、韦公肃等议论百官参拜之礼，理甚精详。又针对唐朝长期以来存在的睿宗忌月止乐之事，奏言有理有据，符合礼仪要求，得到了皇帝与百官的认可，废除了这一违礼行为。他频繁参与国家礼仪制度的建设，并解决了朝廷之中长期存在的违礼行为，深谙礼仪之道，撰有《礼阁新仪》二十卷。④

40. 丁公著（762—826），苏州吴郡（今江苏省苏州市）人，两《唐书》有传。明经出身，《五经》及第，又通《开元礼》，历职集贤殿校书郎、右补阙、水部员外郎、驾部员外郎、给事中、工部侍郎、浙江西道都团练观察使、河南尹、尚书右丞、兵部、吏部侍郎、礼部尚书、

---

① 《旧唐书》卷一五八《郑余庆传》，第4163—4166页；《新唐书》卷一六五《郑余庆传》，第5059—5061页。
② 《新唐书》卷一九七《卢弘宣传》，第5632—5633页。
③ 《全唐文》卷五七七《裴瑾崇丰二陵集礼后序》，第5830—5831页。
④ 《新唐书》卷二〇〇《韦公肃传》，第5721—5722页。

太常卿，享年六十四，赠右仆射。丁公著三岁丧母，七岁哀感绝食，后居父丧，哀毁过礼，孝悌闻于乡里，四十四岁丧妻，终身不再娶，为官清俭守道，不好声色，编著《礼志》十卷。①

41. 裴度（765—839），河东闻喜（今山西省闻喜县）人，两《唐书》有传。进士出身，历仕德、顺、宪、穆、敬、文六朝，裴度为人正直，善于言谈，长于政体，功勋卓著。尤其是在宪宗元和年间，支持削藩，亲自统军平定淮西之乱，因功封晋国公。数次出镇拜相，身居高位，开成四年（839）去世，享年七十五，赠太傅，谥号文忠，辍朝四日，会昌元年（841）加赠太师，配享宪宗庙廷。礼仪方面，曾在元和十一年（816）的庄宪皇后丧礼中充任礼仪使，撰有《书仪》二卷。②

42. 范传式，《旧唐书》记载其曾考中进士，有出任侍御史的经历③，《唐会要》中记载他曾出任监察御史④，《直斋书录解题》曾记载他为泾县县尉⑤，《全唐文》记载他因为官监察御史期间办案不力，被贬官为河南府寿安县令⑥，撰有《寝堂时飨仪》一卷。

43. 王彦威，太原人，两《唐书》有传。明经出身，以学问求官，历职太常博士、司封员外郎中、谏议大夫、河南少尹、司农卿、青州刺史、平卢军节度、淄青等观察使、户部侍郎、卫尉卿、许州刺史、忠武军节度、陈许溵观察等使、兵部侍郎等职，会昌年间去世，赠仆射，谥曰靖。王彦威出自儒学世家，年少时孤贫苦学，尤通《三礼》，因撰修《元和新礼》而知名。宪宗驾崩以后，淮南节度使李夷简认为宪宗功高列圣，应该称祖，穆宗令礼官议定其谥号，王彦威认为称祖不合礼制，

---

① 《旧唐书》卷一八八《丁公著传》，第4936页；《新唐书》卷一六四《丁公著传》，第5049—5050页。
② 《旧唐书》卷一七〇《裴度传》，第4413—4434页；《新唐书》卷一七二《裴度传》，第5209—5219页。
③ 《旧唐书》卷一四一《张茂宗传》，第3861页；（唐）柳宗元：《柳宗元集》卷二二《送宁国范明府诗序》，中华书局1979年版，第595页。
④ 《唐会要》卷六五《闲厩使》，第1334页。
⑤ 《直斋书录解题》，第186页。
⑥ 《全唐文》卷六四七《范传式可河南府寿安县令制》，第6549页。

应该称为宪宗，得到了穆宗的认可。在宪宗祔庙礼仪过程中，王彦威坚持守礼，刚正不阿，因得罪宰相被削阶罚俸，为君子所称赞。他熟知典故，宿儒硕学皆不如，当时朝廷仆射上事仪注，长时间无法定夺，王彦威上奏认为仆射上日受常参官拜礼不合礼制，应该以元和七年（812）所定礼制为准，这一观点颇受论者称赞，但最终因宰相循旧，没有听从他的意见。王彦威承袭家学，深知礼仪之制，但不懂财政之事，又依附仇士良、鱼弘志等内官，当时宰相深以为耻，他编撰的《元和曲台礼》三十卷、《续曲台礼》三十卷，是唐后期举足轻重的国家礼仪著作，并行于当世。①

44. 孙玉汝，宋人洪迈曾在《容斋续笔》中"孙玉汝"一条考证记载道："韩庄敏公缜，字玉汝，盖取君子以玉比德，缜密以栗，及王欲玉汝之义，前人未尝用，最为古雅。案，唐《登科记》，会昌四年及第进士有孙玉汝。李景让为御史大夫，劾罢侍御史孙玉汝。会稽《大庆寺碑》，咸通十一年所立，云衢州刺史孙玉汝记。荣王宗绰书目，有《南北史选练》十八卷，云孙玉汝撰，盖其人也。"②《全唐文》作者小传曾记载："玉汝，会昌四年进士。官御史，咸通中出为衢州刺史"③，撰有《五礼名义》十卷。

以上内容为笔者根据史传及碑石资料所进行的对于唐代 44 位礼仪著作作者生平的考察，重点论述了他们的出身与仕宦情况，并揭示他们的学识渊源，是否有担任礼官的经历以及主要参与的礼学活动与取得的相关成就。受限于资料的不完整性，叙述的内容有详有略，略显杂乱，但笔者相信，随着考古工作的持续开展，会有更多的新资料进行补充，这些作者的人生经历也会因此而更加丰富多彩。

这 44 位礼仪著作的作者，在仕宦出身方面，可考者共 30 人，其中

---

① 《旧唐书》卷一五七《王彦威传》，第 4154—4157 页；《新唐书》卷一六四《王彦威传》，第 5056—5058 页。
② （宋）洪迈撰，孔凡礼点校：《容斋随笔》续笔卷一一，中华书局 2005 年版，第 349—350 页。
③ 《全唐文》卷七六二，第 7919 页。

明经、进士、神童等科举常举出身者 21 人，门荫出身者 5 人，藩镇辟署者 2 人，制举 1 人，推荐入仕者 1 人；在是否担任过礼仪官职方面，可考者有 25 人，多担任礼部侍郎、礼部尚书、太常卿、太常少卿、太常博士、礼仪使等礼仪方面的官职，其余的 17 人虽然没有担任过礼仪官员，但也能凭借其家世门荫与个人能力，成功获得官职；入相者 6 人，但并非只因熟悉礼仪而任相，相反，是在他们任相之后，可以领衔参与礼仪书籍的撰作或充任礼仪使，更多地参与到国家礼仪制度的建设当中，发挥他们的统领作用与礼学才能。同时，不可否认的是，这些作者在当时的文人群体中仍属于佼佼者，他们不仅礼学知识丰富，而且有较好的出身，能在唐代的官僚政府中谋得一定职位，但通过分析研究可以发现，在这些作者当中，除了官至宰相的 6 人以及经常参与国家礼仪制度建设的韦公肃、王泾等人颇具影响力之外，其余作者在当时的社会政治环境中大多属于无足轻重之辈，正史当中的事迹也寥寥无几，甚至仍有十余人仅留存其姓名与著作名目，并无其他方面的建树或影响的记载，由此或可认为，在唐代的政治文化中，经典礼仪知识的掌握与运用仅仅只能算是一种专业才能，其受众与影响的范围是相对有限的，更多来源于师承或者家学，再加上历史的变迁与礼仪典籍的佚失，促使古典礼仪自身日趋小众，对于相关知识文化的接受与传播也更加严格，一直垄断在部分世家大族手中，局限于上层社会，引起了日益壮大的新兴官僚集团的不满，使它与社会主流文化和思想之间产生阻隔，甚至背道而驰。随着社会历史的变迁与文化经济的发展，古典礼仪最终被迫消亡或转型为更受新兴官僚群体欢迎的世俗化大众化礼仪，而唐代正处于这一变化改革的重要历史阶段。

## 第三节　唐代礼仪典籍的撰作特点与保存状况

在现存的唐代书目中，礼书占据着非常重要的位置。唐代政府非常重视各项礼仪建设,"肆觐之礼立,则朝廷尊;郊庙之礼立,则人情肃;冠婚之礼立,则长幼序;丧祭之礼立,则孝慈著;蒐狩之礼立,则军旅振;享宴之礼立,则君臣笃",并且认为,礼是"品汇之璿衡,人伦之绳墨,失之者辱,得之者荣,造物已还,不可须臾离也"①。

礼书是礼仪的载体,故而唐代在经籍的搜集与整理中,礼书也是必不可少的一部分。两《唐书》所载礼书目录集中在经部礼类和史部仪注类,经部礼类书籍主要是秦汉以来经学大家所撰的礼学注疏解读文献,重视礼学名词的本义与礼学理论的探讨;而史部仪注类书籍主要是各朝礼官或儒生为本朝礼仪活动所撰作的注解文献与参照规范,与各朝历史的发展息息相关,故而归入史部,但仍是礼仪典籍的重要组成部分。《旧唐书》采用甲乙丙丁四部分类法,分别对应经史子集,所载礼书主要集中在甲(经)部第四类礼类,共有"《礼》一百四部,《周礼》十三家,《仪礼》《丧服》二十八家,礼论答问三十五家,凡一千九百四十五卷"②;史部仪注类书目共八十四部,凡一千一百四十六卷③,共计三千零九十一卷。《新唐书》同样采用四部分类法,共有"《礼》类六十九家,九十六部,一千八百二十七卷。失姓名七家,元行冲以下不著录十六家,二百九十五卷"④;史部仪注类六十一家,一百部,一千四百六十七卷。失姓名三十二家,窦维鍌以下不著录四十九家,八百九十三卷⑤,共计四千四百八十二卷。但就书目而言,经过笔者一一对应排比发现,《旧唐书·经籍志》所载经部礼类书籍实际上有103部,史部仪注类书籍80部;《新唐书·艺文志》所载经部礼类书籍121部,比旧书多18部;史部仪注类书籍158部,比旧书多78部,之间的差距主要是由于《旧唐书·经籍志》称"今录开元盛时四部诸书,以表艺文之盛"⑥,书目只记录到

---

① 《旧唐书》卷二一《礼仪志》,第815页。
② 《旧唐书》卷四六《经籍志》上,第1975页。
③ 《旧唐书》卷四六《经籍志》上,第2009页。
④ 《新唐书》卷五七《艺文志》,第1434页。
⑤ 《新唐书》卷五八《艺文志》,第1493页。
⑥ 《旧唐书》卷四六《经籍志》上,第1963页。

开元年间，相对于《新唐书·艺文志》来说所收唐人撰作部分较少。

通过对比新旧《唐书》所撰目录可以发现，二书在经部礼类书籍的收录上大致相同，主要内容都是两汉以来保留下来的经学家所撰作的礼学典籍，反映了二书所体现的共同的时代背景与内容，也体现了唐代礼仪制度的渊源与传承。陈寅恪先生认为，唐承隋礼，而隋代礼仪制度则源自北魏、北齐，江左梁、陈，西魏、北周[1]，再向上追溯便是两汉、周，到达中国古代礼仪制度的源头，反映了唐代对于古礼的重视与继承。

二书的主要区别在于史部仪注类书目，在数量和内容上均有较大差别，《新唐书》除去《旧唐书》所载书目外，还收录了大量唐人所撰著的仪注类礼书，分布于唐朝各种史传文献当中[2]，这反映了唐代礼仪书籍撰作的丰富与开元以后仪注学的兴盛与发展，也是唐代礼仪思想转变的重要体现。而且，在礼书的归类上也稍有不同，如《旧唐书·经籍志》将《大唐新礼》（即《贞观礼》）、《紫宸礼要》归为经部礼类，而《新唐书·艺文志》将其归入史部仪注类，可以明显看出，《旧唐书》的归类方法是错误的，但这种错误是有特殊含义还是疏忽抑或后世传抄所致，则不得而知。

无论是现存于世的礼仪典籍还是早已亡佚的唐人著作，都有着非常重要的研究价值与研究意义。吴羽曾对已经亡佚的唐代礼书如萧嵩等人撰写的《开元礼义鉴》、韦彤撰写的《五礼精义》展开研究，他认为，无论是在体例上、功能上还是内容上，《开元礼义鉴》上承《礼论》《江都集礼》，并对中晚唐以及北宋时期的科举考试和国家礼书的编撰方式都产生了重要影响，不仅成为开元礼科应试者必须参考的资料，而且开始重视礼制沿革，关注当下社会的伦理秩序，促进了唐宋时期礼书编撰的职业化、国家礼书形式和内容的案牍化以及国家礼书种类的细分化等

---

[1] 陈寅恪：《隋唐制度渊源略论稿》，生活·读书·新知三联书店2004年版，第6—68页。
[2] 马楠：《〈新唐书·艺文志〉增补修订〈旧唐书·经籍志〉的三种文献来源》，《中国典籍与文化》2018年第1期。

系列进程①；而韦彤的《五礼精义》既注重礼仪制度的沿革，又主张礼应该因时而变，以达到尊崇王室，稳定社会秩序的现实目的，这种理念对于宋代礼学思想的形成与运作都产生了直接的影响。②随着安史之乱的爆发，中晚唐时期，社会文化思想开始发生重大变化，礼学也是如此，私家礼书的编撰与学说的盛行也深刻地体现在了《新唐书·艺文志》的礼书目录之中，"助（啖助）、匡（赵匡）、质（陆质）以《春秋》，施士匄以《诗》，仲子陵、袁彝、韦彤、韦茝以《礼》，蔡广成以《易》，强蒙以《论语》，皆自名其学，而士匄、子陵最卓异"③，参照李肇《唐国史补》中的相似记载："大历已后，专学者有蔡广成《周易》，强象《论语》，啖助、赵匡、陆质《春秋》，施士丐《毛诗》，刁彝、仲子陵、韦彤、裴茝讲《礼》，章廷珪、薛伯高、徐润并通经。其余地理则贾仆射，兵赋则杜太保，故事则苏冕、蒋乂，历算则董和，天文则徐泽，氏族则林宝。"④对比可知，《新唐书》中的"韦茝"当为"裴茝"之误，而《唐国史补》中的"刁彝"则应为"袁彝"，仲子陵、袁彝、韦彤、裴茝等人都是中晚唐礼学研究的代表人物，并有礼学著作著录于《新唐书·艺文志》之中，对后世的礼学思想和礼仪书籍的撰作产生了深远影响。

唐代政权一经巩固，便开始留心于前代典籍的征集搜检。武德五年（622），秘书监令狐德棻向高祖李渊上奏："今乘丧乱之余，经籍亡逸，请购募遗书，重加钱帛，增置楷书，专令缮写"⑤，旨在通过重金求购和抄录缮写来搜集和保存古籍，效果相当明显，"数年间，群书毕备"⑥。太宗平定王世充之后，收集其图籍，沿着黄河运往长安，但在三门峡附

---

① 吴羽：《今佚唐〈开元礼义鉴〉的学术渊源与影响》，《魏晋南北朝隋唐史资料（第二十六辑）》，武汉大学文科学报编辑部2010年版，第187—202页。
② 吴羽：《今佚唐代韦彤〈五礼精义〉的学术特点及影响——兼论中晚唐礼学新趋向对宋代礼仪的影响》，《魏晋南北朝隋唐史资料（第二十五辑）》，武汉大学文科学报编辑部2009年版，第148—168页。
③ 《新唐书》卷二〇〇《儒学传》，第5707页。
④ （唐）李肇：《唐国史补》卷下，上海古籍出版社1979年版，第54页。
⑤ 《唐会要》卷三五《经籍》，第751页。
⑥ 《唐会要》卷三五《经籍》，第751页。

近发生碰撞，"多有飘没"①，幸存八万余卷。睿宗景云三年（712），"以经籍多缺，令京官有学行者，分行天下，搜检图籍"②。安史之乱以后，两京陷落，旧集亡散殆尽，肃宗、代宗平定叛乱以后，"崇重儒术，屡诏购募"，元载为相时，甚至以千金购书一卷，又命拾遗苗发等充使前往江淮括访书籍。文宗在郑覃的建议下诏令秘阁搜访遗文，收获颇多。但僖宗朝发生黄巢之乱，叛军再陷两京，"曩时遗籍，尺简无存"③，虽然立即进行了搜购，也所传无几。唐昭宗本人即位以后，"志弘文雅"，继续购募所散典籍，但是唐朝国势衰微，又逢朱温胁迫迁都，搜集典籍的工作只能半途而废，既有存书也丧失大半，"平时载籍，世莫得闻"④。可见，唐朝历代皇帝都十分重视典籍的搜集，但自安史之乱以后，战火屡起，两京屡遭破坏，唐前期所积攒的典籍基本亡佚殆尽。

除遗书的搜集整理之外，唐代对既有图书的校定与分类整理工作也很重视。贞观二年（628），秘书监魏徵认为应该对于战乱之后的书籍进行校订，"丧乱之后，典章纷杂，奏引学者，校定四部书"⑤。乾封元年（666），高宗认为现存书籍错误较多，而且数量不足，诏令官员进行刊正缮写，"以四部群书传写讹谬，并亦缺少，乃诏东台侍郎赵仁本、兼兰台侍郎李怀严、兼东台舍人张文瓘等，集儒学之士刊正，然后缮写"⑥。玄宗开元三年（715），诏令右散骑常侍褚无量、马怀素校阅内库及秘书坟籍。文宗开成元年（836），分察使奏曰："秘书省四库见在新旧书籍，共五万六千四百七十六卷，并无文案及新写文书。自今已后，所填补旧书及别写新书，并随日校勘，并勒创立文案，别置纳历，随月申台。并外察使每岁末，计课申数，具状闻奏。"⑦ 宣宗大中三年

---

① （唐）李林甫等撰，陈仲夫点校：《唐六典》卷九《中书省》，中华书局1992年版，第280页。
② 《唐会要》卷三五《经籍》，第751页。
③ 《旧唐书》卷四六《经籍志》，第1962页。
④ 《旧唐书》卷四六《经籍志》，第1962—1963页。
⑤ 《唐会要》卷三五《经籍》，第751页。
⑥ 《唐会要》卷三五《经籍》，第751页。
⑦ 《唐会要》卷三五《经籍》，第753页。

（849），沿用文宗开成年间的规定，继续修缮书籍，"秘书省据御史台牒，准开成元年七月敕，应写书及校勘书籍，至岁末闻奏者，令勒楷书等，从今年正月后，应写书四百一十七卷"①。大中四年（850）二月，集贤殿上奏报告一年来的图书撰写情况："大中三年正月一日以后至年终，写完贮库及填缺书籍三百六十五卷，计用小麻纸一万一千七百七张。"② 由此可见，唐朝历代皇帝对于图书典籍的整理与缮写工作都非常重视，而且一以贯之，保证了对前朝制度与历史文化的记载与传承。

当然，唐代对于现存书籍的保存工作也十分重视。在书写用纸与包装上都非常讲究，而且分类精细，"四库之书，两京各二本，共二万五千九百六十卷，皆以益州麻纸写。其经库书钿白牙轴、黄带、红牙签，史库书钿青牙轴、缥带、绿牙签，子库书雕紫檀轴、紫带、碧牙签，集库书绿牙轴、朱带、白牙签，以为分别"③；同时，还分诸多副本以备非常，"凡四部之书，必立三本，曰正本、副本、贮本，以供进内及赐人。凡敕赐人书，秘书无本，皆别写给之"④。对于负责保存典籍的官员也进行严格要求，如有缺少，必当问罪，如文明元年（684）十月敕："两京四库书，每年正月，据旧书闻奏，每三年，比部勾覆具官典，及摄官替代之日，据数交领。如有欠少，即征后人。"

唐代对于图书的搜集、校勘、整理和收藏，都设置有相关部门和官职来负责，如门下省弘文馆，学士掌详正图籍，校书郎掌校理典籍，刊正错谬⑤；中书省集贤院，学士掌"刊辑古今之经籍，以辨明邦国之大典，而备顾问应对。凡天下图书之遗逸，贤才之隐滞，则承旨而征求焉"⑥；秘书省，秘书监，掌"邦国经籍图书之事"。正字，掌"详定典

---

① 《唐会要》卷三五《经籍》，第753页。
② 《唐会要》卷三五《经籍》，第753页。
③ 《唐六典》卷九《中书省》，第280页。
④ 《唐六典》卷一〇《秘书省》，第297页。
⑤ 《唐六典》卷八《门下省》，第255页。
⑥ 《唐六典》卷九《中书省》，第280—281页。

籍，正其文字"。秘书郎，掌"四部之图籍，分库以藏之"①。而且，这些机构都设置了大量的楷书手、熟纸匠、装潢匠和笔匠等流外官或直官，负责抄录图书、用笔用纸和装订，虽然他们品阶特别低，但他们是唐朝政府整理所藏经籍的一线工作者。同时，为了更加直接高效地搜寻和整理古籍，唐朝还设置一些使职官员，如图书使，天宝十二年（753），左相陈希烈充秘书省图书使②。袁皓，龙纪年间集贤殿图书使③；修图书使，玄宗朝，命左散骑常侍、昭文馆学士马怀素为修图书使④，元行冲、张说继之⑤；代宗时，元载命苗发等使江淮括访图书⑥。如此详细而又全面的职官设置，为唐朝典籍的整理与保存工作提供了坚实的人员制度保障。

唐代藏书在玄宗开元时期达到最盛，但具体著录数量史籍记载不一，《新唐书》载著录五万三千九百一十五卷，唐人又撰作二万八千四百六十九卷⑦，则共计八万二千三百八十四卷；《唐会要》载开元十九年（731）"集贤院四库书，总八万九千卷，经库一万三千七百五十二卷，史库二万六千八百二十卷，子库二万一千五百四十八卷，集库一万七千九百六十卷"⑧，虽然具体数目有所出入，但整体上都反映了开元时期藏书的盛况，据史书记载，当开元年间四部书籍修成之后，玄宗诏令百姓、官人进入乾元殿东廊观书，在场官民"无不惊骇"⑨。但经历安史之乱与五代十国割据纷争之后，唐代典籍的毁坏与亡佚非常严重，原书多已不存，如今我们只能根据《旧唐书·经籍志》与《新唐书·艺文志》所记载的典籍书目来最大限度地还原唐代的书籍撰作与保存情况。⑩

---

① 《唐六典》卷一〇《秘书省》，第297—298页。
② 《新唐书》卷二二三《陈希烈传》，第6350页。
③ 《新唐书》卷六〇《艺文志》，第1422页。
④ 《新唐书》卷五七《艺文志》，第1422页。
⑤ 《唐六典》卷九《中书省》，第279页。
⑥ 《新唐书》卷五七《艺文志》，第1423页。
⑦ 《新唐书》卷五七《艺文志》，第1422页。
⑧ 《唐会要》卷三五《经籍》，第752页。
⑨ 《唐会要》卷三五《经籍》，第752页。
⑩ 有关唐代国家藏书的盛衰、机构、特点及认识，可具体参见刘永华《唐代国家藏书初探》，硕士学位论文，山东大学，2005年。

唐末五代之际，战乱不断，典籍亡佚情况更加严重，这在《旧唐书·经籍志》的编撰过程当中已有体现。直到宋代，随着政治的稳定与文化的繁荣，加之造纸术、雕版印刷术等科技水平的提高与普及，为大规模典籍的印刷与保存提供了可能，"唐以前，凡书籍皆写本，未有模印之法，人以藏书为贵，人不多有"[①]。宋朝虽然在政治上日趋专制，但在文化上却非常宽容，宋人对于唐朝的文化典籍也有着浓厚的兴趣，故而对一些唐人著述进行整理与总结，并通过雕版印刷使其得以流传与保存，为唐代礼仪典籍的保存立下不世之功，《新唐书·艺文志》之中便增添了众多《旧唐书·经籍志》未能记载的唐人所撰书目，极具研究价值。我们今天所能见到的唐代礼仪集大成之作《大唐开元礼》，在雕版传抄过程中形成了十余种版本，现分藏于海内外。虽然宋代刻本早已失传，但仍有传抄本，国家图书馆收藏有清抄本两部。[②] 另有影印出版的《四库全书》文渊阁本和文津阁本、清光绪十二年（1886）洪氏公善堂刻本、1972年日本影印公善堂本[③]、2016年浙大出版社出版的点校本[④]，如今学界经常使用的民族出版社于2000年出版的《大唐开元礼》就是以洪氏公善堂刻本为底本影印而成的。

## 小　结

本章以《旧唐书·经籍志》《新唐书·艺文志》所载礼书目录为中心，对唐代修撰完成的礼仪著作展开梳理分析。首先根据目录对唐代礼

---

[①] （宋）叶梦得：《石林燕语》卷八，中华书局1984年版，第116页。
[②] 黄永年：《唐史史料学》，中华书局2015年版，第81—82页。
[③] 参见张文昌《唐代礼典的编纂与传承——以〈大唐开元礼〉为中心》，花木兰文化出版社2008年版，第103、106页，"台湾与日本所藏《大唐开元礼》版本及收藏地一览表""中国大陆所藏《大唐开元礼》版本及所藏地一览表"；赵晶：《唐令复原所据史料检证——以〈大唐开元礼〉为中心》，《文史哲》2018年第2期。
[④] （唐）萧嵩等奉敕撰，周佳、祖慧点校：《大唐开元礼》，浙江大学出版社2016年版。

仪著作概况进行了分析与总结，并结合唐代礼仪制度的发展脉络，对礼仪著作的创作背景作了介绍；然后对这些礼仪著作的作者群体展开考察，深入分析了史料可考的44位作者的籍贯、出身、仕宦以及撰作情况，考察了他们礼仪知识的来源与礼仪著作撰作的个人背景；最后对这些礼仪著作的撰作特点与保存状况展开论述，虽然唐朝非常重视对于典籍的收藏与整理，但随着唐朝的衰弱与继之而起的五代十国的战火，很多唐代礼仪著作都已不存，很多典籍得益于宋人的整理与雕版印刷才得以保留至今，成为后世赖以研究唐代礼仪制度的珍贵文献资料。

# 第三章　唐代礼仪文章研究
## ——以《文苑英华》为中心

继上一章对礼仪著作的研究工作之后，本章则对较为零散的礼仪文章展开讨论。这里所提及的"文章"是一个广泛的概念，主要指的是以篇章形式呈现的各种文学作品。相对于数目有限的著作来说，唐代文章的总量是非常庞大的，散布于正史资料、唐人文集及其后世编撰的文学作品总集之中，敦煌吐鲁番文书与碑石、墓志等出土文献也可归于此类，作者群体成千上万，文章内容非常丰富，具有十分重要的研究意义与研究价值。

## 第一节　唐代礼仪文章的主要内容

在现存的唐人文章总集之中，以北宋李昉、徐铉等人所编纂的《文苑英华》最具代表性。它是北宋初年宋太宗时期下令编修的四大部书之一，所选的文章上至萧梁，下至晚唐五代，选录作家近2200人，作品近20000篇。其中唐人作品约占90%，计18000余篇，多数是根据当时流传不多的诗文集抄本收录的，具有极高的文献价值与史料价值。《文苑英华》在编纂完成之后，经历过四次修订校勘，其中以第四次南宋周必大、彭叔夏等人的校勘质量为最高，并作为底本，经过明清的传抄刻印之后，留存于世。如今常见的1966年版中华书局影印本，就是在宋刊残本140卷的基础之上，参照860卷明刊本校勘出版的。同时，还收入彭叔夏的《文苑英华辨证》10卷和劳格的《文苑英华辨证拾遗》，以便后世读者参考。为了传承和弘扬中华优秀传统文化，继续落实"保护为主、抢救第一、合理利用、加强管理"的工作方针，该书于2020年10月30日，成功入选第六批《国家珍贵古籍名录》，为进一步保护、管理和合理利用古籍提供了便利。

《文苑英华》共1000卷，将所录文章分为赋、诗、歌行、杂文、中书制诰、翰林制诏、策问、策、判、表、笺、状、檄、露布、弹文、移文、启、书、疏、序、论、议、连珠、喻对、颂、赞、铭、箴、传、记、谥哀册文、哀册文、谥议、诔、碑、志、墓表、行状、祭文共39种，经过笔者的筛选统计，在18000余篇唐人文章之中，与礼仪相关的文章约为1027篇①，约占总数的5.7%，其中与吉礼相关的文章410篇，与凶礼相关的文章309篇，与嘉礼相关的文章180篇，与军礼相关的文章61篇，与宾礼相关的文章63篇，另有4篇属于礼仪文献的撰作与议论类文章，这种分布不均的情况也可与《大唐开元礼》的结构内容进行比照，在一百五十卷内容之中，除去序例三卷，吉礼七十五卷，约占全书的51%；嘉礼四十卷，约占27.2%；凶礼二十卷，约占13.6%；军礼十卷，约占6.8%；宾礼两卷，约占1.4%，由此便可看出唐代礼仪内容的实际分布与重点所在。此外，在1027篇礼仪文章之中，有赋67篇，诗104篇，杂文7篇，翰林制诏154篇，册文2篇，判文180篇，表113篇，状7篇，露布8篇，书1篇，疏1篇，论2篇，议45篇，颂4篇，记10篇，谥哀册文3篇，哀册文31篇，碑31篇，祭文257篇共19种文体形式与分布情况。

《文心雕龙》有言："唯文章之用，实经典枝条，五礼资之以成，六典因之致用，君臣所以炳焕，军国所以昭明。"②张方也在《中国诗学的

---

① 在具体的统计过程中，未将墓志、神道碑等文章统计在内。
② （南朝梁）刘勰著，周振甫注：《文心雕龙注释》，人民文学出版社1981年版，第534页。

基本观念》中指出："文与礼名异而实同，则可视为体用之制，即礼为体，文为用。"① 因此，中国古代文体的产生来源于实用的需要，而这种需要又与当时社会的礼乐文化有着密切关系。在上文提及的《文苑英华》中的礼仪文章，也都是唐代社会礼仪制度与文化的反映，是作者们结合亲身经历与礼学知识，并通过一定的文学创作所凝结成的艺术表达。比如在相关吉礼文章中，主要涉及了唐代的郊祀、宗庙、明堂、封禅、五岳四镇、山川神祇、先代君臣等官方祭祀礼仪活动，还包括禜祷、祈雨、祈晴、赛神等民间祭祀场面，代表性的文章如杜甫的《进三大礼赋表》与李商隐的《为中丞荥阳公桂州赛城隍神文》。

杜甫的《进三大礼赋表》收录于《文苑英华》卷五四，为方便行文，特摘录如下：

> 臣甫言：臣生长陛下淳朴之俗，行四十载矣。与麋鹿同群而处，浪迹于陛下丰草长林，实自弱冠之年矣。岂九州牧伯，不岁贡豪俊于外！岂陛下明诏，不侧席思贤于中哉！臣之愚顽，静无所处。以此知分，沈埋盛时。不敢依违，不敢激讦，默以渔樵之乐，自遣而已。顷者，卖药都市，寄食朋友，窃慕尧翁击壤之讴，适遇国家郊庙之礼，不觉手足蹈舞，形于篇章。漱吮甘液，游泳和气，声韵寖广，卷轴斯存，抑亦古诗之流，希乎述者之意。然词理野质，终不足以拂天听之崇高，配史籍之永久，恐倏先狗马，遗恨九原。谨稽首投延恩匦，献纳上表，进明主《朝献太清宫》《朝享太庙》《有事于南郊》等三赋以闻。臣甫诚惶诚恐，顿首顿首，谨言。②

此篇文章之后便是杜甫所作的著名的"三大礼赋"，即《朝献太清

---

① 张方：《中国诗学的基本观念》，东方出版社1999年版，第8页。
② （唐）杜甫：《进三大礼赋表》，载（宋）李昉等编《文苑英华》卷五十四，中华书局1966年版，第243—244页；又见（唐）杜甫撰，王学泰校点《杜工部集》卷一九《进三大礼赋表》，辽宁教育出版社1997年版，第385—386页。

宫》《朝享太庙》《有事于南郊》。关于"三大礼赋"创作的政治文化背景、礼典仪式特征、礼赋与礼典的象征意义、赋文的文学特色及审美化倾向等问题，均已有学者展开讨论①，兹不赘述。本书则将讨论的重点放在这篇前导性的表文之上。《文苑英华》在该表文题目之后缀以天宝十三载（754）的时间纪年，但实际上该表文以及后面三大赋的创作时间为天宝九载（750）②，其时正值玄宗要举行一年之中最为重大、规格最高的祭祀太清宫、太庙、南郊等连续性的国家礼仪活动，是文人墨客展现文采、获得皇帝赏识的绝佳机会。杜甫出生于官僚世家，祖父杜审言也极具文采，虽然家学渊源颇深，但杜甫在天宝初年考取进士时并未考中，加之家道中落，没有其他经济来源，个人境况与仕途非常惨淡，值此重大机遇，身在长安的杜甫自然不会放弃，便创作出了这一系列的千古名篇，这在表文中也有体现，"顷者卖药都市，寄食朋友，窃慕尧翁击壤之讴，适遇国家郊庙之礼，不觉手足蹈舞，形于篇章"，最后连同三赋一并投入延恩匦中以求进献。延恩匦制度设立于武则天时期，垂拱二年（686），"三月，戊申，太后命铸铜为匦，其东曰'延恩'，献赋颂、求仕进者投之"③，并一直沿用到了玄宗朝，这在表文中也有体现。《进三大礼赋表》的主要内容可以分为两个部分，一是杜甫描述了自己未取功名、生活惨淡的个人生活；二是赞颂了玄宗求贤若渴、治国有方的政治才能，并通过盛大的国家祭祀礼仪将二者联系起来，委婉地表达出自己想要获得皇帝赏识，求取功名的理想抱负，最终杜甫取得了成功，获得了玄宗的青睐与做官机会，"玄宗奇之，召试文章，授京兆府兵曹参军"④。

---

① 参见于俊利《唐代礼制文化与文学》，中国社会科学出版社2014年版，第249—266页；孙微《"以土代火"与"四星聚尾"：杜甫献〈三大礼赋〉的政治文化背景及相关问题考述》，《文史哲》2020年第3期。
② 张忠纲：《杜甫献〈三大礼赋〉时间考辨》，《文史哲》2006年第1期。
③ （宋）司马光编著：《资治通鉴》卷二〇三，"则天后垂拱二年三月"条，中华书局2011年版，第6552页。
④ 《旧唐书》卷一九〇下《杜甫传》，第5054页。

李商隐的《为中丞荥阳公桂州赛城隍神文》，收录于《文苑英华》卷九九七，摘录如下：

> 惟大中元年岁次丁卯六月甲午朔十四日丁未，都防御观察处置等使、桂州刺史兼御史中丞郑某，谨遣登仕郎守功曹参军陆秩，以庶羞之奠，祭于城隍之神。夫大邑聚人，通都设屏。将英雄走集，必假高深。不惟倚仗风云，兼用翕张神鬼。某初蒙朝奖，来佩藩符。既御寇于西原，亦观风于南国。始维画鹢，将下伏熊。属楚雨蔽空，湘云塞望。晦我中军之鼓，湿予下濑之师。遂以诚祈，果蒙神应。速如激矢，势等却河。及兹报荐之期，敢怠馨香之礼？神其干霄作峻，习坎为防。合烽橹之保民，导川途而流恶。使言言坚垒，俾地道以无疆；活活深沟，如井德之不改。勿违丘祷，以作神羞。尚飨。①

李商隐所作的这篇赛神文，写有清楚的时间地点，即大中元年（847）六月十四日的桂州（今广西桂林）。相较于杜甫所涉及的国家祭祀大礼，李商隐所作的文章主要是为了祭祀地方上的城隍神，"赛"的主要意义是为酬报神明的恩赐而举行的祭祀活动。这篇文章的主要内容为：桂州阴雨连绵，严重降低了地方军队的作战能力，所以地方官员诚心诚意地对当地的城隍神进行祭祀，结果神灵有验，气候大变，"属楚雨蔽空，湘云塞望。晦我中军之鼓，湿予下濑之师。遂以诚祈，果蒙神应。速如激矢，势等却河"。因此，官员们又再次举行了报答城隍神的祭祀活动，当时桂州的长官是郑亚，也就是文中提到的都防御观察处置等使桂州刺史兼御史中丞郑某，是他将李商隐纳入幕府之中，并请求朝廷授予观察判官、检校水部员外郎的官职②，这篇赛神文的撰写工作就

---

① （唐）李商隐：《为中丞荥阳公桂州赛城隍神文》，载《文苑英华》卷九九七，第5237页；又见（唐）李商隐著，朱怀春等标点《李商隐全集》卷五，上海古籍出版社1999年版，第167页。
② 《旧唐书》卷一九〇下《李商隐传》，第5078页。

## 第三章　唐代礼仪文章研究

自然落到了以文学知名的李商隐手中。

这两篇与吉礼祭祀活动有关的文章，都是由唐代文采卓然、久负盛名的作者所写，前一篇涉及唐代国家最高级别的郊祀礼仪，撰写于唐代最为鼎盛的时期——开天盛世，作者利用其文采积极主动地进献皇帝，求取功名；另一篇则针对地方上经常举行的城隍神祭祀活动，撰写于藩镇割据、日薄西山的唐后期，当时幕府文学飞速发展，作者也作为幕府文人的一员，效力于地方长官，完成日常文书工作。这种前后期的不同对比，既清晰地反映了唐代社会政治的历史变迁，又体现出礼仪在不同社会背景下的变迁以及文人在这些变迁过程中的态度与文学创作。

与凶礼相关的文章主要涉及了葬礼、慰劳、丧亡、服制、赙赠、哀册、谥册、丧祭等礼仪内容，其中较有代表性的是白居易的《对〈士用大夫礼葬父判〉》一文，收录于《文苑英华》卷五三八，特摘录如下：

> 得丁为士，葬其父用大夫，或责其僭，辞云：从死者。
> （白居易）对：礼惟辨贵，孝不贬亲。是谓奉先，孰云僭上？丁庆加一命，忧吉三年，凶降昊天，且结茹荼之痛，吉从远日，方追食采之荣。既贵贱之殊宜，亦父子之异道，同曾元易箦，正位于大夫，殊晏婴遣车，见非于君子。未爽慎终之义，允符从死之文，辞则有征，责之非当。①

这是由白居易所作的针对当时社会上用士大夫礼安葬其父事件的一篇判文，针对这一事件进行判断，关键在于其是否符合唐代的社会礼仪秩序，是合乎礼仪的行为还是属于僭越？葬礼是针对死者所进行的一系列礼仪活动的总称，是五礼制度下凶礼内容的重要组成部分，在古代有着严格的礼制规定："斯礼也，达乎诸侯、大夫、及士、庶人。父为大夫，子为士，葬以大夫，祭以士。父为士，子为大夫，葬以士，祭以大

---

① （唐）白居易：《对〈士用大夫礼葬父判〉》，载《文苑英华》卷五三八，第2750页；又见（唐）白居易著，顾学颉校点《白居易集》卷六七《判》，中华书局1999年版，第1422页。

夫。期之丧，达乎大夫。三年之丧，达乎天子。父母之丧，无贵贱，一也。"① 由此可见，在《礼记》中，大夫与士的丧葬与祭奠礼仪等级规定十分明确。但到了唐代，尽管丧葬之礼有着礼仪与法律的双重约束，但在"事死如生"观念的影响之下，实际丧葬活动中的违礼僭越之事屡禁不止，如太极元年（712），右司郎中唐绍上书请求禁止厚葬与违礼行为，"王公百官竟为厚葬，偶人象马，雕饰如生，徒以炫耀路人，本不因心致礼。更相扇动，破产倾资，风俗流行，下兼士庶，若无禁制，奢侈日增"②。但根本无济于事，直到白居易生活的元和年间，依旧如此，元和三年（808），京兆尹郑元修上奏请求朝廷规范丧葬礼仪，但"是时厚葬成俗久矣，虽诏命颁下，事竟不行"③。虽然也有反对的声音，但无论是其他人还是白居易，都对丧葬礼仪中的僭越行为表示了理解与默许，并从孝义人情的角度为这种行为提供了理论上的支撑，也符合当时社会上的实际情况。可见，这篇判文是当时社会礼仪现实的直接反映，与尊卑等级分明的礼制规定截然相反，所记载的情况也更加生动，更加符合礼仪的实际实施情况。

与嘉礼相关的文章主要涉及了宣读时令、养老、乡饮酒、册命、婚姻、大赦、朝贺、奉表起居等礼仪，代表性的文章有刘禹锡所作的《拟册皇太子文》，收录于《文苑英华》卷四四三，现将其摘录如下：

> 维某年月日，皇帝若曰：于戏！《易》云："明两作离，大人以继，明照于四方。"盖所以毓其明德，继于正体，邦本由是固，万方由是宁。粤祖宗之阐帝业，亦莫不由此而继于明德。肆予一人，绪承大宝，纂奉丕构，惧有失坠，以贻先帝之羞，永怀主器以继明，用副予不德。咨尔元子王某，袭列圣之姿，体健行之质。吹铜禀异，辨日耀奇。早习德成，克敬师保。事业可大，和顺积中。天纵温文，

---

① （清）阮元：《礼记正义》卷五二《中庸》，北京大学出版社2000年版，第1678页。
② 《唐会要》卷三八《葬》，第810页。
③ 《唐会要》卷三八《葬》，第812—813页。

生知孝悌。洎分锡土，望出东平。符彩昭彰，礼乐文错。固可正位重震，为天下之储君。人神叶从，德任相称。仰稽令典，光载盛仪。是用册命尔为皇太子，往钦哉！夫富贵莫大于家天下，忠孝莫大于敬君亲。俟尔一人，贞于万国。必咨正事，必近正人。必杜逸游，必乐善道。求谏如不及，恶佞如探汤。懋尔厥修，惟怀克和，以贰于朕躬，无忝祖宗之烈。可不慎欤！①

这篇文章属于翰林制诏，是刘禹锡撰作的一篇册命皇太子诏书的范文模板。刘禹锡，贞元九年（793）进士及第，又考中宏词科，"精于古文，善五言诗，今体文章复多才丽"②，是"二王八司马"集团的核心人物之一。册命皇太子的礼仪属于嘉礼，在《大唐开元礼》之中有"临轩册命皇太子"与"内册皇太子"两种礼仪，临轩册命皇太子的礼仪程序包括卜日、告圜丘、告方泽、告太庙、临轩册命、谒中宫、谒太庙、皇帝会群臣、群臣上礼、皇后受群臣贺、皇后会命妇、皇太子会群臣、皇太子会宫臣、宫臣上礼等礼仪程序③，内册皇太子则包括卜日、告圜丘、告方泽、告太庙、临轩命使、皇太子受册、皇太子朝见、谒太庙、皇帝会群臣、群臣上礼、皇后受群臣贺、皇后会外命妇、皇太子会群臣、皇太子会宫臣等礼仪程序④，可见，除了册命的具体地点、形式有所不同之外，其他的占卜日期、祭告天、地、祖宗等礼仪内容基本相同。册命皇太子属于重大的国家政治礼仪活动，要严格按照国家礼典，举行相应的册命礼仪，白居易也在此文之中有所提及，"仰稽令典，光载盛仪"。这篇文章的内容可分为两部分，第一部分为皇帝对于自身治理国家功绩的总结与反思；第二部分为册命皇太子，并对其具体的品行进行评价与勉励，展现了皇帝对于

---

① （唐）刘禹锡：《拟册皇太子文》，载《文苑英华》卷四四三，第2241页；又见（唐）刘禹锡撰，《刘禹锡集》整理组点校，卞孝萱校订《刘禹锡集》"诗文补遗"，中华书局1990年版，第619页。
② 《旧唐书》卷一六〇《刘禹锡传》，第4210页。
③ 《大唐开元礼》卷一〇六，第500—503页。
④ 《大唐开元礼》卷一〇七，第504—506页。

皇位继承与皇权交接过程的重视。但由于该文始终只是模板，是刘禹锡个人所进行的总结与概括，仅仅作为具体册命诏书的参考而已。

与军礼相关的文章主要涉及了亲征、讲武、田猎、露布、凯旋献捷、饮至、大射、傩等礼仪，代表性的文章为《对〈不馌兽于郊判〉》，作者不详，现将其内容摘录如下：

> 得大畋所司不馌兽于郊。御史诘之。甲云："将颁禽也。"
> 
> 对：设彼大畋，陈其盛礼，车徒毕备，铙鼓皆作。三发三刺，无差于进退；大兽小兽，爰及于公私。既而获耳之校未施，驱逆之仪方罢。所司苣职，旧典攸著，何馌祭之云废，乃颁禽而是先？宗伯守官，实亏于古制；主吏问罪，雅符于通识。以兹见诘，理合无辞。①

这篇判文主要的争论为在皇帝田猎礼仪中，有司没有按照礼典在郊外进行馌兽，被监礼的御史发现并提出诘问。有人认为，有司的做法主要是为了颁禽（皇帝将田猎所获的禽兽分赐群臣），在有司是否有罪的问题上产生了不同观点。判文的作者认为，皇帝田猎礼仪十分隆重，每一个环节都应该按照礼典进行，有司的做法不合古制，理应获罪，"宗伯守官，实亏于古制；主吏问罪，雅符于通识"。结合《大唐开元礼》中关于皇帝田猎礼仪的描述，"大兽公之，小兽私之。其上者以供宗庙，次者以供宾客，下者以充庖厨。乃命有司馌兽于四郊，以兽告至于庙社"②。可见，在举行田猎礼仪时，有司馌兽于四郊有着明确的条文规定，礼官没有按照礼典举行相关礼仪，就是失职，自然有罪，无可辩驳。这也说明国家礼仪典籍有着足够的时效性与法律约束能力，在相关礼仪的举行过程中，要严格按照礼制程序依次展开，缺一不可，违者就有获罪的风险，具有极强的强制性与约束力。

与宾礼相关的文章主要涉及了与周边各国外交往来的礼仪，以蕃书

---

① 《文苑英华》卷五三九，第2752页。
② 《大唐开元礼》卷八五，第410—411页。

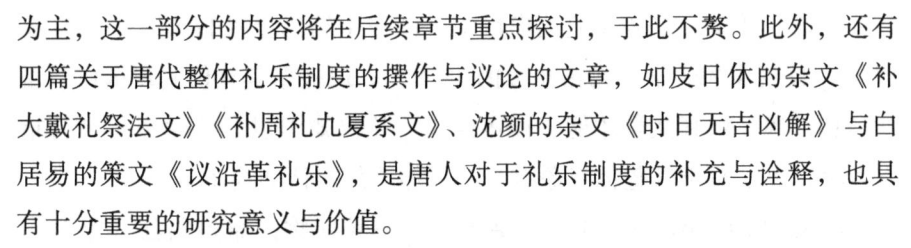

为主，这一部分的内容将在后续章节重点探讨，于此不赘。此外，还有四篇关于唐代整体礼乐制度的撰作与议论的文章，如皮日休的杂文《补大戴礼祭法文》《补周礼九夏系文》、沈颜的杂文《时日无吉凶解》与白居易的策文《议沿革礼乐》，是唐人对于礼乐制度的补充与诠释，也具有十分重要的研究意义与价值。

以上可见，唐代礼仪文章在总体数量上是相当丰富的，而且文体多变，内容翔实，通过结合一些具体的礼仪文章可以发现，这些文献不仅真实地反映了当时的社会礼仪生活，而且将个人的社会经历、才能抱负与国家的礼仪制度和礼仪活动密切联系起来，用优美的文辞为读者生动形象地展现了唐代礼仪盛况。

## 第二节　唐代礼仪文章的作者群体考察

在这些体量巨大的礼仪文章的背后，也呈现出各具文采的作者群体，与前述礼仪著作的作者大都默默无闻不同，这些礼仪文章的作者基本以文知名，流传千古，直至今日，我们其人及其代表作品仍旧耳熟能详。在第一节中，笔者以《文苑英华》为中心对于唐代的礼仪文章进行了简单的梳理，总数共计1027篇，作者335人，为了能够详细又不失零散地考察这些礼仪文章的作者群体，本节特选取相关文章篇数达到十篇以上的作者展开论述，具体的统计结果如表1所示：

表1　　　　《文苑英华》中10篇以上礼仪文章的作者及篇数

| 作者 | 篇数 | 作者 | 篇数 | 作者 | 篇数 | 作者 | 篇数 | 作者 | 篇数 |
| --- | --- | --- | --- | --- | --- | --- | --- | --- | --- |
| 张九龄 | 58 | 韩愈 | 22 | 陈子昂 | 17 | 柳宗元 | 16 | 梁肃 | 11 |
| 李商隐 | 42 | 权德舆 | 22 | 刘禹锡 | 17 | 宋之问 | 13 | 钱珝 | 11 |
| 白居易 | 36 | 张说 | 22 | 令狐楚 | 16 | 陆贽 | 12 | 吕温 | 10 |
| 独孤及 | 26 | 符载 | 20 | 苏颋 | 16 | 常衮 | 11 | | |

由表1可知，在《文苑英华》中，撰作十篇以上礼仪文章的作者有19人，共创作398篇，约占总数的38.8%。现根据其礼仪文章撰作数量的多寡，逐一对其文学才能、仕宦经历、礼仪知识以及礼学思想进行重点考察，以求对于其整体形象有一个更加清楚的认知与了解。

1. 张九龄（678—740）[①]，字子寿，一号博物，韶州曲江（今广东韶关市）人，两《唐书》有传。"幼聪敏，善属文"[②]，进士及第，历仕校书郎、右拾遗、司勋员外郎、中书舍人、太常少卿、冀州刺史、洪州都督、桂州都督、岭南道按察使、秘书少监、集贤院学士、中书侍郎、同中书门下平章事、中书令兼修国史、尚书右丞相、荆州大都督府长史等职，年六十八而卒，赠荆州大都督，谥曰文献。张九龄曾在玄宗登基之初，就上疏劝谏皇帝应该亲自举行郊祀大礼，以完善唐代的礼仪制度，"伏望以迎日之至，展焚柴之礼，升紫坛，陈采席，定天位，明天道，则圣朝典则，可谓无遗矣"[③]；又在开元十三年（725），跟随玄宗前往泰山实施封禅。张九龄所作的58篇礼仪文章中，文体多为翰林制诏，是他在担任中书舍人、中书侍郎等官职时书写的官方政治文书，涉及吉礼郊祀、宾礼蕃书等内容，此外还包括一些私人性质的凶礼祭文等篇章，著有《曲江集》二十卷。

2. 李商隐（813—858），字义山，号玉谿生，怀州河内（今河南省沁阳市）人，《旧唐书》有传。"幼能为文"[④]，进士及第，起家秘书省校书郎，历仕弘农县尉、太学博士、节度判官、检校工部郎中、安阳令等职，因卷入"牛李党争"，李商隐一生在政治上备受排挤，困顿不得志，但他在文学方面颇有成就，"能为古文，不喜偶对"，又"博学强记，下笔不能自休，尤善为诔奠之辞"[⑤]，李商隐创作的42篇礼仪文章

---

[①] 关于其出生时间有673年、678年两种说法，根据其墓志可推知为仪凤三年（678），见《唐代墓志汇编》开元五二五《唐故尚书右丞相赠荆州大都督始兴公阴堂志铭并序》，第1517页。
[②] 《旧唐书》卷九九《张九龄传》，第3097页。
[③] 《旧唐书》卷九九《张九龄传》，第3097—3098页。
[④] 《旧唐书》卷一九下《李商隐传》，第5077页。
[⑤] 《旧唐书》卷一九下《李商隐传》，第5078页。

中，文体涉及诗、表、祭文，其中以祭文数量最多，都是他为亲朋或为地方长官祭祀神祇所作，撰有表状集四十卷。

3. 白居易（772—846），字乐天，号香山居士，祖籍太原，两《唐书》有传。他自幼聪慧绝人，襟怀宏放，进士及第，授秘书省校书郎。历仕翰林学士、左拾遗、京兆府户曹参军、江州司马、主客郎中、知制诰、中书舍人、杭州刺史、太子左庶子、苏州刺史、秘书监、刑部侍郎、太子宾客、河南尹、太子少傅等职，以刑部尚书致仕，会昌六年（846）卒，时年七十六，赠尚书右仆射。白居易"文辞富艳，尤精于诗笔"[①]，善于利用文笔来针砭时弊，他与元稹共同倡导了新乐府运动，世称"元白"，又与刘禹锡并称"刘白"，白居易撰作的36篇礼仪文章中，以翰林制诰、策、判、碑、祭文为主，其中判文不仅真实地记录了唐代社会礼仪与他自己的礼仪观念，而且对于参加科举考试的士子们有着极为重要的参考借鉴意义，有文集七十五卷，《经史事类》三十卷，并行于世。

4. 独孤及（725—777），字至之，洛阳（今河南洛阳）人，《新唐书》有传。天宝末，以道举高第补华阴尉，历仕太常博士、礼部员外郎等职，年五十三而卒，谥曰宪。独孤及的行文"彰明善恶，长于论议"，他撰写的26篇礼仪文章中，以表、议、祭文为主，大多与他担任过的太常博士、礼部员外郎等礼仪官职，参与过的国家礼仪活动的议论与建设有关，著有《毗陵集》三十卷[②]。

5. 韩愈（768—824），字退之，河南河阳（今河南省孟州市）人，两《唐书》有传。自幼刻苦勤学，精通儒术，进士及第，历仕四门博士、监察御史、国子博士、都官员外郎、国子博士、比部郎中、史馆修撰、考功郎中、知制诰、中书舍人、太子右庶子、潮州刺史、吏部侍郎等职，长庆四年（824）十二月卒，时年五十七，赠礼部尚书，谥曰文。韩愈好古文，世称"韩文"，"抒意立言，自成一家新语"[③]，后学之士纷

---

① 《旧唐书》卷一六六《白居易传》，第4340页。
② 《新唐书》卷一六二《独孤及传》，第4993页。
③ 《旧唐书》卷一六〇《韩愈传》，第4204页。

纷效仿。被后世尊为"唐宋八大家"之首，他撰写的22篇礼仪文章以赋、诗、杂文、议、碑、祭文为主，有文集四十卷并行于世。

6. 权德舆（759—818），字载之，天水略阳（今甘肃省天水市秦安县）人，两《唐书》有传。四岁能诗，十五岁撰文数百篇，名声日大，起家秘书省校书郎，历仕礼部侍郎、太常卿、礼部尚书等礼仪官职，官至宰相。元和十三年（818）卒，年六十，赠左仆射，谥曰文。权德舆嗜爱读书，他的文章"雅正而弘博"①，为时人所重，当时名人薨殁者，请他撰写碑铭者十之八九。他撰写的22篇礼仪文章，主要以诗、表、议、谥哀册文、祭文为主，有文集五十卷并行于世。

7. 张说（667—730），字道济，或字说之，范阳方城（今河北省固安县）人，两《唐书》有传。弱冠应制举，官至宰相，封燕国公，开元十八年（730）病逝，时年六十四岁，获赠太师，谥曰文贞。张说前后三次为相，执掌文学之任长达三十多年，"为文俊丽，用思精密，朝廷大手笔"②，与许国公苏颋齐名，并称"燕许大手笔"，而且擅长撰写碑文、墓志，"当代无能及者"③，他撰写的22篇礼仪文章以诗、表、露布、颂、祭文为主，有文集三十卷。

8. 符载（生卒年不详），又名苻载，字厚之，唐代文学家，武都（今四川绵竹县西北）人，正史无传。《全唐文》有其小传④，并能根据一些文学作品大致勾勒出其生平事迹，他品德高尚，以文知名，"义高德茂，文藻特秀"⑤，撰写的20篇礼仪文章以颂与祭文为主，有《符载集》十四卷。

9. 陈子昂，生卒年待考⑥，字伯玉，梓州射洪（今四川省射洪县）

---

① 《旧唐书》卷一四八《权德舆传》，第4005页。
② 《旧唐书》卷九七《张说传》，第3057页。
③ 《旧唐书》卷九七《张说传》，第3057页。
④ 《全唐文》卷六八八有符载小传，"载，字厚之，蜀人，隐居庐山。李巽观察江西，辟掌书记。试太常寺协律郎，授监察御史"，第7041页。
⑤ 《全唐文》卷五二六《请符载书》，第5342页。
⑥ 关于其生卒年，学界尚存在争议，主要有"656—698年""661—702年""656—695年"等几种说法，参见韩理洲《陈子昂生卒年考辨》，《西南师范大学学报》1980年第4期。

人，两《唐书》有传。家世富豪，但他仍"苦节读书，尤善属文"①，进士及第，历职麟台正字、右拾遗等。陈子昂一改唐初继承南朝而来的浮华文风，"文词宏丽，甚为当时所重"②，他撰写的17篇礼仪文章，以诗、杂文、表、祭文为主，有文集十卷。

10. 刘禹锡（772—842），字梦得，彭城（今江苏省徐州市）人，两《唐书》有传。进士及第，又考中宏词科，历职监察御史、屯田员外郎、连州刺史、朗州司马、同州刺史、太子宾客分司。会昌二年（842）卒，时年七十一，赠户部尚书。刘禹锡"精于古文，善五言诗"③，而且在他任职地方之时，经常为南蛮的巫祝撰写新词，记录当地的风土人情，"故武陵溪洞间夷歌，率多禹锡之辞也"④。他撰写的17篇礼仪文章，以翰林制诰、表、碑和祭文为主，著有《刘禹锡集》四十卷。

11. 令狐楚（766—837），字悫士，自号白云孺子，京兆府咸阳县（今陕西咸阳市）人，两《唐书》有传。进士出身，历仕右拾遗、太常博士、礼部员外郎、职方员外郎、职方郎中、中书舍人、华州刺史、中书侍郎、宣歙观察使、郢州刺史、河南尹、太常卿、山南西道节度使等职，官至宰相。开成二年（837）十一月，卒于镇，年七十二，册赠司空，谥曰文。令狐楚擅写诗文，才思俊丽，尤善四六骈文，他撰写的16篇礼仪文章中，以表、状、碑、祭文为主，有《漆奁集》一百三十卷。

12. 苏颋（670—727），字廷硕，京兆武功（今陕西省武功县）人，两《唐书》有传。唐中宗朝宰相苏瑰之子，自幼才智过人，进士及第，历仕乌程县尉、太子左司御率府胄曹、监察御史、给事中、中书舍人、太常少卿、工部侍郎等职，袭封许国公，开元四年（716）入相。开元十五年（727），苏颋病逝，终年五十八岁，追赠尚书右丞相，谥曰文宪。苏颋擅长朝廷政书的撰作，与宰相燕国公张说并称"燕许大手笔"，

---

① 《旧唐书》卷一九〇中《陈子昂传》，第5018页。
② 《旧唐书》卷一九〇中《陈子昂传》，第5024页。
③ 《旧唐书》卷一六〇《刘禹锡传》，第4210页。
④ 《旧唐书》卷一六〇《刘禹锡传》，第4210页。

他创作的16篇礼仪文章,以诗、翰林制诏、表、谥哀册文为主,著有《苏颋集》三十卷。

13. 柳宗元(773—819),字子厚,河东人,两《唐书》有传。自幼聪警绝众,下笔构思十分精密细致,备受时人推崇。进士出身,考中博学宏词科,历仕校书郎、蓝田尉、监察御史、礼部员外郎、邵州刺史、永州司马、柳州刺史等职,元和十四年(819)十月五日卒,时年四十七。韩愈评价其文曰:"雄深雅健,似司马子长,崔、蔡不足多也。"① 柳宗元撰写的16篇礼仪文章,以赋、表、碑和祭文为主,并著有文集四十卷。

14. 宋之问(约656—712),字延清,又名少连,唐汾州隰城(今山西汾阳市)人,一说虢州弘农(今河南灵宝)人,两《唐书》有传。年少知名,擅长五言诗,"当时无能出其右者"②,进士出身,历仕洛州参军、尚方监丞、左奉宸内供奉、泷州参军、考功员外郎,因依附张易之、武三思,被流放并赐死于徙所。宋之问以文词知名,文风靡丽,锦绣成章,他撰写的13篇礼仪文章以诗和祭文为主,并有文集十卷盛行于世。

15. 陆贽(754—805),字敬舆,苏州嘉兴(今浙江嘉兴)人,两《唐书》有传。少勤儒学,进士出身,并以博学宏词登科,历仕华州郑县尉、翰林学士、中书舍人、兵部侍郎、中书侍郎门下同平章事、太子宾客、忠州别驾,时年五十二而卒,赠兵部尚书,谥曰宣。陆贽工诗文,尤其擅长制诰政论,所撰诏书情词恳切,"虽武夫悍卒,无不挥涕感激"③,他写作的12篇礼仪文章,以赋和翰林制诏为主,大多是他任职翰林学士期间所作,著有《备举文言》二十卷、《论议表疏集》十二卷。

16. 常衮(729—783),字夷甫,京兆(今陕西西安)人,两《唐书》有传。进士出身,官至宰相,历仕起居郎、中书舍人、右补阙、翰

---

① 《新唐书》卷一六八《柳宗元传》,第5143页。
② 《旧唐书》卷一九〇中《宋之问传》,第5025页。
③ 《旧唐书》卷一三九《陆贽传》,第3792页。

林学士、礼部侍郎、河南少尹、潮州刺史、福建观察使，建中四年（783）卒于任上，享年五十五岁，追赠尚书左仆射。常衮"文采赡蔚，长于应用，誉重一时"①，他撰写的 11 篇礼仪文章，以赋、翰林制诰、表、状、哀册文为主，著有文集六十卷。

17. 梁肃（753—793），字敬之，一字宽中，安定临泾（今甘肃泾川县）人，《新唐书》有传。中文辞清丽科，制举出身，历仕太子校书郎、右拾遗、右补阙、翰林学士等职，年四十一而卒，赠礼部郎中。梁肃擅长古文，韩愈亦曾拜师学文，"大历、贞元之间，文字多尚古学，效杨雄、董仲舒之述作，而独孤及、梁肃最称渊奥，儒林推重"②。他撰写的 11 篇礼仪文章都是祭文，用以祭奠亲朋，著有《梁肃集》二十卷。

18. 钱珝，生卒年不详，字瑞文，吴兴（今浙江湖州市吴兴区）人，唐吏部尚书钱徽之孙，《新唐书》有小传附在其后，但相当简略。钱珝善文辞，经宰相王抟推荐任职知制诰、中书舍人③，他撰写的 11 篇礼仪文章，以翰林制诰和表为主，著有文集《舟中录》二十卷。

19. 吕温（772—811），字和叔，又字化光，唐河中（今山西永济市）人，正史无传，但其生平可参考柳宗元撰写的《衡州刺史东平吕公诔》④，《全唐文》也有其小传⑤。唐德宗贞元十四年（798）进士，又中博学宏词科，曾出使吐蕃，历仕集贤殿校书郎、左拾遗、户部员外郎、司封员外郎、刑部郎中、道州刺史，元和六年（811）卒。吕温撰写的 10 篇礼仪文章，以诗、表、记和祭文为主，著有《吕温集》十卷。

以上 19 位唐代礼仪文章的作者，都在唐代文学史上久负盛名，甚至在政治上也有一番作为，常见于正史传记之中。在这 19 人中，进士出身者达 13 人，制举出身者 3 人，参加科举并获得出身者所占比例很大，其

---

① 《新唐书》卷一五〇《常衮传》，第 4809 页。
② 《旧唐书》卷一六〇《韩愈传》，第 4195 页。
③ 《新唐书》卷一七七《钱徽传附钱珝》，第 5273 页。
④ （唐）柳宗元：《柳宗元集》，中华书局 1979 年版，第 216—223 页。
⑤ 《全唐文》卷六二五，第 6306 页。关于吕温的相关研究情况，参见胡云《吕温研究论文综述》，《赤峰学院学报》2015 年第 12 期。

余则是经过藩镇辟署与朝臣推荐而得以入仕，基本与其优异的文学素养有关。而且其中有7人官至宰相，光耀文坛，成为一代文宗，是文人士子追逐模仿的偶像，也是朝廷公认的"大手笔"，是官方文书的主要撰写者。同时，他们以独特的思想与才能在唐代的不同时期引领着文风的变革，如陈子昂在初唐时期对于南朝华丽文风的排斥与改革的倡导与呼吁；张说、苏颋、张九龄等盛唐"大手笔"对于官方政书的制度完善与写作，独孤及、梁肃在中唐时期发扬的古文之风；韩愈、柳宗元提倡发起的"古文运动"；白居易的新乐府与"元和体"，他们凭借自己的学识与才能，利用手中的文笔，对于当时的文化潮流、文学思想，乃至社会生活、政治走向等方面都产生了深远的影响。

## 第三节　唐代礼仪文章的撰作特点与保存状况

上文主要对《文苑英华》中所保存的礼仪文章及其部分作者展开论述，从整体上对于唐代的礼仪文章有了清晰的认知，但随着一千多年的历史变迁，如今能够看到的礼仪文章早已面目全非，不复当时，仅能够根据后世流传下来的唐人别集、总集展开分析研究，本书利用现有的资料以求对于唐代礼仪文章的撰作特点与保存状况进行讨论，为唐代文学在后世的发展与演变情况提供注解。

结合上文有关具体内容的论述，笔者认为，唐代礼仪文章的撰作特点可以总结为以下几个方面。

### 一　礼仪文章的内容与作者相对集中

虽然唐代礼仪文章的数量相对丰富，但与唐代所有文学作品相比，还是相形见绌，而且其内容与对应的作者也相对集中。在内容上，总数为1027篇的礼仪文章中，吉礼、凶礼、嘉礼三者的总数就达899篇，约占总数的87.5%，对照《大唐开元礼》的有关内容来看，吉、凶、嘉三礼总数为135卷，约占五礼总数的91.8%。可见，这种情况是真实存在的，也非常明显地反映出了吉礼、凶礼、嘉礼在唐代礼仪活动中的重要地位。其中吉礼内容最为冗杂丰富，包括唐代各种神祇的祭祀活动，有关的礼仪文章也数量最多，不仅涉及中央政府的重大祭祀礼仪，而且也对地方上的乡土祭祀活动进行了描写；虽然凶礼在礼典中的内容比较有限，但在实际的社会生活中，关于丧葬、祭奠的诗文却更加生动具体，文人们的观念与情绪也能在文章中得到极致的描绘与发挥；至于嘉礼，则与国家的政治活动密切相关，比如皇帝纳妃、册封百官等礼仪活动，相应的，礼仪文章也属于国家政治文书，交由中书舍人、翰林学士等文学词臣进行撰写，有着固定的文体与格式。唐代礼仪文章在吉、凶、嘉三礼内容上的集中现象，既是唐代礼仪典籍内容的直接体现，也是唐代实际社会礼仪活动的生动反映，为研究者把握唐代礼仪的总体面貌与内容特点提供了实质依据。

在作者群体方面，唐代礼仪文章的作者群体共计335人，与唐代庞大的文人集团相比，自是九牛一毛，但这种作者上的集中情况，也与唐代礼仪制度的本质特点与礼仪文章的保存状况息息相关。在一千多年以来的历史发展过程之中，典籍文章的亡佚现象十分严重，自不赘言，就现存礼仪文章的作者来看，大多数人均在史籍当中有所记载，甚至身居高位、官至宰相者也为数不少，这反映出礼仪本身所体现的贵族性与阶级性的身份特点。所谓"礼不下庶人，刑不上大夫"，受制于经济状况与教育条件，平民百姓在日常生活中虽然也接触"礼"，但相应的规则与约束要宽松许多，与之相反的是，士大夫贵族阶层中的礼仪则更加繁缛复杂，而且极为严格，不可轻易违背逾越。虽然唐宋之际正处于社会历史变革与发展的浪潮之中，贵族阶层日渐消亡，但新兴的官僚集团仍然有着礼仪方面的需要与诉求，在《大唐开元礼》中，也记载了不同品位等级的官僚所能享受的不同的礼仪章程，所谓"名位不同，礼亦异数"[1]。无论是经济状况还是受

---

[1] 《旧唐书》卷四五《舆服志》，第1939页。

教育的条件，这些作者对于礼仪感同身受，也能直接参与到国家礼仪活动之中，相应的，礼仪描写与礼仪撰作也就自然归属于这些官僚新贵的身上，也只有他们才能更加客观现实地反映出唐代礼仪制度的本来面貌。

### 二 时间跨度大，涉及范围广

从《文苑英华》中收录的这些唐代礼仪文章来看，其撰作的时间跨度非常之大，所涉及的礼仪范围也非常之广。结合具体作者的生存年代可以发现，这些礼仪文章从初唐开始撰作，一直到晚唐五代仍在持续，如初唐的虞世南、岑文本、上官仪、陈子昂、王勃、骆宾王、杨炯，盛唐的张九龄、张说、苏颋、杜甫、王畯，中唐的陆贽、常衮、梁肃、独孤及、韩愈、柳宗元，晚唐皮日休、罗隐等人，上至将相，下及诗文名家，都有礼仪文章传世。同时，这些礼仪文章不仅直接涉及了唐代的五礼制度，而且具体内容上至朝廷官方的重大礼仪活动，如徐彦伯的《南郊赋》、宋之问的《扈从登封告成颂》、虞世南的《唐高祖神尧皇帝哀册文》等；下至地方社会上的赛神祭祀与婚丧嫁娶，如李商隐的《赛龙蟠山神文》、权德舆的《观葬者》、乔琳的《巴州化成县新移文宣王庙颂》等，这些作者将个人的礼仪学识与国家礼仪制度、自身仕宦经历相结合，运用文学的笔法进行创作，留下了一篇篇极具文学色彩与史料价值的礼仪篇章，成为后世了解唐代真正的礼仪程序与细节的钥匙与窗口。

### 三 实用主义色彩明显

这些撰作而成的礼仪文章无论是在文体上，还是在内容上，都极具实用主义色彩。在文体上，有赞颂盛大礼仪场面的赋；有记录官方礼仪活动的翰林制诏；有服务于科举考试，治理政务的判文；有宣扬军事胜利消息的露布；有表达哀思的哀册文；也有祭祀神祇、祭奠亲友的祭文，文体丰富，各有特色，具有固定的撰写方式与应用场所，是唐代方方面面社会礼仪生活的直接见证。在内容上，一方面，礼仪文章的撰写者利用文笔记录和描绘了彼时彼刻正在进行的礼仪活动，既有礼学词汇，又有文学辞藻,是作者礼学知识与文学素养的双重体现;另一方面,作者通过文章向阅读者传达了一种特殊的讯息,即其撰写文章的背景与目的,如表达恭贺,因势附会的皇帝近臣;高谈阔论,引经据典的礼仪官僚;投递延恩匦,希求皇帝赏识的落第士子;寄托哀思,以慰生者的亲朋好友等,这些人都会出于某些目的而进行相关礼仪文章的撰作,并希望这些文章能够承载使命,不负所托,成功帮助作者实现愿望。

相较于礼学著作的大量亡佚,礼学文章得益于其篇幅与作者的知名度,虽然也有大部分的缺失现象,但相对来说损失较小,得到了一定程度的保留。这些礼仪文章的作者因其广泛的影响力,不仅在唐代就被收录进相应的文章别集之中,而且随着文集的散布与传抄,并在宋代雕版印刷技术的加持下,这些礼仪文章得到了极大程度的保存与利用,甚至代代流传,持续至今;同时,随着宋代文学的繁荣与科举的兴盛,宋人开始大规模编撰前人诗文总集,产生了《文苑英华》《太平广记》等大型类书,为唐人文章的保存与传播提供了便利。宋人对于唐代的文化遗产多有继承,并且发扬光大,造就了另一番文学盛世,他们对唐代文集的整理与著录也用功颇多,如宋太祖朝张洎对于张籍诗集的整理、真宗朝乐史整理李白的作品,杨亿对于李商隐作品的辑录等相关工作,具体整理成果如晁公武的《郡斋读书志》共收录唐人总集10种、别集146种;陈振孙的《直斋书录解题》则收录唐人文章总集18种、别集74种、诗集171种[①],随着时间的延长而体量也有所增加,这也说明宋代对于唐人文集的整理与校订是一个动态的过程,而且在此过程中,又会产生诸多不同的版本,进一步拓宽了唐人文章传播的时空范围,礼仪文章也因此得以留存至今。

直到今天,常见的唐人文章总集如《文苑英华》《全唐文》《全唐诗》等,别集如张九龄的《曲江张先生文集》、李商隐的《李义山文集》《樊南文集补编》、白居易的《白氏文集》、韩愈的《韩昌黎集》等,都

---

① 樊昕:《唐人文集宋代生存状况研究》,博士学位论文,扬州大学,2014年。

是经过后世的不断整理与传承才得以保留下来的,是人们阅读与研究唐人文章的直接资料。而且,随着社会经济的发展与考古工作的进行,大量保存在偏僻之所或地下的唐代文书、碑志等唐人文章也重新呈现在世人面前,它们由于独特的历史与环境因素,反而保留了唐人文章撰写与传抄的原貌,具有极高的文物价值与历史价值。曲景毅曾依据《全唐文》《唐文拾遗》《唐文续拾》《隋唐五代墓志汇编》《唐代墓志汇编》《全唐文补遗》《唐代墓志汇编续集》《全唐文补编》等传世文献与金石资料,对于唐代号称"大手笔"的16位作家的文章现存著录情况展开梳理,其中,陈叔达3篇、颜师古24篇、岑文本22篇、崔行功7篇、李怀俨0篇、苏瓌3篇、李峤162篇、崔融52篇、张说266篇、苏颋318篇、常衮322篇、李吉甫32篇、令狐楚151篇、韩愈375篇、皇甫湜42篇、李德裕397篇①,可见,作者知名度与影响力与他们文章的存世数量是密切相关的,李德裕、韩愈、常衮、苏颋、李峤等,都是唐代尤为知名的政治家与文学家,他们的文学作品也得到了更为有效的传播与保存。

## 小　结

本章以《文苑英华》为中心,首先对于唐代现存的礼仪文章进行总体概述,对其数量、文体等基本信息进行总结,并选取一些个例对其内容展开论述,以加深对其文献的认识;其次,对于这些礼仪文章的作者展开了考察,选取其中撰写数量超过十篇的19位作者,对其籍贯、出身、仕宦以及相应的文学撰作才能展开论述,并将作者本人与其文学作品进行对应,以全面了解他们的文化思想与礼仪知识;最后,对于现存唐代礼仪文章的撰作特点与保存情况进行了总结与论述,探

---

① 曲景毅:《唐代"大手笔"作家现存文章著录汇考》,载朱万曙主编《古籍研究(2008年卷·下)》,安徽大学出版社2008年版,第125—132页。

究了唐代礼仪文章从诞生到流传，再到存世的完整情况，以加深后世对于这些现存礼仪文章的认识与利用，又从文学、礼学等不同侧面展开对于这些珍贵文献的分析与研究，以进一步丰富人们对于唐代文化与礼仪的全面认识。

# 下 编
## 唐代五礼制度下的文献描写与礼仪实践

在对于唐代的礼仪文献有一个基本的认识与了解之后，本编内容则主要依托相应的礼仪文献，针对唐代的吉、凶、军、宾、嘉等五礼制度逐一展开分析论述，先后考察礼仪文献内容的描写、文献作者的身份背景，再将其与实际实施的唐代礼仪制度进行比照，考察礼仪文献的有效性及其价值意义，并由此深入探讨唐代五礼制度的典章内容与实际实践情况，从更为现实的层面来研究唐代礼仪制度的性质与特点，进而全面探讨与总结唐代的礼仪文献、礼仪制度及其反映的礼仪文化、思想之间的密切关系

# 第四章　唐代吉礼祭祀器物的文献描写与实际应用

《礼记·曲礼下》云："凡家造，祭器为先，牺赋为次，养器为后。"①可见，相较于日常生活所需的物品而言，礼仪祭祀器物的建造与设置具有一定程度的优先性。而且，祭器的设置与其社会阶级和经济状况密切相关，"无田禄者不设祭器，有田禄者先为祭服"②。同时，祭器也是礼乐制度的重要载体，所谓"器以藏礼"，礼器与礼乐制度的发展结合成熟于西周时期，以颇具规模的青铜礼器为代表，鼎、簋、钟等器具的组合直接成为国家礼制的物质载体与文化象征③，实现了礼仪器物与国家礼制的初步融合，但春秋战国之际的争霸与战乱，导致了周代礼乐制度的崩坏。经过秦汉之际制度与文化的重建，先秦时期辉煌灿烂的青铜礼器发生了全新的变化，成为不同历史阶段的社会象征，不仅摆脱了原本的政治宗教属性，而且开始重新发展成为实用器具。魏晋南北朝之际，是中古时期礼仪制度重新建立与完善的重要时期，五礼制度逐渐成型④，但由于南北分裂，政权割据，相关吉礼祭祀礼仪也呈现出多元化的制度特点⑤。随着隋唐国家的再度统一，礼仪制度也逐渐合为一体，成为新

---

① （清）孙希旦撰，沈啸寰、王星贤点校：《礼记集解》卷五《曲礼下》，中华书局1989年版，第116页。
② 《礼记集解》卷五《曲礼下》，第117页。
③ 连秀丽：《青铜礼器与礼乐制度的历史沿革》，《北方论丛》2005年第6期。
④ 梁满仓：《论魏晋南北朝时期的五礼制度化》，《中国史研究》2001年第4期。
⑤ 徐迎花：《汉魏至南北朝时期郊祀制度问题研究》，博士学位论文，福建师范大学，2008年。

生王朝国家的礼仪规范与权力象征，而这一历史变迁的详细过程则可以通过唐代祭器、祭物的制度规定、文献描写与实际应用而得以具体呈现。

## 第一节　唐代祭祀活动中礼仪器物的制度规定

在唐代三省、六部、九寺、五监行政制度下，国家政务实施过程中的政令部门与实际施行部门之间各有所统，没有直接的隶属关系，既分割权力、互相制衡，又分工明确、互相配合，共同促进了唐朝日常行政事务的顺利展开。以具体的礼仪祭祀过程中的祭器与祭物为例，礼部所属的膳部司负责相关政令，而太常寺所属的廪牺署、光禄寺所属的太官署、良酝署则负责具体器物的供应与摆放，其官员的设置、品级、职能与相互之间的关系概述如下：

礼部膳部司，郎中一人，从五品上；员外郎一人，从六品上，属于膳部司的长官，共同负责辨别唐代祭祀活动中祭器、祭物规格与数量的政令。还设置主事二人，从九品上，协助处理日常政务。在《唐六典》的礼部卷中，又将具体的事务分给廪牺署、太官署、良酝署，在"膳部司"条目之下没有进行重复叙述。如廪牺署，"凡郊祀天地、日月、星辰、岳渎，享祭宗庙、百神，在京、都者，用牛、羊、豕，涤养之数，省阅之仪，皆载于廪牺之职焉"①；太官署，"凡郊祀天地、日月、星辰、岳渎及享宗庙、百神在京都者，所用笾、豆、簠、簋、鈃、甒、俎之数，鱼脯醯醢之味，石盐菜果之羞，并载于太官之职焉"②；良酝署，"凡祀用尊、罍，所实之制，并载于良酝之职焉"③。至于唐代陵寝上的进献物品，则由所在陵寝的陵令掌管，兹不赘述。

廪牺署隶属太常寺，长官为廪牺令，一人，从八品下；丞一人，正

---

① 《唐六典》卷四《尚书礼部》，第128页。
② 《唐六典》卷四《尚书礼部》，第128页。
③ 《唐六典》卷四《尚书礼部》，第128页。

## 第四章　唐代吉礼祭祀器物的文献描写与实际应用

九品上，共同负责供应祭祀时需要的牺牲与谷物，"掌荐牺牲及粢盛之事"①。唐代祭祀礼仪分大、中、小三个等级，等级不同，需要的牺牲及其规格也不同，如祭祀昊天上帝时用苍色牛犊，祭祀皇地祇时用黄色牛犊，祭祀神州时用黑色牛犊，祭祀五方帝时各依其方色，如果方色牺牲不足，则可以用纯色代替。祭祀宗庙、社稷、五岳、四镇、四海、四渎、先农、先蚕、前代帝王、孔宣父·齐太公庙时用太牢（牛、羊、猪）；祭祀风师、雨师、灵星、司中、司命、司人、司禄及五龙祠、司冰、诸太子庙时用少牢（羊、猪），其余的祭祀用特牲。而且冬至圜丘祭天时，需要加羊、猪各九头；夏至方丘祭地时，加羊、猪各五头；五郊迎气时，加羊、猪各二头。蜡祭神农、伊耆以下，依据不同方位各用少牢。同时，祭祀的等级不同，所需牺牲的圈养时间也不相同，大祀九旬、中祀三旬、小祀一旬，告祈使用的牺牲则不需要圈养。祭祀使用的牺牲不能使用暴力捶打令其受伤，如果牺牲死掉则需要掩埋，如果患病则需要更换。唐代籍田中收获的九谷纳于神仓，用作祭祀及酿造祭祀所需的五齐、三酒，剩余的谷物和秸秆用来饲养牺牲。在进行祭祀礼仪时，廪牺令与太祝将祭祀需要的牺牲安置就位，太常卿负责检查其是否肥硕，检查完毕以后将牺牲授予太官令进行宰杀。②

太官署、良酝署都隶属光禄寺。其中，太官署长官太官令二人，从七品下；丞四人，从八品下，共同负责供应祭祀时所用的膳食。又设置监膳十人，从九品下；监膳史十五人，供膳二千四百人，人员数量极其庞大，可见唐代祭祀活动的盛大及其膳食制作的细密程度。在祭祀之日，太官令向光禄卿报告其在诸厨检查牺牲、镬的具体情况，并取明水于阴鉴，明火于阳燧（水用来实尊，火用来烹饪）。太官令还要率领宰人切割牺牲，取其毛、血，装在豆中用于祭祀，剩下的进行烹饪，并带领进馔者充实簠、簋，摆放在馔幕之内。③良酝署长官良酝令二人，正八品

---

① 《唐六典》卷一四《太常寺》，第414页。
② 参见《唐六典》卷一四《太常寺》，第414—415页。
③ 参见《唐六典》卷一五《光禄寺》，第444页。

下；丞二人，正九品下，共同负责唐代祭祀活动中酒水的供应及其酒器的充实与摆放。又设置监事二人，从九品下；掌酝二十人，酒匠十三人，奉觯一百二十人，负责酒的酿造与使用。唐代祭祀用酒为五齐、三酒，五齐为泛齐、醴齐、盎齐、醍齐、沈齐，按照酒的清浊程度进行区分；三酒为事酒、昔酒、清酒，根据酒的用途进行区分。①

对于祭祀礼仪中器物的陈列次序与规格，唐代也有严格的制度规定。如祭祀时需要陈列的尊彝类礼器有十四种，分别为太尊、著尊、牺尊、象尊、壶尊、山罍、概尊、散尊、山尊、蜃尊、鸡彝、鸟彝、斝彝、黄彝，又有笾、豆、簠、簋、钘、甑、俎、勺、幂、筐、坫等器物搭配使用。祭器的排列次序为"簠、簋为前，登（甑）、钘次之，笾豆为后"②，祭祀不同的对象时有着不同的排列组合方式，如冬至圜丘祀昊天上帝，等级最高，设置笾、豆各十二，簠、簋、甑、俎各一，其他祭祀活动根据等级依次递减。在填充祭器的物品的选择上，笾可以选用石盐、鱼脯、枣、栗、菱、芡、白饼、黑饼、糗饵、粉糍；豆可以选用菹、醢、食、糁食、豚胉；簠、簋可以选择黍、稷、稻、粱；甑选用大羹；钘则选用肉羹来进行填充。③关于祭物玉帛的最后处理方式，则根据祭祀对象的不同而有所区别，"凡祭天及日月、星辰之玉帛，则焚之；祭地及社稷、山岳，则瘗之；海渎，则沉之"④。由上可见，唐代祭祀礼仪中的器物主要包括笾、豆、簠、簋、钘、甑、俎等食器，尊、罍、彝等酒器，牛、羊、猪等牺牲以及填充相应器物。

以上所述的唐代祭祀礼仪器物的制度规定也见于其他正史职官志当中，所载内容基本一致，应为开元时期的礼仪制度。但是，这些制度性的规定比较僵化，只能代表某一具体时间段内的礼仪制度，比较片面。此外，参照同一时期修撰的《大唐开元礼》中的相关礼仪内容，以最为

---

① 参见《唐六典》卷一五《光禄寺》，第447—448页。
② 《唐六典》卷一四《太常寺》，第398页。
③ 参见《唐六典》卷一五《光禄寺》，第445—446页。
④ 《唐六典》卷一四《太常寺》，第397页。

## 第四章　唐代吉礼祭祀器物的文献描写与实际应用

隆重的吉礼——皇帝冬至祀圜丘为例，在具体的礼仪实施过程中，前后出现的祭祀器物有苍牲二、青牲一、赤牲二、黄牲一、白牲二、玄牲一；太尊四、著尊四、牺尊四、山罍六、象尊六、壶尊六、概尊二、散尊二；玉帛；洗、篚、罍、幂；异宝嘉瑞；笾、豆、簠、簋；酒、胙等。不同的物品有不同的数量与用途，如尊是装酒的陈设器物，不同等级的尊灌装不同的酒，"凡六尊之次，太尊为上，实以汎齐；著尊次之，实以醴齐；牺尊次之，实以盎齐；象尊次之，实以醍齐；壶尊次之，实以沈齐；山尊为下，实以三酒"①；玉帛是祭奠神祇的专用物品，与相应祭祀对象搭配使用，"上帝以苍璧，青帝以青珪，赤帝以赤璋，白帝以驺虞，黄帝以黄琮，黑帝以玄璜，日月以圭璧，昊天上帝及配帝之币以苍，五方帝、日月内官以下，各从方色，各长一丈八尺"②。

虽然《大唐开元礼》中的相关内容也很详尽，但实际上，在唐代祭祀礼仪活动中，祭器、祭物的制度规定是随着礼制的日渐完善而不断变革发展的。武德初年所定的礼令之中，关于祭祀器物的内容为：冬至祭祀昊天上帝时，藉用蒿秸，器用陶匏，上帝与配帝的牺牲为苍犊二，五方帝及日月为方色犊各一，内官以下各加九只羊、猪；孟春祭祀感帝时牺牲用苍犊二；孟夏祭祀昊天上帝时用苍犊二；季秋祭祀五方上帝时用苍犊二；孟冬祭祀神州时用黝犊二。③这一时期的礼仪制度尚未完善，基本沿袭魏晋以来的郑玄祭祀学说与隋朝旧制，太宗贞观年间稍有变动，但基本还是依照武德礼令。显庆元年（656），长孙无忌与礼官认为郑玄的学说有误，希望进行改革，二年（657），许敬宗也认为应该采用王肃的学说，并对当时《光禄式》中杂乱的祭器、祭物之礼进行统一，"社稷多于天地，似不贵多。风雨少于日月，又不贵少。且先农、先蚕，俱为中祭，或六或四，理不可通。又先农之神，尊于释奠，笾、豆之数，

---

① 《大唐开元礼》卷四，第39页。
② 《大唐开元礼》卷四，第39页。
③ 《旧唐书》卷二一《礼仪志》，第820—821页。

先农乃少，理既差舛，难以因循"①。于是，定为大、中、小三等，笾豆之数大者十二，中者十，小者八，得到了高宗的认可，纳入新修的《显庆礼》中。但新礼施行不久就陷入混乱，唐朝政府只能将《贞观礼》《显庆礼》并行使用，直到玄宗即位，才开始改革弊病，撰修新礼，编成《大唐开元礼》，最终成功融合南北学说，实现郑玄与王肃观点的兼容并蓄②，对于祭祀器物的规定也基本定型，笾豆的数量基本按照许敬宗的观点，"笾豆之荐，水土之品，不敢用亵味而贵多品，所以交于神明之义也"③。但即便如此，到了开元二十二年（734），唐玄宗就针对《开元礼》中的"笾豆之荐"进行了修改④，而这距《开元礼》颁行不过两年时间。天宝五载（746），玄宗又下令增加太庙祭物，"其已后享太庙，宜料外每室加常食一牙盘，仍令所司，务尽丰洁"⑤。可见，关于祭器、祭物的礼制规定是随时变化的，但基本的礼仪原则则随着《大唐开元礼》的颁行而得到了后世的继续遵行与贯彻，如太庙笾、豆各十二的数量一直延续到唐德宗贞元时期，这在《大唐郊祀录》中有着明确的记载。⑥ 其中，关于冬至祀昊天上帝之礼时的器物规定为："昊天上帝座，笾十二、豆十二，簠、簋、甑、俎、豆各一，又设太樽、著樽、牺樽、山罍各二，在坛上东南隅，北向西上。又设象樽、壶尊、山罍各二，在坛下南陛之东，北向西上"⑦，内容与《大唐开元礼》基本一致。

## 第二节　相关文献中的礼仪器物

　　这些礼仪器物不仅出现在国家礼仪制度之中，也见于唐人的文笔之

---

① 《旧唐书》卷二一《礼仪志》，第825页。
② 杨华：《论〈开元礼〉对郑玄和王肃礼学的择从》，《中国史研究》2003年第1期。
③ 《旧唐书》卷二一《礼仪志》，第825页。
④ 参见《唐会要》卷一七《祭器议》，第403—407页。
⑤ 《唐会要》卷一七《原庙裁制上》，第415页。
⑥ 朱溢：《事邦国之神祇：唐至北宋吉礼变迁研究》，上海古籍出版社2014年版，第49页。
⑦ 《大唐郊祀录》，第759页。

第四章　唐代吉礼祭祀器物的文献描写与实际应用

下，出于不同的目的与意义，他们对于这些礼仪器物进行了大量描写与评论，并幸存于传世文献之中，或可成为后人了解唐代礼仪器物本质与特点的最好依据。在前文中，笔者以《文苑英华》为中心，对于唐代礼仪文章的整体状况进行了统计概述，其中涉及唐代礼仪器物的文章共有41篇，根据其内容可细分为祭器类11篇，祭物类30篇，现分别对这两类文章展开论述。

## 一　祭器类文献

11篇祭器类礼仪文章中，主要涉及的礼器有象樽、黄目樽、夷盘、筵、豆，主要文体为赋、判、议。由于文体和描述对象的不同，11篇祭器类的礼仪文章可以分为三类。第一类为赋，作者主要对相关祭器进行了描写与称赞，并对他们的功能进行了介绍，甚至还在文中夹杂对于唐代礼乐盛景的称赞和个人想要亲身参与国家礼仪的政治愿望；第二类为判文，对于祭器的形状、制度与使用情况进行了断定，主要选取当时社会上存在的祭器奢僭、夷盘不供的违礼现象进行批判；第三类为议，是当时朝廷内部关于增加祭器与否的讨论文章，而且议文的作者亲身参与了此次讨论，并对皇帝的最终决断产生了重大影响，具体内容详见下述。

### （一）赋

赋文有3篇，其中《象樽赋》的作者不详，但赋文的对象象樽则经常见于唐代祭祀礼仪活动之中。象樽，外形为象的青铜尊，是盛放酒水的器具，湖南省博物馆现藏有商周时期的青铜象樽。这篇赋文以"观器礼肃"为韵，文中对其形态进行了描绘，"笾豆牺象，咸饰其碧丹"，可见唐朝对象樽进行了一定的装饰，并且对于其用途与功能进行阐释，"敬宗宜社，以交其幽明；返本归仁，以尊其天地。可以等上下之列，可以参阴阳之位"，最后，作者进一步对于礼仪与器具的关系进行了论证，"礼以器成，器以礼肃"[①]。可见，作者极有可能亲身参与了国家祭

---

① （唐）佚名：《象樽赋》，载《文苑英华》卷五七，第260页。

祀礼仪,并且对于器具与礼仪的相互关系有一个非常清楚的认知。

李程所写的《黄目樽赋》,以"礼尚治情,酌中形外"为韵。李程为李唐宗室,唐德宗贞元十二年(796)进士,敬宗朝宰相,曾任礼部侍郎。这篇赋文的对象黄目樽,又称黄彝,是黄铜制作的酒器。文章开篇即对其进行了称赞与解释,"彝器之美,黄目是尚。黄者取黄,理而中孚。目者象清,明而外畅"。接着对其用途也进行了说明,"必因樽彝,爰佐齐醍。以明大享之品物,以助诸侯之孝悌。故以目而为名,因酒而成礼"。同时,李程还对过度装饰祭祀器物的行为提出了批判,"罔施丹雘,徒假雕镂",并且希望这些礼仪器物能够保持本真,代代延续,"不泛不滥,可继可传""前王之创物,俾后代之相沿"①。可见,李程在探讨祭祀器物的同时,更加注重于这些器物外形与本质的保留,使其返璞归真,进而展现礼仪的原貌,并希望这种礼仪精神能够代代相传。

另一篇《黄目樽赋》的作者是裴度,贞元五年(789)进士,唐宪、穆、敬、文宗等多朝宰相,赋文以"清庙之器,所以礼神"为韵,对象依旧是黄目樽。文章首先介绍了祭祀活动中黄目樽的来源及其内涵,"圣人之制祭也,因物达情,比象配类。尽内心之享礼,定黄目之彝器。居樽之上,察神之至。黄其色保纯,固于中央。目以名洞,清明于幽邃,将以赞禘祫,报天地,成形而百代犹传,遍祭而万灵具醉"。接着叙述了唐代宗庙祭祀礼仪中黄目樽的用途与功能,"当其霜露盛时,金石奏庙,告虔之始,在物居要,动明酌而曼醱腾光,澄旧污而圆规纳照",最后,对唐朝的礼乐盛况进行了赞美,表明了自己甘愿奉樽观礼的钦慕之情,"尚礼然也,明王用之,方今乐和,同礼无体,粢盛式务,郁器光启。客有习于声诗,愿奉樽而观礼"②。由此可见,裴度不仅是在赞颂黄目樽在礼仪祭祀活动中的重要功能与地位,更是寄托了自己想要同黄目樽一样,能够亲身参与国家礼仪的政治愿望,以人比物,表达情感,文学笔法运用得十分巧妙。

---

① (唐)李程:《黄目樽赋》,载《文苑英华》卷五七,第260页。
② (唐)裴度:《黄目樽赋》,载《文苑英华》卷五七,第260—261页。

第四章　唐代吉礼祭祀器物的文献描写与实际应用

（二）判文

相关判文共有 6 篇。其中崔翘所作的《对〈祭器判〉》，主要探讨了唐代礼仪器物的形状制度。崔翘为崔融之子，曾任玄宗朝礼部侍郎、礼部尚书①，作此判文的背景为少府监申称太常寺官员不清楚需要制造的樽罍彝器的具体形状制度，请礼部官员进行裁定，时任礼部官员的崔翘对此进行了回复，他认为礼器的制造自有相关制度，少府监与太常寺根据旧制监造即可，不必申报礼部，"少府自有常仪，太常非无旧准。更请裁下，未爽公方。至于规模，并在于此"②。第二篇判文题为《对〈祭器奢僭判〉》，作者不详，对于过分崇饰祭器的奢僭行为，作者持批判态度，"雕其物象，紊所钦崇。况黍稷而非馨，何刻画而为用？"并且认为这样的行为自古以来就是有罪的，要受到责难与惩处，"同管仲之镂簋，昔所为非；拟季氏之舞庭，孰不可忍？此而舍罪，予其何诛？尚未睹于灭口，实有违于噬嗑"③。第三篇判文为《对〈不供夷盘判〉》，作者不详，所判的案例为三品官员的丧事没有供应夷盘，司仪回答认为不合时令，请相关官员进行判决，第四、五、六篇判文同题。夷盘指的是盛冰冷冻尸体用的大盘，《周礼·天官·凌人》曰："大丧，共夷槃冰。"郑玄进一步注解为："夷之言尸也。实冰于夷槃中，置之尸牀之下，所以寒尸。尸之槃曰夷槃。"④ 因此，大丧之际供应夷盘是出于实际和礼仪的双重需要。作者认为三品官员大丧而不供夷盘是相应官员的失职，应该依法问责，"今位崇三品，名谢百年，国章自书其礼物，有司岂怠于供拟？若春羔已献，在宁室而须开；夏虫正疑，阙夷盘而不可，自当旷官之责，何待司仪之按，时则匪要，法欲何加？"⑤ 第四篇判文的作者是刘

---

① 详见《崔融墓志》，载吴钢主编《全唐文补遗（第九辑）》，三秦出版社 2007 年版，第 368—370 页。
② （唐）崔翘：《对〈祭器判〉》，载《文苑英华》卷五一九，第 2659 页。
③ （唐）佚名：《对〈祭器奢僭判〉》，载《文苑英华》卷五一九，第 2659—2660 页。
④ 《周礼正义》卷一〇《天官·凌人》，第 375 页。
⑤ （唐）佚名：《对〈不供夷盘判〉》，载《文苑英华》卷五二〇，第 2660 页。

99

同昇，唐玄宗开元天宝时人，《全唐文》有其小传①，他同样认为不供夷盘是有罪行为，"缀几初设，已陈含玉之仪；夷盘不供，何施造冰之礼？且议事以制，观过知仁。必若夏日斯炎，魄亡打于墙屋，固当秋露结罪，刑宜丽于简书"②。第五篇判文的作者为裴士淹，代宗时人，曾任礼部尚书，充礼仪使③，他认为三品官员是国家有功之臣，理应提供夷盘，即使不合时节，也应该折中处理，"嗟此三品，俄婴六极，金章罢去，玉襚方开。具厥衣于庭中，设夷盘于床下，国之老疾，犹或不遗，朝之荣贵，理宜从给。徒以气则分乎寒暑，用则期乎折衷"④。第六篇判文的作者为颜胜，进士出身，《全唐文》有其小传⑤，他认为应该按照时节提供夷盘，违背者应该受到惩罚，"三品云亡，九泉方阒。窀穸有事，未展悬棺之仪；含襚所陈，遂阙夷盘之典，至若夏德方暑，自可归冰；冬阴沍寒，何烦设器？徒穷献羔之礼，方议鹅鸠之刑"⑥。

（三）议

其余2篇为议文，是关于祭祀礼仪中增加笾豆行为的议论，题目同为《加笾豆增服纪议》，文章撰作的背景为开元二十二年（734），玄宗诏令礼官讨论增加宗庙笾豆之数，太常卿韦绍上奏请每座各加十二。⑦崔沔、杨仲昌等人因此撰文上奏，表达意见。第一篇的作者为崔沔，开元时人，进士出身，两《唐书》有传，另有墓志出土于洛阳，现藏开封市博物馆，志石拓片见《施蛰存北窗唐志选萃》⑧。时任太子宾客的他上书认为不必增加笾、豆，只要按照时令荐献即可，"当申饬有司，祭如神在，无或简怠，增勋虔诚。其进贡珍羞，或时物鲜美，考诸祀贡典，有所漏略，皆详择名目，编诸甲令，因宜而荐，以类相从，则新鲜肥浓

---

① 参见《全唐文》卷三二九，第3339页。
② （唐）刘同昇：《对〈不供夷盘判〉》，载《文苑英华》卷五二〇，第2660页。
③ 参见《旧唐书》卷一一《代宗本纪》，第296页。
④ （唐）裴士淹：《对〈不供夷盘判〉》，载《文苑英华》卷五二〇，第2660—2661页。
⑤ 参见《全唐文》卷四〇一，第4103页。
⑥ （唐）颜胜：《对〈不供夷盘判〉》，载《文苑英华》卷五二〇，第2661页。
⑦ 参见《唐会要》卷一七《祭器议》，第403页。
⑧ 潘思源：《施蛰存北窗唐志选萃》，上海古籍出版社2014年版，第242页。

尽在，不必加于笾、豆之数也。至于祭器，随物所宜"①。第二篇文章为时任礼部员外郎的杨仲昌所作，杨仲昌，开元时人，其墓志现存于函谷碑林，志文见周绍良编撰的《全唐文新编》②。他在文章中反对韦縚的建议，并根据《礼》《春秋》《易》等经典认为应该坚持古礼旧制，不必过度崇祀，"明君人者，有国奉先，敬神严享，岂肥浓以为尚？将俭约以表诚。则陆海之物，鲜肥之类，既乖礼文之情，而变作者之法，皆充祭用，非所详也"，"太常所请增加，愚见以为不可"③，最后，宰相将他们的建议归纳上奏，玄宗看过之后也认为应该按照礼制进行，"享祀粢盛，实思丰洁，不应法制者，亦不可用"④，然后诏令太常寺量加品味，最终太常卿韦縚奏请每室加笾、豆各六，得到了玄宗的认可。

## 二 祭物类文献

30篇祭物类礼仪文章中，主要涉及的祭祀物品有牺牲、明水、郁酒、牢祭、胙、五齐三酒与玉璧。可根据文献描写的对象，将这些礼仪文章分为牺牲、酒水、玉璧三类，既有描述赞颂的赋文，又有针对某一祭物的使用与供给所作的判文，详见下述。

### （一）牺牲

牺牲类的文章共有16篇，其中赋文1篇，判文15篇，涉及郊祀、祭门等礼仪，描写的对象有特牲、少牢、牺牲与胙肉。其中韦充撰写的《郊特牲赋》，主要描写的是郊祀礼仪中的特牲。特牲，指的是一种牲畜，常指一头牛，《礼记》曰："郊特牲而社稷大牢"⑤，意为郊祀时用一头牛，祭祀社稷时要用牛、羊、猪组成的太牢。韦充为唐武宗时人，《全唐文》有其小传。⑥这篇赋文以"茧栗之微，贵乎诚悫"为韵，首先

---

① （唐）崔沔：《加笾豆增服纪议》，载《文苑英华》卷七六四，第4015—4017页。
② 周绍良：《全唐文新编（第一部第四册）》，吉林文史出版社2000年版，第2645—2646页。
③ （唐）杨仲昌：《加笾豆增服纪议》，载《文苑英华》卷七六四，第4017页。
④ 《唐会要》卷一七《祭器议》，第406页。
⑤ 《礼记集解》卷二五《郊特牲》，第670页。
⑥ 参见《全唐文》卷七三三，第7562页。

陈述了郊祀礼仪中特牲的重要性,"郊祀之展礼惟重,牺牲之用孰有为。故能昭德馨,导生气。叶上帝精明之感,必因诚以告虔;示下土恭谨之心,有以小而为贵。由是选才斯始,禀命有归。固资于至敬之荐,不在乎充身之肥";然后细节描绘了特牲被挑选宰杀的全过程,并赋予其临危不惧、杀身成仁的高尚品格,"杀身之际,虽有补于馨香;登俎之时,固无惭于榛栗";最后赞颂了唐代郊祀礼仪的隆重与皇帝至高无上的威德,"方今四海既定,小信咸孚。郊天祀地之礼将展,博硕肥腯之用奚无。所以下臣稽首而歌曰:惟吾君之德也,与天地之巍乎"①。

另有1篇判文,题为《对〈䐑辜祭不供物判〉》,作者不详,䐑辜指的是分割牲体的一种祭祀方式,《周礼·春官·大宗伯》曰:"以䐑辜祭四方百物。"② 作者认为䐑辜祭祀之礼应该顺时进行,不可缺废,如果有失,相应官员就要受到法律惩处,"䐑辜充祀于百物,望秩备礼于四方,事或阙供,罪亦斯得"③。

另有5篇关于牢祭的判文,案例为孟某以少牢祭祀他人,礼仪结束之后就与众人一同归家。陪礼的赞者控诉其人违礼,孟某回答说:"这是为了以防万一,完全符合礼仪,为什么要诬告我?"然后都到太常博士面前定夺,太常博士说:"礼以和为贵,没有必要争吵。"要将赞者治罪,赞者非常不服气。④ 文中的"少牢"指的祭祀时只用羊、猪二牲,比太牢(牛、羊、猪)低一等,多为诸侯、士大夫祭祀所用,《礼记·王制》云:"天子社稷皆大牢,诸侯社稷皆少牢。"⑤ 关于此案,留有5篇判文,第一篇作者不详,他认为,孟某的做法是出于对祭祀对象的恭敬,并没有违礼行为,虽然赞者属于诬告,但他也希望能够对赞者从宽处理,"思无出位,举不失宜,赞者有言,事同差舛,博士科罚,

---

① (唐)韦充:《郊特牲赋》,载《文苑英华》卷五六,第256页。
② 《周礼正义》卷三三《春官·大宗伯》,第1314页。
③ (唐)佚名:《对〈䐑辜祭不供物判〉》,载《文苑英华》卷五一七,第2647页。
④ 参见《文苑英华》卷五一八《对〈牢祭有违判〉》,第2653页。
⑤ 《礼记集解》卷一三《王制》,第352页。

## 第四章 唐代吉礼祭祀器物的文献描写与实际应用

理宜当深","请从宽典,无置急刑"[①]。第二篇的作者是张绶,玄宗朝考中书判拔萃科[②],他认为,孟某的做法符合礼仪规范,赞者的控告没有任何依据,同时,他又对太常博士因小过而动辄处罚赞者的行为持批评态度,"况举鼎告备,虽符将礼,执毕先入,未或愆仪。既南面以当阶,又尊主而备失,其动也中,伊纠胡为?适明赞者无稽,更彰博士同恶,周旋既无失坠,小言则亦何伤"[③]。第三篇的作者不详,他认为,孟某的做法完全符合礼制与人情,赞者的做法确实没有意义,"相彼祀事,居然呆观,馈以少牢,俾申于孝享;用其柔日,愿接于神明。周旋自适于等威,终始不忘于齐敬。执毕而入,信邹人之知礼;卒事无规,奚赞者之妄告"[④]。第四篇判文的作者为李子珣,玄宗时擢书判拔萃科[⑤],他也认为,孟某的做法非常合礼,赞者的做法确实有待考虑,"事贵无违,礼崇得中,请从博士之议,庶叶随时之理"[⑥]。第五篇判文的作者为张子琳,他认为,孟某的做法符合礼仪典籍的规定,而赞者的做法确实不当,而且他认为,太常博士没有必要劝和,应该直接将赞者明正法典,"又以举肉,在礼实曰无违;赞者则那,每事奚其不问?患既自掇,争乃增差。博士勿谓于贵和,赞者终宜于伏罪"[⑦]。

另有1篇题为《对〈用牲于门判〉》,作者不详,所判的案例为洛水泛滥,有司用牺牲祭祀城门,有人站出来反对这种行为。判者认为,如果能够起到通船的目的,就算是祭祀又有什么不对呢?作者认为,河水泛滥之时,进行祭祀是符合历史记录与礼仪制度的,"巨浪无倪,已不分于牛马;明德可恃,乃展敬于牲牷,汉皇之歌,彰夫旧史;《周官》之礼,著自前闻",并认为,提出反对意见的人没有学识与依据,也提

---

① (唐)佚名:《对〈牢祭有违判〉》,载《文苑英华》卷五一八,第2653页。
② 参见《全唐文》卷四〇八,第4170页。
③ (唐)张绶:《对〈牢祭有违判〉》,载《文苑英华》卷五一八,第2653—2654页。
④ (唐)佚名:《对〈牢祭有违判〉》,载《文苑英华》卷五一八,第2654页。
⑤ 参见《全唐文》卷四〇六,第4153页。
⑥ (唐)李子珣:《对〈牢祭有违判〉》,载《文苑英华》卷五一八,第2654页。
⑦ (唐)张子琳:《对〈牢祭有违判〉》,载《文苑英华》卷五一八,第2654页。

下编　唐代五礼制度下的文献描写与礼仪实践

不出更好的解决办法,"彼何人斯？所谓末学,事则有据,非将奚为？"①同时,参照唐代的礼制规定,久雨祭祀城门是一种常见的应对措施,并且载入礼典之中,"若霖雨,则京城禜诸门……若州、县,则禜城门及境内山川而已"②。

另有8篇判文是关于胙肉的。胙肉为祭祀时供神的肉,向神献胙肉是祭祀礼仪程序中的重要一环,而这8篇判文的案例为有人在祭祀过程中将胙肉带给他的父亲,然后用吃剩下的肉进行祭祀。第一篇判文的作者是康子元,开元四年（716）进士,《新唐书》有传。他认为,这种行为严重违背了礼仪秩序,应该受到法律的制裁,"用此而祭,颇乖经礼之仪；未及于刑,须黜平典之议"③。第二篇判文的作者为晁良贞,景云二年（711）进士④,他指责了这种只顾孝道而违背礼仪的做法,并运用典故来进行批判"既比庆封之祀,难许叔氏之礼"⑤。第三篇的作者为毋煚,玄宗朝人,曾参与国家藏书的整理工作⑥,他认为,虽然将胙肉供奉其父尚且合理,但用剩下的胙肉进行祭祀就严重冒犯了神灵的威严,影响了礼仪活动的正常进行,应该处以惩罚,"致胙以归,奉其亲乎则可；既余为馂,因设祭而何乖？永言礼经,瞻所祀典,匪伊天降,宁惟地出？有误于事,贻谤何逭"⑦。第四篇判文的作者是郑齐望,开元时擢书判拔萃科⑧,其墓志见于《全唐文补遗》（千唐志斋新藏专辑）⑨,他的态度则相对柔和,认为这种做法虽然得到了美名,但也应该避险,"他日鲤趋,且闻归胙；今朝神惠,更用祭先。锡类之美则多,黩礼之嫌宜避"⑩。第五篇判文的作者是韦述,在第一章进行了详细介绍,他认

---

① （唐）佚名:《对〈用牲于门判〉》,载《文苑英华》卷五一九,第2658页。
② 《唐六典》卷四《尚书礼部》,第124页。
③ （唐）康子元:《对〈归胙判〉》,载《文苑英华》卷五一九,第2658页。
④ 参见《全唐文》卷二八二,第2865页。
⑤ （唐）晁良贞:《对〈归胙判〉》,载《文苑英华》卷五一九,第2658页。
⑥ 参见《旧唐书》卷四六《经籍志》,第1962页。
⑦ （唐）毋煚:《对〈归胙判〉》,载《文苑英华》卷五一九,第2658页。
⑧ 参见《全唐文》卷四〇一,第4100页。
⑨ 吴钢主编:《全唐文补遗（千唐志斋新藏专辑）》,三秦出版社2006年版,第218—219页。
⑩ （唐）郑齐望:《对〈归胙判〉》,载《文苑英华》卷五一九,第2658页。

为，此人的做法违背了礼仪典章，是失礼行为，"虽必尝君赐，颇取则于前规；而不舍馂余，诚有违于昔典。非复必斋之慎，审乖如在之仪，何慢神之致尤，惟失礼而斯取"[1]。第六篇的作者为袁晖，与毋煚同在开元时校正典籍[2]，他认为，此人的做法虽然属于尽孝，但失礼渎职之罪难逃，念及人情，可从轻处罚，"瞻白华之养，孝则尽诚；昧非肉之言，理难逃责。远傅知礼，虽恶于邹人；近取恤刑，宜宽于汉典"[3]。第七篇的作者为牛上士，太常博士牛耸之父[4]，他也认为，这种做法虽然符合孝道，但确实违背礼法，出于人情可以从轻处置，"食美思亲，无乖孝养；馂余有祭，暂越礼经"，"论情虽欲薄言，与进未宜深责"[5]。第八篇的作者为单有邻，开元年间擢书判拔萃科[6]，他认为，此人的做法完全符合圣人制礼的精神，没有什么值得怀疑的地方，"为中之道，始则著于先尝；食父之余，终必归于致祭。且圣人之礼，祭示有先，夫妇各差，父子异数。尽于是矣，何所疑焉？"[7]

（二）酒水

酒水类的礼仪文章共有13篇，其中赋文7篇，判文6篇，主要的描述对象为祭祀时使用的五齐三酒、郁酒、明水与太羹。

有一篇对于祭祀时酒水酿造的判文，作者不详，案例为御史认为有司酿造的五齐三酒没有使用九谷，属于有罪行为，有司反驳道："是因为今年没有多余的九谷。"五齐三酒的含义已见前述，九谷指的是古代九种主要的农作物。所指各异，通常指粱、黍、稷、稻、麦、大豆、小豆、麻、菰，后用来泛指各种农作物。唐代五齐三酒的酿造与供应由光禄寺良酝令负责，酿造的原料为九谷，"凡籍田所收九谷纳于神仓，以

---

[1] （唐）韦述：《对〈归胙判〉》，载《文苑英华》卷五一九，第2658—2569页。
[2] 参见《新唐书》卷一九九《马怀素传》，第5681页。
[3] （唐）袁晖：《对〈归胙判〉》，载《文苑英华》卷五一九，第2569页。
[4] 参见《全唐文》卷三九八，第4061页。
[5] （唐）牛上士：《对〈归胙判〉》，载《文苑英华》卷五一九，第2569页。
[6] 参见《全唐文》卷三九八，第4071页。
[7] （唐）单有邻：《对〈归胙判〉》，载《文苑英华》卷五一九，第2569页。

供粢盛及五齐、三酒之用"①。针对有司的行为,作者认为,用九谷酿造五齐三酒是礼制规定,既然有司没有做到就是渎职失礼行为,面对御史的问责竟然还进行狡辩,令人不齿,"今者《周官》列职,徒闻于五齐;宪府举非,或亏于九谷。尚负曩耻,总贻神羞。既无余之起诉,何有词之能代?"②

接下来为5篇判文,案例为太常博士请求供应鬯酒,光禄寺官员由于缺少匠人,而且不知道酿造鬯酒的原料,所以无法供应,拒绝了这一请求。礼部下辖祠部司官员也认为,在礼仪中供应鬯酒的制度比较久远,近乎废弃,所以拒绝了太常寺的请求。太常寺执意认为,鬯酒见于《大唐开元礼》,怎么能不实施?祠部回答道:"根据礼令,籍田礼的时候要供应廪牺。如今籍田礼也不经常举行,廪牺也就没有继续供应。没有鬯酒可以用其他的酒水代替,难道会影响其他事情吗?"但太常寺依旧坚持己见。③ 案例中的鬯酒,又名郁鬯酒,指商周时期用于重要节日宴饮或礼仪祭祀活动时的一种香草酒,到了唐代,只有在享太庙礼仪中,才供应郁鬯酒充实彝④,而这5篇判文就是对于这一事件所作的决断。第一篇判文的作者为赵昷,开元年间考中书判拔萃科。⑤ 他在文中首先说明了在宗庙祭祀礼仪中鬯酒的使用有着悠久的历史,但随着春秋战国的礼崩乐坏,这一制度没有被后世所延续。直到唐朝建立,才开始重新使用鬯酒,而且载入礼典。赵昷认为,既然礼典有存,就不应该找借口拒绝供应鬯酒,影响礼仪活动的正常进行,如果相应官员不作为,就应该施以刑罚,"亦曰文存,不当礼废。使唐礼不备于周礼,牺牲苟供于廪牺。既慢乎粢盛,仍拒我郁鬯,宜投棘署"⑥。可见,他认为,太常寺的请求是合理的。第二篇判文的作者不详,他进一步地指出太常寺官员的

---

① 《唐六典》卷一四《太常寺》,第414—415页。
② (唐)佚名:《对〈造五齐三酒非九谷判〉》,载《文苑英华》卷五四三,第2770页。
③ 《文苑英华》卷五一七,第2647—2648页。
④ 《新唐书》卷四八《百官志》,第1248页。
⑤ 《全唐文》卷三九八,第4065页。
⑥ (唐)赵昷:《对〈鬯酒不供判〉》,载《文苑英华》卷五一七,第2648页。

第四章 唐代吉礼祭祀器物的文献描写与实际应用

恪勤与光禄寺官员的失职，认为必须遵守礼典，供应郁酒，否则就必须按照法律条文进行惩处，"包茅不入，尚责于齐侯；郁鬯废供，且亏于唐礼。既不知于金草，斯自挂于玉条"①。第三篇判文的作者为裴幼卿，天宝时考中书判拔萃科②，他认为，太常寺的做法遵守了相关礼典的规定，而光禄寺的所作所为没有任何依据，徒增惭愧，"况乎祀典有崇，太常攸掌，制经具陈斯品，著令元削此条。光禄不供，自觉尊之罄矣；籍田为喻，谁云井有人焉？旧章无替于执文，王典岂新于改作。三覆华省，徒见惭于有司；再览太常，实未乖于彝典"③。第四篇判文的作者为权寅献，玄宗朝人，他认为祠部官员的做法是正确的，在具体礼仪实施的过程中没有必要拘泥于礼仪典籍的记载，"所以郁鬯之礼，见遗而不行；金草之司，有文而且阙。省司含香推妙，起草称工，酌一人之心，是言沿废；引三推之令，遽比兼供。籍田既不供牺牲，造酒何烦供郁鬯？礼虽见著，令式空存。请从祠部之言，无听太常之执"④。第五篇判文的作者不详，他坚持大多数人的看法，认为应该遵循礼典，供应郁酒，光禄寺的说法都是借口，是失职的表现，应该及时弥补，不能使国家礼仪有缺，而且相应失职官员要接受法律的处罚，"请供郁酒，拟实卣樽；允得事宜，雅符恒典。光禄以无匠不造，又用靡草为辞；有司以沿革不同，兼引籍田特比。牺牲不废，爱礼斯深；郁鬯莫供，司存何劣？""光禄拒之于前，祠部送之于后。事均齐楚，得失而两兼；理同臧谷，亡羊而一揆。况国礼明著，安可阙如？咸请推穷，方结刑宪。"⑤

另有 6 篇同名为《明水赋》的礼仪文章，主要描述的祭物是明水。明水指的是祭祀时使用的一种净水，《周礼·秋官》曰："司烜氏掌以夫遂取明火于日，以鉴取明水于月，以共祭祀之明齍、明烛，共明水。"⑥

---

① （唐）佚名：《对〈鬯酒不供判〉》，载《文苑英华》卷五一七，第 2648 页。
② 《全唐文》卷四〇三，第 4120 页。
③ （唐）裴幼卿：《对〈鬯酒不供判〉》，载《文苑英华》卷五一七，第 2648 页。
④ （唐）权寅献：《对〈鬯酒不供判〉》，载《文苑英华》卷五一七，第 2649 页。
⑤ （唐）佚名：《对〈鬯酒不供判〉》，载《文苑英华》卷五一七，第 2649 页。
⑥ 《周礼正义》卷七〇《秋官·司烜氏》，第 2909 页。

到了唐代，由太官令"取明水于阴鉴，取明火于阳燧"①，并且要将明水灌注于上尊之中，以供祭祀。第一篇赋文以"冷然感化，洁我烝尝"为韵，作者为崔损，大历年间进士，德宗朝宰相，两《唐书》有传。崔损此文首先说明了明水在祭祀活动中的重要地位与意义，"大飨之礼，明水攸先。其水也，所以本太古之淳朴；其明也，所以享至敬之昭宣"；然后指出了明水沟通神人的特殊功能，"晶晶荧荧，清清冷冷，明德惟馨，神人是听。从无味而有味，自无形而有形，深源莫测，实资造化"；最后颂赞了唐朝喜庆祥瑞的盛世场面，"于维巨唐，穆穆皇皇，崇初祀典，烝尝玄酒，乃荐至诚，允臧。天降其福，地出则祥，醴泉洋洋，明水是将。彻庆云之色，映瑞日之光；群臣作颂，歌孝治之无疆"②。第二篇的作者为贾棱，贞元八年（792）进士③，此篇赋文是当时科举的考题，同届进士及第者还有欧阳詹、韩愈、李观、冯宿、王涯、张季友、齐孝若、刘遵古、许季同、侯继、穆贽、李绛、温商、庾承、宣员结、胡谅、崔群、邢册、裴光辅等诸多名士，号称"龙虎榜"④。贾棱以"玄化无宰，至精感通"为韵，在文中首先指明了明水在祭祀活动中的虔诚效果，"祭祀上洁，精诚克宣。伊明水之为用，谅至诚以为先。积阴以成符，嘉应于冥数。以鉴而取感，无私于上玄。将假以表敬，式彰乎告虔"；然后论述了明水的特殊功能，"是以昭其俭，洁其意。含水月之淳粹，修粢盛于丰备。作玄酒而礼崇，登清庙之诚贵。嗤潢污之野荐，陋甘醴之莫致"；最后点明了祭祀使用明水与国家礼仪制度之间的关系，"况国家崇仪祢祀，荐敬旻穹，方欲行古道，稽淳风。客有赋明水之事，敢闻之于閟宫"⑤。欧阳詹所作的第三篇文章与贾棱同韵，他首先描述了明水的特点与用途，"精洁可嘉，清明斯在。湛玉壶以无垢，入牺樽而有

---

① 《唐六典》卷一五《光禄寺》，第444页。
② （唐）崔损：《明水赋》，载《文苑英华》卷五七，第257页。
③ 《全唐文》卷五九四，第6005页。
④ （唐）韩愈撰，马其昶校注，马茂元整理：《韩昌黎文集校注》，上海古籍出版社1986年版，第655—656页。
⑤ （唐）贾棱：《明水赋》，载《文苑英华》卷五七，第257页。

## 第四章 唐代吉礼祭祀器物的文献描写与实际应用

待";然后辨析了明水的内涵,"弃本不仁,故存名而曰水;从宜酌号,遂表性而称明";最后阐述了明水在祭祀神祇中的功能与造福万民的特殊意义,"招百神之景福,致万姓之元祯""精液下融,神人以崇"①。韩愈所作的第四篇文章也与前两者同韵,他在文中首先说明了明水的来历,"古者圣人之制祭祀也,必主忠敬,崇吉蠲。不贵其丰,乃或荐之以水;不可以黩,斯用致之于天。其事信美,其义惟玄。月实水精,故求其本也;明为君德,因取以名焉";然后指出了明水的特点与用途,"降于圆魄,殊匪金茎之露;出自方诸,乍似鲛人之泪。将以赞于阴德,配夫阳燧",最后对于明水进行了赞颂,"足以验圣贤之无党,验天地之至公。窃比太羹之贵味,幸希荐于庙中"②。第五篇赋文的作者为陈羽,同为贞元八年(792)进士,韵律与前文相同,首先指出了明水称谓的内涵,"水本涵清,表至深之心著;明以比德,惟馨香之义全";然后重点描绘了在祭祀活动中明水的获取与应用,"明水之初化也,天子斋心,司烜藏事。望灵月,露炎燧。皎皛浮光,清冷在器。自无而有,知灵化之不测;应感而来,知神物之斯至";最后讨论了明水祭祀的重要意义,"其或崇国祀,设方明。备礼乐,洁粢盛。用陶匏之器,荐茧栗之牲。秩神祇而配坐,望天地之含精。匪明水而神不降,无明水则祀不诚"③。第六篇的作者失载,但仍同前韵,可知这是同届科举士子的作品,文章首先指出明水祭祀的由来,"明水之设,其义斯玄,水以洁著,明由色宣,神灵是享,祀典攸传";其次阐释了明水的本质内涵,"既清既洁,表勤昭事之心;克诚克明,载展奉先之意";最后论述了唐朝使用明水祭祀的作用与影响,"国家烝尝是奉,享献惟崇,明水载挹,至诚遂通"④。

施肩吾所作的《太羹赋》,重点描述了唐代祭祀活动中献祭神祇的

---

① (唐)欧阳詹:《明水赋》,载《文苑英华》卷五七,第257—258页。
② (唐)韩愈:《明水赋》,载《文苑英华》卷五七,第258页。
③ (唐)陈羽:《明水赋》,载《文苑英华》卷五七,第258页。
④ (唐)佚名:《明水赋》,载《文苑英华》卷五七,第259页。

太羹，又称大羹，即没有调味的肉汁。《礼记·乐记》云："大飨之礼，尚玄酒而俎腥鱼，大羹不和，有遗味者矣。"郑玄注："大羹，肉湇，不调以盐菜。"① 施肩吾，元和十年（815）进士，但一直隐居不仕②，他的赋文以"宗本诚敬，遗味由礼"为韵，文章首先点明了太羹在祭飨活动中的特殊意义，"飨异四时，大飨以先王为袷；羹重五味，太羹以无味为宗，荐既殊于禘祫，礼乃变乎秋冬。则知此祭不数，此羹不混"；然后阐释了太羹无味的深刻内涵，"法明水以成功，恶咸醝而是损。义由反古，类稿秸之无文；道尚全真，喻恬淡而为本。故宜轻八簋，黜三牲。其味惟德，其色惟清"；接着论述了太羹所体现的虔诚思想，"既陈既酌，弥重乎精诚；不絮不调，莫先乎圣敬。聿修前典，不可度思"；最后指出了太羹与礼仪之间的相互关系与深远影响，"礼因羹而克举，羹因礼而允修"，"其名类鍊，其正在礼。下以叙人伦，上以亲祖祢"③。

（三）玉璧

仅1篇判文，主要内容是关于祭祀所用的玉璧，作者不详，案例为有一个玉璧品质非常好。太常寺认为，超过了正常用度，在将要荐献的时候提出了反对意见。关于祭祀时所用的玉璧，唐代也有着明确的礼制规定："冬至，祀昊天上帝以苍璧。上辛，明堂以四圭有邸，与配帝之币皆以苍，内官以下币如方色。皇地祇以黄琮，与配帝之币皆以黄。青帝以青圭，亦帝以赤璋，黄帝以黄琮，白帝以白琥，黑帝以黑璜；币如其玉。日以圭、璧，币以青；月以圭、璧，币以白。神州、社、稷以两圭有邸，币以黑；岳镇、海渎以两圭有邸，币如其方色。神农之币以赤，伊耆以黑，五星以方色，先农之币以青，先蚕之币以黑，配坐皆如之。它祀币皆以白，其长丈八尺。此玉、币之制也。"④ 由中尚署令负责供给。作者认为，这个玉璧符合礼仪的规范，太常寺的说法属于无知行为，

---

① 《礼记集解》卷三七《乐记》，第982—983页。
② 《全唐文》卷七三九，第7631页。
③ （唐）施肩吾：《太羹赋》，载《文苑英华》卷五七，第259—260页。
④ 《新唐书》卷一二《礼乐志二》，第329页。

第四章　唐代吉礼祭祀器物的文献描写与实际应用

难逃罪责，"凡厥荐陈，须明制度，惟此璧礼，不亏玉书，色侔截肪，肉倍于好。同楚人之鄙识，妄有疵瑕；当鲁礼之明祠，而致违阙。旷其所职，不得无辜"①。

在考察文献描述的过程中发现，文中还提及了相关作者，其中，出身为进士或考中书判拔萃科的人不在少数，身、言、书、判与诗、词、歌、赋本就是进士科考试的重要内容，说明他们都具有较高的学识与判断能力，是唐代高水平文人士子的代表，他们的文章能够留存于世，也有着这一方面的原因。他们在文章中对于祭祀器物的描绘，也在一定程度上代表了同类人群对于这些祭祀器物的认知与看法，对于我们研究唐代高水平文士的礼仪知识与礼仪思想提供了更为直接的依据。

## 第三节　相关制度与文献内容的比较研究

上一节主要对唐代祭器、祭物类的礼仪文章展开详细论述，既从整体上对唐代祭祀礼仪活动中所使用的祭器、祭物等制度与内容有了全面的认识，又能从文章的细节中考察唐代礼仪制度与具体的礼仪实施以及礼仪思想之间的微妙关系，通过分析比较，能够更进一步加深对于唐代吉礼祭祀礼仪的了解与掌握。

通过对祭器类的文章展开考察可以发现，唐人文章中关于祭器的描写部分较少，这或许与古礼晦涩难懂、时间久远有关。因此，他们将更多的内容放在其背后所反映的祭祀现象与礼仪制度之中，而且作者对于不同文体的把握与运用非常熟练，能够精确地体现出文章的体裁与个人的目的。他们中的大多数人认为，在祭祀礼仪中，祭器的使用应该遵守古礼，符合制度规定与时令，反对奢侈僭越，并在日益成熟的礼仪制度的保障下，践行基本的礼仪思想，展现对于神祇的恭肃敬畏之情。

---

① （唐）佚名：《对〈璧判〉》，载《文苑英华》卷五六四，第2789页。

在祭物类文章之中，可以获取的信息更加详细。如在鬯酒的供应问题上，五篇判文中有四篇认为，应该坚持礼典的规定供应鬯酒，光禄寺的回复都是其失职的借口，应该受到法律的惩处，并及时弥补。只有一人认为，礼仪的实施不应该拘泥于礼仪典籍，对于那些停废已久的礼仪内容应该选择放弃。事实上，结合唐朝礼仪的实际情况来看，虽然在具体的讨论中有大部分人坚持实施礼典所规定的礼仪制度，尤其是《大唐开元礼》颁行之后，但实际上，受政治、经济等方面条件的限制，即使唐前期经常举行的很多礼仪，在唐中后期都没有继续实施，其礼仪条文也只能停留于《大唐开元礼》之上。[①]

关于明水的赋文当中有很多的相似之处，都对于明水的含义、特点与用途展开了描述，以此来展现国家祭祀礼仪活动的细节与特点。尤其后面5篇都是士子们科举应试所作，韵律相同，在赞颂明水功能、意义的同时，也表明了自身想要获得出身和为官的机会，与明水一样实现个人价值，为礼仪的完备、国家的强盛贡献自己的才能与力量。在关于胙肉案件的判决当中，大多数人认为，此人的做法不符合礼仪规范，应该加以惩处，但同时，也有人认为，此人出于孝顺，将胙肉献给其父，符合伦理人情，可以适当减轻刑罚。八人中只有一人认为，此人的做法完全符合古礼精神，但显然属于强词夺理，毫无逻辑可言。

因此，在唐代实际的礼仪操作过程之中，关于具体器物的制造、供应与使用尚存在一定的争论，而相应的负责部门一旦出现缺漏，无论采取何种借口，都会被视作失礼渎职的表现，要受到法律的惩处。除了大多数基本相似的观点之外，总有一些人会根据礼仪经典、实际情况与人情伦理做出不一样的评判，尽管有些理由看似勉强，但也从另一方面反映了唐代礼仪思想的来源广泛与众说纷纭的现实特点。在唐代有关祭祀器物的讨论之中，最为常见的两个话题为"羊与礼"与"古今之辨"，现根据具体的事例与内容对其展开论述，进而探索唐代祭祀礼仪的本质

---

[①] 这一现象以军礼的实际实施情况最为明显，详见拙著《戎祀之间：唐代军礼研究》，中国社会科学出版社2021年版，第275—280页。

## 第四章 唐代吉礼祭祀器物的文献描写与实际应用

与内涵。

"羊与礼"的典故来源于《春秋》,孔子的弟子子贡出于怜悯想要去掉每月初一日告祭祖庙用的活羊,孔子对他说:"赐也!尔爱其羊,我爱其礼。"① 进而引申出关于祭祀所用器物与礼仪之间的长久讨论。到了唐朝,这一话题仍然存在,武周圣历元年(698)正月,武后亲享新建成的通天宫,并接受群臣朝贺,不久之后宣布制书:将于每月一日在明堂举行告朔之礼,引发了群臣的议论。司礼博士辟闾仁谞认为在以往的经史典籍之中,没有天子每月告朔之礼,《月令》中提到的是诸侯之礼,不适合用于天子,故而上奏请求武则天废除这一制度,"臣等历观今古,博考载籍,既无其礼,不可习非。望请停每月一日告朔之祭,以正国经。窃以天子之尊,而用诸侯之礼,非所谓颁告朔、令诸侯、使奉而行之之义也"②。凤阁侍郎(中书侍郎)王方庆却则引用《春秋》《谷梁传》《周礼》等文反驳了典籍中没有天子告朔之礼的观点,并利用子贡、孔子关于"羊与礼"的讨论,提出在明堂实施天子告朔礼仪的重要性,但又认为每月一次过于频繁,可改为每三个月实施一次,"陛下肇建明堂,聿遵古典,告朔之礼,犹阙旧章,钦若稽古,应须补葺。若每月听政于明堂,事亦烦数,孟月视朔,恐不可废"③。于是,武则天下诏令群儒广议,来评判辟闾仁谞与王方庆的得失,结果当时的名儒成均博士吴扬吾、太学博士郭山恽等都同意王方庆的建议,"今若因循颁朔,每月依行,礼贵随时,事须沿革。望依王方庆议,用四时孟月日及季夏于明堂修复告朔之礼,以颁天下"④,最终,这一制度下旨颁行。

景云年间,因为睿宗长期没有实施唐初以来的三九大射之礼,相关部门也认为此礼花费过大,不宜实施,于是源乾曜上疏进行劝谏,"君子三年不为礼,礼必坏;三年不为乐,乐必崩"⑤,并借用孔子"尔爱其

---

① 《论语正义》卷四《八佾第三》,第111页。
② 《旧唐书》卷二二《礼仪志》,第869页。
③ 《旧唐书》卷二二《礼仪志》,第872—873页。
④ 《旧唐书》卷二二《礼仪志》,第873页。
⑤ 《旧唐书》卷九八《源乾曜传》,第3070页。

羊，我爱其礼"的典故来说明金钱与礼仪之间的关系，只可惜没有得到睿宗的重视。开元四年（716），山东地区爆发蝗灾，姚崇派遣御史分道前去灭蝗，汴州刺史倪若水执意认为，蝗虫是天灾，不应该人为消灭，只需要执政者修德养身即可。姚崇大怒，指责倪若水眼看着蝗虫吃掉庄稼而无动于衷，并告诫他及时灭蝗，否则百姓没有粮食，导致饥荒，社会问题会更加严重，于是倪若水听从了姚崇的安排，开始灭蝗。当时朝廷内部也对于如何处理蝗灾产生争论，大多数人认为人为灭蝗会产生危害，玄宗听说之后，便询问姚崇，姚崇回复："这些腐儒只知道看书，不会变通，历史上因为没有及时灭蝗，产生了许多人相食的惨案，现在如果不及时处理，山东地区也会出现这种情况，并进一步发生暴乱，危害社会秩序。"他恳请玄宗不要下达官方文书，让他自己进行处理，如果出现问题，他甘愿削职为民，得到了玄宗的许可。黄门监卢怀慎又对姚崇说："蝗虫是天灾，怎么可以人为进行干预？如果灭蝗过多，恐伤和气。"姚崇引用狗咬赵盾、孔子杀羊的典故来回复卢怀慎，认为只要最终的目的是使百姓安居乐业，就不会违背礼仪的精神，"赵宣至贤也，恨用其犬；孔丘将圣也，不爱其羊。皆志在安人，思不失礼"①。开元二十一年（733），玄宗以"永鉴大典，无忘旧章，将射侯以观德，岂爱羊而去礼"②为由，恢复了停废许久的秋季大射之礼，于九月九日赐射于安福楼下。

因此，大多数唐人对于"羊与礼"的认识与孔子时期的认识是一脉相承的，即"羊存犹可识其礼，羊亡其礼遂废"③。他们认为，一定的物质内容是礼仪制度得以存在与发展的必备基础，而为了实现礼仪所能达到的文明盛世，消耗一定的物质内容是不可或缺的，不能因为担心杀生、浪费而妨碍了礼仪活动的正常进行，不能因小失大、因噎废食，是关于表面现象与本质内涵的哲学探讨。

---

① 《旧唐书》卷九六《姚崇传》，第3025页。
② 《唐会要》卷二六《大射》，第583—584页。
③ 《旧唐书》卷二二《礼仪志》，第872页。

## 第四章　唐代吉礼祭祀器物的文献描写与实际应用

另一个话题"古今之辨"的含义与影响则更加广泛，从礼仪制度方面来说，既要从前代继承吸收礼仪，又要使其符合现实社会需求，如何权衡与取舍就成为礼仪制定者的首要难题。唐太宗贞观年间，在天下大定之后想要建立明堂彰显其丰功伟绩，于是命令群儒商议。贞观五年（631）太子中允孔颖达上书，认为礼部尚书卢宽等人的建议违背古制，过于奢华，"明堂法天，圣王示俭，或有剪蒿为柱，茸茅作盖。虽复古今异制，不可恒然，犹依大典，惟在朴素。是以席惟稿秸，器尚陶匏，用茧栗以贵诚，服大裘以训俭，今若飞楼架道，绮阁凌云，考古之文，实堪疑虑"[1]。侍中魏徵却认为，应该因时制宜，不必遵古，"其高下广袤之规，几筵尺丈之制，则并随时立法，因事制宜。自我而作，何必师古。廓千载之疑议，为百王之懿范"[2]。最终，由于多方争论无定，明堂直到武则天时期才得以建成。开元五年（717），玄宗幸东都，朝臣又认为，武则天所造明堂违背古制，应该拆毁，"体式乖宜，违经紊礼，雕镂所及，穷侈极丽"[3]，最终玄宗命人部分拆除，改为乾元殿。德宗朝在宗庙祫飨时，关于献、懿二祖神主的方位问题上，朝臣又展开了一番讨论，吏部郎中柳冕等十二人认为，应该效仿《周礼》，恢复古制，"请筑别庙以居二祖，则行周之礼，复古之道"[4]。但工部郎中张荐等人认为应该按照《贞观礼》《显庆礼》《开元礼》所规定的制度来进行安置。[5] 唐僖宗自兴元返回长安之后，准备举行禘祭，由于黄巢战火焚毁宗庙，需要重新进行修建，但关于庙室神主的设置又产生了争辩，太常博士殷盈孙认为，应该废掉德明、兴圣、懿祖、献祖四庙，礼部员外郎薛昭纬认为"礼贵从宜，过尤不及，祀有常典，理当据经"[6]，认同了殷盈孙的观点，并得到了皇帝的认可。可见，祭祀器物的俭朴与奢侈、制度沿袭与

---

[1] 《旧唐书》卷二二《礼仪志》，第849—850页。
[2] 《旧唐书》卷二二《礼仪志》，第851页。
[3] 《旧唐书》卷二二《礼仪志》，第875页。
[4] 《旧唐书》卷二六《礼仪志》，第1005页。
[5] 《旧唐书》卷二六《礼仪志》，第1006页。
[6] 《旧唐书》卷二五《礼仪志》，第986页。

创新是古礼与今礼辩论的核心所在，这方面的争论也一直存在，而大多数情况下，双方会据理力争，互不相让，最终的裁定之权也就落到了皇帝个人手中，而后续事件如何进行，则取决于皇帝个人的能力与取向，若长期犹豫不定，就会导致礼仪难以得到有效推行，对于朝政也会产生长时间的不良影响。

所以，虽然在唐代的礼仪制度中，对于祭祀器物的规定非常详细，但其用途、功能与象征意义并未完全记载于典章制度之中，而在唐人具体的文献描述之下，才会使后人尽可能全面地了解到相关器物的所有内容，尽管在文学化的篇章中还是会出现与现行制度不符或完全相悖的礼仪器物，但最终仍会以和谐的方式将其纳入唐代的礼仪制度之中，并赋予其新的功能用途与礼仪内涵。同时，一定的器物是礼仪内容与思想的外在表现形式，它们会随着制度的沿革与创新，社会经济的繁荣与发展而发生改变，而一些人误以为发生变化的是礼仪本身，所以就产生了上述争辩，但其本质与内涵则始终保持原貌，所阐发的礼仪文化与精神也基本不变。"羊与礼""古今之辨"等礼仪话题的争论，实质上是关于礼仪制度的修订、实施以及深层次礼仪思想的抉择问题，这些高水平的文人士子与政府官员的争论代表了不同的知识来源与政治立场，涉及礼仪生活的各个方面，并制约着皇帝的判断与国家礼仪的实践，对于唐代的政治走向也产生了不可忽视的影响。

# 小　结

本章内容主要针对唐代礼仪文章中关于祭祀器物的描述展开论述，首先对于唐代礼仪中关于吉礼祭祀器物的制造、规格与使用等制度性内容进行梳理总结；然后重点对于相关礼仪文章进行分析总结，并将其分为祭器和祭物两类文章，以深度研究唐人对于祭器与祭物的实际认识与运用，进而探知唐人的礼仪知识与思维方式；最后将相关制度与文献的描述进行对比，探究二者的异同，并对于唐代社会长期存在的"羊与礼""古今之辨"等重点议题展开讨论，进一步深化研究唐代士人对于祭祀活动所需要的物品与祭祀礼仪之间互动关系的认知与利用，了解在实际的祭祀礼仪活动中唐人的选择以及产生的多方面影响，使学界对于唐代吉礼祭祀礼仪的研究成果更加丰富与细密。

# 第五章 吉、嘉融合：唐代南郊赦文研究

有关唐代郊祀礼仪制度的形成、发展、特点及影响，前贤已有论及。①唐代的郊祀是一个统称，代指在郊外进行的各种祭祀礼仪，以《大唐开元礼》所记礼仪为例，郊祀可分为祭天、祀五方帝、蜡百神、朝日夕月、祭地等具体礼仪，其中又以南郊祭天礼等级最高、最为重要。唐朝政府在按照固定礼仪祭天之后，还会颁布相关的诏令、敕书、德音或者赦文，作为大礼之后的总结与新政的颁布。本章以唐代南郊赦文为中心，首先分析其文献创作的背景与特点，进而考察其具体内容，然后揭示其所反映的唐代政治、经济与社会生活，并重点分析南郊赦文这一礼仪文献所反映的礼仪制度和蕴含的文化与思想。

## 第一节 唐代南郊礼仪与大赦

南郊礼仪与大赦，是唐代政治礼仪生活的重要组成部分，二者前后衔接，共同组成了一系列的礼仪程序与政治活动，现根据史料记载，将唐代南郊礼仪与大赦的具体内容总结如下。

---

① 参见《戎祀之间：唐代军礼研究》绪论部分，对唐代郊祀礼仪制度的前人研究成果进行了梳理。

## 第五章　吉、嘉融合：唐代南郊赦文研究

### 一　南郊礼

唐代的南郊祭天礼仪，在唐高祖登基之时就已经展开，武德元年（618），"（五月）甲子，高祖即皇帝位于太极殿，命刑部尚书萧造兼太尉，告于南郊"，在祭天的同时，又"大赦天下，改隋义宁元年为唐武德元年"①，宣告了新政权的诞生。由于彼时唐朝刚刚建立，礼仪制度尚未创作，故而"郊庙宴享，悉用隋代旧仪"②。唐太宗即位以后，开始大兴文教，修订礼仪，在房玄龄、魏徵等礼官学士的合作之下，撰成了唐代第一部官方大型礼书——《贞观礼》一百卷，太宗非常赞赏，"颁于内外行焉"③。但是到了高宗朝，就有人对《贞观礼》提出批评意见，于是高宗又诏令长孙无忌等人进行修订，撰成《显庆礼》一百三十卷，但在行用过程中又多有抵牾，礼无凭准，故每当有重大礼仪的时候，只能参照古今礼文，临时撰定。这样一直持续到玄宗开元年间，萧嵩等撰成《大唐开元礼》一百五十卷，唐代的礼仪制度才有了更加权威的文本解释。④

《开元礼》之前礼仪文本的反复与不确定，很大程度上是由于南郊祭天礼仪学说的争论与不统一。武德初，高祖诏令冬至祀昊天上帝于圜丘，以景帝配。贞观时又以高祖配圜丘，永徽二年（651）又改以高祖配五天帝，太宗配五人帝，引起了长孙无忌、许敬宗等人的反对，其中又夹杂着郑玄"六天说"与王肃"一天说"的争论，由于所祭主神都不统一，礼仪文本自然更加难定，武则天垂拱元年（685），凤阁舍人元万顷又建议以高祖、太宗、高宗三人配祭五祠，武则天听取了他的意见，"自是郊丘诸祠皆以三祖配"⑤，直至永昌元年（689），武则天发布诏令曰："自今郊祀之礼，唯昊天上帝称天，其余五帝皆称帝"⑥，才确立了

---

① 《旧唐书》卷一《高祖本纪》，第6页。
② 《旧唐书》卷二一《礼仪志》，第816页。
③ 《旧唐书》卷二一《礼仪志》，第817页。
④ 参见《旧唐书》卷二一《礼仪志》，第817—818页。
⑤ 《旧唐书》卷二一《礼仪志》，第830页。
⑥ 《通典》卷四三《吉礼二》，第1186页。

昊天上帝的绝对唯一性①。天册万岁元年（695），武则天亲享南郊，合祭天地于圜丘，又形成了南郊合祭天地的制度。② 开元十一年（723）十一月玄宗亲祀圜丘，礼仪使张说以高祖神尧皇帝配祭，才罢去三祖同配之礼，形成了《大唐开元礼》中"冬至，祀昊天上帝于圜丘，坛上以高祖神尧皇帝配座"③的礼文。天宝元年（742），受神仙道家学说的影响，玄宗修建玄元庙（后为太清宫），又形成了玄元庙（太清宫）、太庙、南郊的祭祀礼仪程序，对于唐代后半期皇帝的南郊亲祭产生了决定影响④，而且《开元礼》的修订，也再次肯定了南郊合祭天地的制度，从天宝元年到天宝五载（746），玄宗屡屡下诏，确立了合祭天地的礼仪制度："自今以后，每载四时孟月，先择吉日，祭昊天上帝，其皇地祇合祭。"⑤安史之乱以后又兴起了以高祖还是太祖配享天地的争论，以谏议大夫黎干和太常博士归崇敬的观点最具有代表性，代宗最后听从了归崇敬的建议，以太祖景皇帝配享天地，以后成为永式。代宗广德二年（764），礼仪使杜鸿渐上奏停废郊庙大礼所用之玉简金字，改用竹简墨书。穆宗长庆元年（821）南郊，未先行卜日，太常礼院认为："自天宝以后，凡欲郊祀，必先朝太清宫，次日飨太庙，又次日祀南郊。相循至今，并不卜日"⑥，而且南郊礼毕之后，有司没有设置御榻，导致皇帝站着接受群臣朝贺，史家以为这两种情况都是礼仪缺失的重大体现。此后，唐武宗在会昌元年（841）、会昌五年（845）各进行了一次亲郊，宣宗于大中元年（847）正月也进行了一次亲郊，僖宗的亲郊时间为乾符二年（875），昭宗在龙纪元年（889）举行了一次亲郊，但此时唐朝皇帝的权力已经极度衰弱，只能默许杨复恭等宦官也身穿礼服参与郊祀礼仪之中，这也

---

① 具体的内容与过程亦可参见［日］金子修一《中国古代皇帝祭祀研究》，徐璐等译，西北大学出版社2018年版，第49—54页。
② 《旧唐书》卷二一《礼仪志》，第830页。
③ 《大唐开元礼》卷一，第13页。
④ 《新唐书》卷一三《礼乐志》，第337页；亦可参见《中国古代皇帝祭祀研究》，第255—260页。
⑤ 《通典》卷四三《吉礼二》，第1187页。
⑥ 《旧唐书》卷二一《礼仪志》，第845页。

## 第五章 吉、嘉融合：唐代南郊赦文研究

是唐代最后一次皇帝亲郊活动。末代皇帝唐哀帝本打算于天祐二年（905）举行南郊亲祭，但迫于朱全忠的压力，无奈取消，"朕以谬荷丕图，礼合亲谒郊庙，先定来年正月上辛用事。今以宫闱内乱，播于丑声，难以惭恧之容，入于祖宗之庙。其明年上辛亲谒郊庙宜停"①。

南郊祭天礼仪在唐王朝将近三百年的统治中首尾相接，从唐高祖即位南郊祭天到唐哀宗的南郊礼仪被朱温破坏，这期间有着很多礼仪上的争论与改变。根据统计，我们可以确知除了统治时间极短的唐顺宗和傀儡皇帝唐哀宗之外，唐代每位皇帝都进行了南郊祭天礼仪，而且至少有一次是亲身前往祭祀。《大唐开元礼》记载了"皇帝冬至祀圜丘"和"冬至祀圜丘有司摄事"两种情况，区别就在于皇帝是否亲自参与。如果皇帝亲自参与，则礼仪程序就更加复杂，增加了"銮驾出宫"和"銮驾还宫"两项，也就是皇帝从居住的宫殿出发前往南郊祭祀场所，礼仪结束后再从南郊返回宫殿，这一路上既有卫士的护卫，也有百官的陪同，各个环节都有具体的礼仪规定，皇帝出行的仪仗队伍也称卤簿，对于其中的人数、武器配备、服帜颜色、乐队位置等都有着严格的规定。可以想象，皇帝出宫队伍浩浩荡荡从宫殿（城北）出发，经过城门街道，缓缓向城南走去，极大地体现了皇帝的威严和对于南郊祭礼的重视，对于参加的文武百官和观礼的平民百姓来说也是一场极大的盛典和震撼，唐人薛存诚曾在诗中写道："传警千门寂，南郊彩仗回，但惊龙再见，谁识日双开。德泽施云雨，恩光变烬灰，阅兵貔武振，听乐凤凰来。候刻移宸辇，尊时集观台，多惭远臣贱，不得礼容陪"②，在描述皇帝南郊仪仗华丽惊人的同时，表达了自己位卑不能陪礼的深深遗憾。到了唐后期，更是要连续三天举行郊庙礼仪，从太清宫到太庙，再到南郊，活动场面更加隆重盛大，百姓亦可参与其中。会昌元年（841），身在长安的日僧圆仁就亲历并记录了这一场面，"（正月）八日，早朝出城，幸南郊坛。坛在明德门前，诸卫及左右军廿万中相随。诸奇异事不可胜计"③。

---

① 《旧唐书》卷二〇《哀帝本纪》，第804页。
② 《文苑英华》卷一八〇《观南郊回仗》，第883页。
③ ［日］圆仁著，［日］小野胜年校注，白化文等修订：《入唐求法巡礼行记》卷三，花山文艺出版社1992年版，第368页。

## 二 大赦

唐代的大赦是唐代政治生活的重要组成部分，无论是即位、改元、立储、册后、上尊号、祭祀、灾害、游幸、军事胜利、祈福等，唐朝皇帝都会进行大赦，并颁布相应的赦文，对此学界已有研究①，兹不赘述。大赦是皇帝统治期间德政的一种体现，能够有效地缓解社会各阶层之间的矛盾，在一定程度上减轻劳动人民的负担。由于大赦受皇帝的主观影响较大，所以各朝的大赦活动有多有少，并无一定规律可循。有学者曾对历代大赦进行了数据统计，结果得出唐代颁布大赦的频率在整个中国古代处于中间位置，并指出唐代颁布大赦共计193次，改元大赦最多，为67次，郊祀次之，有32次②，虽然该数据能够反映出唐代大赦的整体状况和大赦颁布的主要原因，但其数据并不精确，经笔者粗略统计，唐代仅南郊祭礼就有42次，基本每一次南郊就伴随着一次大赦，故而唐代郊祀大赦应不止32次。

宣布大赦往往还伴随着相应的礼仪，《新唐书》记载："赦日，树金鸡于仗南。竿长七丈，有鸡高四尺，黄金饰首，含绛幡长七尺，承以彩盘，维以绛绳，将作监供焉。集百官、父老、囚徒。坊小儿得鸡首者，官以钱购，或取绛蟠而已。"③《大唐开元礼》将宣赦书作为嘉礼内容之一，主要礼仪程序是：

> 其日质明，本司承诏宣告内外随职供办守官，设文武群官次于朝堂如常仪。群官依时刻皆集朝堂，俱就次各服其服，奉礼设文武群官次版位于顺天门外，东西当朝堂之南，文东武西，重行北面，相对为首。设中书令位于群官西北，东向，刑部侍郎帅其属先取金

---

① 参见田红玉《唐代大赦研究》，硕士学位论文，首都师范大学，2002年；［韩］禹成旼《唐代赦文颁布的演变》，载《唐史论丛（第八辑）》，三秦出版社2006年版，第114—132页。
② 田红玉：《唐代大赦研究》，硕士学位论文，首都师范大学，2002年。
③ 《新唐书》卷四八《百官志》，第1269页。

第五章 吉、嘉融合：唐代南郊赦文研究

鸡于东朝堂之东，南向。置鼓板于金鸡之南。遂击鼓，每一鼓投一板。刑部侍郎录京师见囚集于群官之南，北面西上。囚集讫，鼓止。通事舍人引群官各就位。中书令受诏讫，遂以诏书置于案，令史二人对举案。通事舍人引中书令，持幡节者前导，持案者次之，诣门外位立。持节者立于中书令之南，少西，令史举案者立于中书令之西北，俱东面。立定，持节者脱节衣，持案者进诣中书令前。中书令取诏书，持案者以案退复位。中书令称有诏书，群官皆再拜。宣讫，群官又再拜舞蹈，又再拜。刑部释囚。刑部尚书前，受诏书，退复位。持节者加节衣，通事舍人引中书令，幡节前导而行，又通事舍人引群官还次。①

根据上述记载，《大唐开元礼》中宣布赦书的主要人物是中书令，文武百官都集中在顺天门（承天门，太极宫正南门）外等待赦书的宣布，但其实参照史籍，宣布赦书的时候皇帝也参与其中，而且宣布赦书的地点也随时更易。唐高宗、武则天时期多在则天门（洛阳宫城正南门）宣布赦书，高宗弘道元年（683）十二月，"将宣赦书，上欲亲御则天门楼，气逆不能上马。遂召百姓于殿前宣之。礼毕，上问侍臣曰：'民庶喜否？'"②天授元年（690）九月，"庚辰，太后可皇帝及群臣之请。壬午，御则天楼，赦天下，以唐为周，改元"③，而唐德宗则更多地选择在丹凤门（大明宫正南门），"大历十四年六月一日，德宗御丹凤楼大赦"④；贞元四年（788）春，御丹凤楼大赦⑤。当然，也有在其他宫殿宣布大赦的情况。代宗宝应二年（763）七月，御宣政殿宣制，大赦天下⑥；永泰二年（766）御含元殿，大赦天下⑦。可见，宣布赦书的地点并不固定，基本

---

① 《大唐开元礼》卷一二九，第609页。
② 《旧唐书》卷五《高宗本纪》，第111页。
③ 《资治通鉴》卷二〇四，"则天天授元年九月"条，第6467页。
④ 《旧唐书》卷五〇《刑法志》，第2152页。
⑤ 《旧唐书》卷一三《德宗本纪下》，第363页。
⑥ 《旧唐书》卷一一《代宗本纪》，第272页。
⑦ 《旧唐书》卷一一《代宗本纪》，第285页。

随着政治中心的转移而转移，正如胡三省所说："唐初，天子居西内，肆赦率御承天门楼。自高宗以后，天子居东内，肆赦率御丹凤门楼。"[1]

唐代宣布赦书的地点往往选在宫城正南门或大殿，能够最大限度地显示出皇帝的威严和礼仪的仪式感，而且有足够的空间来容纳文武百官、囚徒与观礼百姓。大赦的首要赦免对象是犯罪囚徒，故而刑部早已将在赦免范围之内的囚徒检录收集于宫门前，等到赦书宣布后立即放还。皇帝宣布大赦主要的目的还是在于宣慰平民百姓，故而选在公开场合进行宣布，以便即时反馈百姓们的感受与态度，前引武则天"民庶喜否"的询问就可得知。由于大赦是在京城宣布的，为了让大赦的消息更快地通达全国，赦书往往需要飞速传达，一般赦书的末尾总有一句"赦书日行五百里"，可见唐朝政府渴望赦书早日下达各个地方的急迫心情。

综上所述，唐代的南郊赦文是唐代在举行南郊祭天礼仪之后所颁布的大赦天下的赦书，由于祭天礼仪是唐王朝最高等级的礼仪，故而大赦所涉及的范围也相当广泛，赦文的宣布有着特定的礼仪程序，以此向文武百官和平民百姓来彰显自己的德政，赦文在都城颁布后需要快速下达地方州县实施，也从侧面反映了唐代官方文书传驿系统的高效。由此可见，南郊赦文具有吉礼祭天和嘉礼大赦的二重属性，并作为重要的一项礼仪活动衔接于郊祀礼仪之后，是唐代礼仪融合杂糅现象的又一力证。

## 第二节　唐代南郊赦文的特点与内容

南郊赦文作为一种官方礼仪文书，需要在符合唐朝礼仪制度与公文运转流程的基础之上进行撰写，并且在南郊祭天礼仪结束之后由皇帝本人亲自宣告天下，具有区别于其他文书的明显特点。南郊赦文在礼仪转换与新旧交替的历史进程中承前启后，包含非常丰富的细节与内容，需

---

[1] 《资治通鉴》卷二四九，"唐宣宗大中十二年"条胡注，第 8190 页。

第五章　吉、嘉融合：唐代南郊赦文研究

要展开进一步分析与研究。

**一　唐代南郊赦文的撰作与特点**

赦文是唐代的一种行政文体，《唐六典》载："凡王言之制有七：一曰册书，（立后建嫡，封树藩屏，宠命尊贤，临轩备礼则用之。）二曰制书，（行大赏罚，授大官爵，厘年旧政，赦宥降虏则用之。）三曰慰劳制书，（褒赞贤能，劝勉勤劳则用之。）四曰发日敕，（谓御画发敕也。增减官员，废置州县，征发兵马，除免官爵，授六品已下官，处流已上罪，用库物五百段、钱二百千、仓粮五百石、奴婢二十人、马五十匹、牛五十头、羊五百口已上则用之。）五曰敕旨，（谓百司承旨而马程式，奏事请施行者。）六曰论事敕书，（慰谕公卿，诫约臣下则用之。）七曰敕牒，（随事承旨，不易旧典则用之。）皆宣署申覆而施行焉。"[1]可见，赦文属于制书的一种，而且对其用纸也有规定，太宗贞观年间，赦书皆用绢黄纸[2]，而到了唐宪宗时期，"凡赦书德音、立后、建储、大诛讨、免三公宰相、名将，曰'制'。并用白麻纸，不用印"[3]，其中又牵扯着唐代皇帝文书起草制度的变化，唐前期皇帝文书由中书省中书舍人起草，后来翰林学士逐渐分割了中书舍人的起草权力，为了区别两种文书，翰林学士起草的文书用白麻纸，但其实无论是绢黄纸还是白麻纸，都说明了赦文是一种等级高，内容重要的王言之制。

撰写这些南郊赦文的作者都是深受皇帝信赖的御用文人，曾担任翰林待诏、翰林学士等职，长期撰写官方文书，甚至位居宰辅，如《开元十一年南郊赦》的作者张九龄，《贞元元年南郊大赦天下制》《贞元九年南郊大赦天下》的作者陆贽等，均以其诏书撰作才能而名留青史。张九龄已见前述。陆贽，进士出身，擢博学宏词科，曾任翰林学士，官至宰相，史传评

---

[1]《唐六典》卷九《中书省》，第273—274页。
[2]（宋）叶梦得撰，侯忠义点校：《石林燕语》卷三，中华书局1984年版，第37页。
[3]（唐）李肇：《翰林志》，文渊阁《四库全书》第595册，台湾商务印书馆1983年版，第297页。

价陆贽的才能曰:"挥翰起草,思如泉注,初若不经思虑,既成之后,莫不曲尽事情,中于机会;胥吏简札不暇,同舍皆伏其能。"①

同时,史籍中还存在南郊德音,如收录于《唐大诏令集》卷六八的《贞观十七年南郊德音》,德音与赦文同属于唐代皇帝诏书的一种,上引李肇《翰林志》的记载也可说明,二者在内容上也比较相似,都包含有赦宥赏赐的内容,但内容的详细程度、文本格式和赦宥等级等方面均有不同,有学者认为至迟在元和年间以后,德音才正式成为皇帝诏书名称的一种②,而到了宋代,德音才正式成为赦宥的一个等级。唐代的赦宥等级尚未完善,可大体分为大赦、降和曲赦,宋代则有明确的制度规定,"恩宥之制,凡大赦及天下,释杂犯死罪以下,甚则常赦所不原罪,皆除之。凡曲赦,唯一路或一州,或别京,或畿内。凡德音,则死及流罪减等,徐罪释之,间亦释流罪。所被广狭无常"③。由此可知,宋朝赦宥分为大赦、曲赦和德音三个级别。就南郊赦文与南郊德音来说,南郊赦文都是大赦,赦免的范围和等级相当广泛,而南郊德音所涉及的人员范围非常有限,从文本内容上可以明显看出二者在赦宥等级上的不同。

据笔者统计,唐代一共实施南郊祭礼42次,地点在都城长安城南的圜丘或洛阳城南郊(武周时期),史籍中记载流传下来的南郊赦文共计17篇④,分别为收录于《唐大诏令集》卷六八至卷七二的《景龙三年南郊赦》《开元十一年南郊赦》《天宝十载南郊赦》《乾元元年南郊赦》《元年建卯月南郊赦》《广德二年南郊赦》《贞元元年南郊大赦天下制》《贞元六年南郊赦》《贞元九年南郊大赦天下》《元和二年南郊赦》《长庆元年正月南郊改元赦》《宝历元年正月南郊赦》《太和三年南郊赦》《会昌元年五(正)月⑤南郊赦》《会昌五年正月三日南郊赦》《大中元

---

① 《旧唐书》卷一三九《陆贽传》,第3792页。
② [韩]禹成旼:《唐代德音考》,《中国史研究》2006年第2期。
③ 《宋史》卷二〇一《刑法志》,中华书局1977年版,第5026页。
④ 其中《唐大诏令集》共收录有唐代南郊赦文16篇,《文苑英华》有11篇,《全唐文》有12篇,但互相重复较多,排除重复部分,共得唐代南郊赦文17篇。
⑤ 《新唐书》记载为"会昌元年正月辛巳",应是,参见《新唐书》卷八《武宗本纪》,第240页。

## 第五章 吉、嘉融合：唐代南郊赦文研究

年南郊赦》《乾符二年南郊赦》，另有一篇《天宝六载南郊赦》收录于《文苑英华》卷四二五，此篇赦文《唐大诏令集》有名却缺载，不知何故。整体而言，《唐大诏令集》无论在数量上还是在内容上都相对完整地保存了唐代的南郊赦文，从其数量上与连贯程度来看，南郊赦文的创作与颁布已然成为一项成熟的礼仪制度，依托于南郊祭祀礼仪与大赦礼仪，南郊赦文的重要性自不待言。

这 17 篇南郊赦文内容繁简不一，武宗《会昌元年正月南郊赦》内容最少，约 284 字，僖宗《乾符二年南郊赦》内容最多，约 6664 字，但二者内容均不完整，详略不一，总体来说，南郊赦文随着时间的推移是逐渐变长的，并且到了唐后期，基本是皇帝即位次年正月举行亲郊，有些类似于新任皇帝的施政演讲。[①] 南郊赦文的主要内容可分为三部分，第一部分主要表达唐代对于南郊礼仪的认识和对天神的敬畏，如《开元十一年南郊赦》中说："春秋之大事，莫先乎祀；王者之盛礼，莫重于郊"[②]；《元年建卯月南郊赦》中说："恭行旧典，展礼南郊"[③]；《广德二年南郊赦》中说："躬执圭奠，祗见南郊"[④]；《元和二年南郊赦》中说"王者大业，孝莫盛于配天；国之大事，礼莫尊乎享帝"[⑤]；《宝历元年正月南郊赦》中说："敬极严配，道备飨亲，虔奉成式，惕焉惴惧"[⑥]，重视与敬畏之情跃然纸上。

第二部分主要叙述实施南郊祭天的皇帝的自身情况。有的皇帝刚刚即位，如穆宗长庆元年（821）、敬宗宝历元年（825）、武宗会昌元年（841）和宣宗大中元年（847），这一类的皇帝举行南郊祭天，有着向上天和世人宣示自己合法继承祖宗功业的目的，同时也有感谢上天保佑自

---

[①] 《中国古代皇帝祭祀研究》，第 289 页。
[②] （宋）宋敏求编：《唐大诏令集》卷六八《开元十一年南郊赦》，中华书局 2008 年版，第 380 页。
[③] 《唐大诏令集》卷六九《元年建卯月南郊赦》，第 384 页。
[④] 《唐大诏令集》卷六九《广德二年南郊赦》，第 385 页。
[⑤] 《唐大诏令集》卷七〇《元和二年南郊赦》，第 391 页。
[⑥] 《唐大诏令集》卷七〇《宝历元年正月南郊赦》，第 393 页。

己顺利即位的激动心情，如《长庆元年正月南郊改元赦》中说"我国家祖功宗德，立极配天，日月所照，雨露咸被，孝思善继，圣敬允升，郊丘岁奉于严禋，宗庙时修其明荐。朕以冲昧，自获缵承，仰荷眷命，惧不克享，幸天多佑，俾岁大穰，河朔底宁，边封靖谧。及此元日，至于上辛，式遵典礼，有事郊庙"①；而有的皇帝已经统治多年，如中宗景龙三年（709），玄宗开元十一年（723），天宝十载（751），德宗贞元六年（790），宪宗元和二年（807），武宗会昌五年（845）举行的南郊礼仪，是按照正常礼仪程序进行的祭天，向上天展示自己的统治功绩，并祈求天神继续保佑，如《天宝十载南郊赦》中说"察璿衡以齐政，念稼穑以劝人，日慎一日，四十载于兹矣"，"虽惭大化，且谓小康"②；《乾符二年南郊赦》中说"临御以来，夙宵增励，幸而文修政简，岁稔人安，赏罚惟公，忠厚成俗，道渐臻于清净，理将致于雍熙"③；也有的皇帝在统治期间经历了战争或灾难，国家的统治受到了威胁，故而举行南郊祭天来进行罪己，向上天阐述了自己统治的过错和战争期间礼仪的缺失，以求得天神的谅解和保佑，如肃宗和代宗经历了安史之乱，并亲身投入了长达八年的平叛工作；德宗也经历了建中兵变，被迫逃离京城，流亡奉天。经历了战争之苦的他们一方面下诏罪己，以求得世人和神灵的谅解，一方面又要全身心地参与平叛，战争期间缺失的礼仪必须通过南郊祭天来进行弥补，如《乾元元年南郊赦》中所说"间者孽胡乱常，暴殄天物，致使图书礼乐，或阻于干戈；宗庙神祇，有亏于飨祀"，然后指出了在战时再次实施南郊礼仪的激动与崇敬之情，"复修祭礼，再备乐章"④；《贞元元年南郊大赦天下制》中说"纵欲败度，浸生厉阶，兵连祸深，变起都邑，六师播荡，九服震惊，郊庙园陵，陷于凶逆，神人乏主，将迨周星，列圣之业，几坠于地，违敬亏孝，罪由朕躬"，然

---

① 《唐大诏令集》卷七〇《长庆元年正月南郊改元赦》，第392页。
② 《唐大诏令集》卷六八《天宝十载南郊赦》，第381页。
③ 《唐大诏令集》卷七二《乾符二年南郊赦》，第400页。
④ 《唐大诏令集》卷六九《乾元元年南郊赦》，第383页。

后描述了德宗君臣同心协力,平定叛乱,收复失地,告祭上天,一雪前耻的兴奋之情,"备其盛容,条具礼物,荐诚清庙,展敬圜丘,陈谢罪,告情雪耻"[①];再如《太和三年南郊赦》中所说"属兴伐叛之师,未暇燔柴之礼,今因南至,有事圜丘"[②]。

赦文的第三部分主要就是宣布大赦天下及其他政策,主要有赦免罪犯、量移贬谪官员、赏赐官员勋爵、减免官吏考选、蠲免百姓赋税、旌表孝子顺孙、义夫节妇、优恤百姓、放免卫士、赐酺等一系列赏赐内容,还有精简官员、鼓励进谏、推荐人才、改元等时事政策。

这三部分中最多且最为重要的是第三部分的内容,第一部分和第二部分本身在整篇赦文中所占的比例就少,而且多是前后因袭的程式套话和自我吹捧的虚词,研究价值不高。通过分析这三部分内容,可以看出唐代南郊赦文有一定的文体格式,前两部分内容大致相同,第三部分内容会随着唐朝社会政治经济生活的发展而进行相应的调整。唐代南郊大赦涉及范围广泛、人员众多,而且牵涉当时的社会政治、经济、文化等各方面的主要矛盾和应对政策,是整篇南郊赦文的核心。

## 二 唐代南郊赦文的主要内容

唐代南郊赦文的颁布体现了唐王朝对于社会现实问题的关注,唐朝皇帝通过举行南郊祭天大礼、颁布大赦等一系列活动来缓和社会各阶层之间的矛盾,维持王朝的统治和促进社会关系的和谐。除了一些程式性的虚词之外,南郊赦文所涉及的内容非常广泛,主要包括政治、经济、文化等方面的实质内容,现将其分析总结如下。

### (一)唐代南郊赦文所反映的政治内容

政治是唐代南郊赦文的主体,包括赦宥、赏赐、进谏、举才等关乎唐王朝统治安危的重要内容。南郊赦文的颁布,能够显示出皇权能够沟通天地的威严与神圣,让皇亲国戚、百官平民、流人罪犯等社会各阶层

---

[①] 《唐大诏令集》卷六九《贞元元年南郊大赦天下制》,第386页。
[②] 《唐大诏令集》卷七一《太和三年南郊赦》,第397页。

感受到皇帝的恩赐与关怀，从而加强社会凝聚力，更好地服务于政治统治，缓和矛盾，稳定社会秩序。

1. 赦宥

大赦天下是每一篇南郊赦文都有的政治主题，赦免的主要对象是罪犯和左迁官员。但是这些大赦都是有条件的，具体体现在犯罪时间、犯罪等级和犯罪原因上，一些特别严重的罪行并不在赦免之列。如《开元十一年南郊赦》中说："自开元十一年十一月十六日昧爽已前，罪无轻重、已发觉、未发觉、已结正、未结正、系见囚徒、大辟罪已下，咸赦除之。其十恶死罪、伪造头首、劫贼劫杀事主，不在赦列"[1]；《乾元元年南郊赦》中说："除反逆支党缘坐、十恶谋杀劫盗、临监主守，自余一切原免"[2]；《贞元六年南郊赦》中说："天下见禁囚徒、罪至流死者，各递减一等；徒罪已下，一切放免。左降官经三考、流人配隶效力之类，经三周年者，并与量移"[3]；《长庆元年正月南郊改元赦》中说："自正月三日昧爽以前，大辟罪已下、罪无轻重，咸赦除之，唯故杀人、在十恶内者、及官典犯赃，不在免限"[4]；《乾符二年南郊赦》中说："自乾符二年正月七日昧爽已前，大辟罪已下，罪无轻重，已发觉未发觉，已结正未结正，系囚见徒常赦所不原者，咸赦除之。唯犯十恶叛逆已上，及故杀人，官典犯入已赃，兼情涉巨蠹，及持杖行劫，并故杀人者，虽已伤未死，更生意欲杀伤偶得免者，并同已杀人法处分。买卖毒药，开劫坟墓，及刑狱之内，官吏用情，推勘不平，因成冤滥，无问有赃无赃，并不在原免之限。"[5]

2. 赏赐

唐代南郊赦文中的赏赐对象主要有皇室宗亲、功勋大臣、重要使职官员、六军将军、陪礼官员、掌礼人员、立仗将士、高龄老人等，主要的赏赐方式有赐爵、赐勋、减免考选、赐钱、赐物、予一子官、版授州

---

[1] 《唐大诏令集》卷六八《开元十一年南郊赦》，第380页。
[2] 《唐大诏令集》卷六九《乾元元年南郊赦》，第383页。
[3] 《唐大诏令集》卷七〇《贞元六年南郊赦》，第389页。
[4] 《唐大诏令集》卷七〇《长庆元年正月南郊改元赦》，第392页。
[5] 《唐大诏令集》卷七二《乾符二年南郊赦》，第401页。

第五章 吉、嘉融合：唐代南郊赦文研究

县官、旌表门闾、赐酺等，是唐代南郊赦文中比重最高，范围最广，关系最为复杂的内容，而且越到后期赏赐的范围越广泛。如《景龙三年南郊赦》中说："京文武官、及应集考使别敕陪位、边州都督刺史、诸军大使副使，三品以上赐爵一等，四品以下加一阶。入三品者，三品减四考，五品减三考，听入外文武百官，赐勋一转"①；《广德二年南郊赦》中说："文武官三品以上赐爵一级，四品以下各赐加一阶，仍赐勋两转。武德唐元功臣、勋业特崇、子孙沉翳，所司勘责，各与一人官。成都灵武元从，普恩之外，三品以上更赐一级，四品以下更加一阶。宝应功臣，普恩之外，三品以上各与一子六品官，赐爵一级，四品以下各加两阶，更赐勋两转。副元帅光弼、子仪，各与一子五品官，并阶。都防御使经略等使，各与一子六品官并阶。去岁行幸陕州，六军英武、威远、威武、宝应射生、衙前射生、左右步军等、并内外文武百官扈从到行在者，三品以上，与一子官，四品以上，各加两阶。自陕州至上都以来，置顿使、及州府官，普恩外，各与一子出身。置顿使判官已下、缘路县令、及专知顿官，各加一阶。其六军神策宝应射生、衙前射生及左右步军英武威远威武等诸军、左右金吾将士、缘大礼扈从、及在城留后者，共赐钱五万贯。鸿胪蕃客共赐钱一千贯文。仪王及彭王以下诸王，男未有官者，并准旧例与官。其已封为郡王国公者，永穆长乐以下长公主及诸郡县主、并嗣王郡王、各与一子官。皇亲五等以上、诸亲、三等以下各与一子出身。二王之后，各与一子官……缘大礼应升坛殿行事者，普恩外，更与一子官。应在太清宫郊庙诸色职掌者、及册皇太子行事官、撰册、并书册文、及检校造册官，普恩之外，三品以上赐爵一级，四品以上加一阶，仍赐勋一转。天下侍老，九十以上版授刺史，七十以上版授上佐县令。孝子顺孙、义夫节妇，旌表门闾，终身勿事。"②

3. 进谏

唐代南郊赦文中鼓励天下士民直言进谏、议论时政得失，以纠时弊。

---

① 《唐大诏令集》卷六八《景龙三年南郊赦》，第380页。
② 《唐大诏令集》卷六九《广德二年南郊赦》，第385—386页。

如《乾元元年南郊赦》中说:"京官九品已上,许上事封事,极言时政得失,朕将亲览,用伫嘉谋"①;《广德二年南郊赦》中说:"百司有论时政得失,并任指陈事实,具状进封,必宜切直无讳"②;《贞元九年南郊大赦天下》中说:"诸司(百)官有陈便宜者,各尽所见,条疏封进,事有冤滞,政有阙遗,悉当极言,无或隐避,诏敕不便于时,所司执奏以闻"③;《宝历元年正月南郊赦》中说"事在朕躬者,谏臣极言得失,无有所隐"④。

4. 举才

唐代南郊赦文中鼓励百官向中央举荐人才,主要是推荐州县官员和各种有才之士,作为唐代官员的储备力量。如《景龙三年南郊赦》中说:"令五品以上,各举堪任州刺史、县令者"⑤;《贞元九年南郊大赦天下》中说:"天下有蕴德怀才、隐居不仕,委所在观察使表荐,当以礼邀致。诸色人中,有贤良方正、能直言极谏,或博通坟典、达于教化,或详练故事、长于著述,或精集律令、晓畅法理,或详明吏术、可委理人,或洞识韬略,堪任将帅,委所在州(县)长吏及台省常参官,详录行能举奏,仍牒报吏部"⑥;《长庆元年正月南郊改元赦》中说:"天下诸色人中,有贤良方正、能直言极谏、博通坟典、达于教化、军谋宏远、堪任将帅、政术详明、可以理人者,委有司各举所知。"⑦

以上就是唐代皇帝南郊赦文中的主要政治内容,都与政权的稳固密切相关,此外还有劝课农桑、拣选士兵等时事政策,皇帝们都能在赦文中提到,足以说明他们对于这些政治内容还有一个清晰的认识,但在大多数情况下难免流于形式,没有认真地贯彻落实,尤其是到了唐王朝末

---

① 《唐大诏令集》卷六九《乾元元年南郊赦》,第384页。
② 《唐大诏令集》卷六九《广德二年南郊赦》,第386页。
③ 《唐大诏令集》卷七〇《贞元九年南郊大赦天下》,第391页。
④ 《唐大诏令集》卷七〇《宝历元年正月南郊赦》,第394页。
⑤ 《唐大诏令集》卷六八《景龙三年南郊赦》,第380页。
⑥ 《唐大诏令集》卷七〇《贞元九年南郊大赦天下》,第391页。
⑦ 《唐大诏令集》卷七〇《长庆元年正月南郊改元赦》,第393页。

期，这些赦文中除了赦宥和赏赐仍不得不实施外，其余内容都已徒具空文。

（二）唐代南郊赦文所反映的社会经济

南郊礼仪的成功实行离不开社会经济的支撑，只有在和平时代、社会经济繁荣发展之际才能更好地实施祭天活动。唐代南郊赦文中所提及的经济问题，也是唐朝社会经济发展的反映，尤其是不同朝代的赦文中所反映的不同内容，更能体现出近三百年间唐朝社会经济的发展与变化。

1. 蠲免赋税、修订两税

唐代的赋税制度分两个阶段，以德宗建中元年（780）为界线，之前为租庸调制，之后为两税法，是根据当时社会上户口与土地的关系来制定的。南郊大赦惠及普通百姓的最大内容就是蠲免赋税，主要体现在减免赋税、禁收杂税方面，这一政策也得到了大多数皇帝的延续。如《景龙三年南郊赦》中说"关内诸州，无出今年地税"[1]；《开元十一年南郊赦》中说"兵士宿卫斋宫、并诸资劳杂色无劳资、缘大礼有执掌、及京兆府百姓、缘南郊祈应者，各免其家一年杂科差"[2]；《广德二年南郊赦》中说"寇戎以来，积有年岁，征求数广凋敝转深。自今以后，除正租税及正敕并度支符外，余一切不在征科限内"[3]；《贞元元年南郊大赦天下制》中说"两税外一物以上，不得科配百姓"[4]；《元和二年南郊赦》中说"天下应有逋欠在百姓腹内者、及京畿今年夏青苗钱税，并放免。官酤酒及杂榷率，并同禁断。江淮江南，去年以来，水旱疾疫，其税租节级蠲放"[5]；《长庆元年正月南郊改元赦》中说"天下百姓，今年夏税，每贯放一百五十文，州县应征科两税，榷酒钱内旧额，须纳见钱者，并任百姓随所有匹段及斛斗，依当处时价送纳，不得邀索见钱"[6]；

---

[1] 《唐大诏令集》卷六八《景龙三年南郊赦》，第380页。
[2] 《唐大诏令集》卷六八《开元十一年南郊赦》，第380页。
[3] 《唐大诏令集》卷六九《广德二年南郊赦》，第385页。
[4] 《唐大诏令集》卷六九《贞元元年南郊大赦天下制》，第388页。
[5] 《唐大诏令集》卷七〇《元和二年南郊赦》，第391页。
[6] 《唐大诏令集》卷七〇《长庆元年正月南郊改元赦》，第392页。

《太和三年南郊赦》中说"京兆府来年夏青苗钱,宜放一半……天下除两税外,辄不得科配"①;《乾符二年南郊赦》中说"京兆府去年夏青苗钱,每贯量放三百文"②。自从建中元年(780)颁布两税法之后,随着时代的发展,两税法也在不断地进行修正,这在南郊赦文中也有体现,如《贞元元年南郊大赦天下制》中说"自立两税,经今六年,或初定之时,已有偏并,或户口减耗,旧额犹存,轻重不均,流亡转甚,委度支即折衷条理,以恤困穷"③;《元和二年南郊赦》中说"天下两税,贞元四年制书以及三年一定,委有司举旧敕商量处置"④。

2. 和雇、义仓

和雇是指政府出钱雇佣人力来进行大规模的生产建设、物资运输等社会经济活动,较之劳役等强制性劳动来说,更加市场化,也更有利于劳动人民。唐朝也实行和雇,但在操作中经常拖欠、克扣佣金,压榨百姓,唐朝皇帝也认识到了这一点,并在南郊赦文中提出解决策略,如《乾元元年南郊赦》中说"长安万年两县,各借一万贯,每月收利,以充和雇"⑤;《贞元元年南郊大赦天下制》中说"长安万年两县,每县委与贮备钱五千贯文,县库收纳,定清干官专知,应缘卒须别索及杂供拟升工匠等,县令与专知官先给付价钱,季冬之后,申度支勘会所市和雇,并须先给价钱"⑥。

义仓,隋初称社仓,主要是指政府让民间自行设立仓库,存储余粮,以备灾年,维持社会再生产。到了唐代,义仓继续设置,但官方干预其中,义仓的收纳与管理则由仓曹、司仓参军事执掌,并且成为一种变相税收,"仓曹、司仓参军掌公廨、度量、庖厨、仓库、租赋、征收、田园、市肆之事。每岁据青苗征税,亩别二升,以为义仓,以备凶年;将

---

① 《唐大诏令集》卷七一《太和三年南郊赦》,第397页。
② 《唐大诏令集》卷七二《乾符二年南郊赦》,第401页。
③ 《唐大诏令集》卷六九《贞元元年南郊大赦天下制》,第387页。
④ 《唐大诏令集》卷七〇《元和二年南郊赦》,第391页。
⑤ 《唐大诏令集》卷六九《乾元元年南郊赦》,第383页。
⑥ 《唐大诏令集》卷六九《贞元元年南郊大赦天下制》,第387—388页。

第五章　吉、嘉融合：唐代南郊赦文研究

为赈贷，先申尚书，待报，然后分给"①。这在无形之中加重了百姓的负担，唐代皇帝也会在南郊赦文中有所调整，如《开元十一年南郊赦》中说"元置义仓，救人不足，承贷百姓粮及种子未纳者，并放免，不得却征"②；德宗甚至想按照唐初贞观时期的义仓制度来重新设置，如《贞元元年南郊大赦天下制》中说"前代所置义仓，国初亦循其制，备灾救乏，甚便于人，宜即准贞元（观）故事，天下所垦见田，上自王公，下及百姓，每丰稔之岁，秋夏两时，州县长官，以理劝课，据顷亩多少，随所种粟豆稻麦逐便贮纳，以为义仓，如年谷不成，即量取赈给。官司但为其立法劝课，不得收管，各委本道逐便宜处闻奏"③。但效果并不明显，到了晚唐，义仓仍然给地方百姓造成了严重的经济负担，僖宗在《乾符二年南郊赦》中说："义仓斛斗，本防灾年，所贮积岁多，翻成侵害。又差重丁大户充仓督子弟主管，凡节察及监军使刺史县令到任，仍须一一斛量，差役乡夫，数重劳扰，每一量覆，欠折转多，主掌之人，贴家竭产，生灵涂炭，州县困穷。从今后，宜五年一度变换，便粜货收钱，入冬却籴，仍委本道监使，常加访察。如有上下蒙蔽欺隐，破除闻奏。"④

3. 禁断奢侈

唐代皇帝也会在南郊赦文中提及一些奢侈品的禁断问题，以此表明自身不图享乐、崇尚节俭的统治精神，并严令社会各阶层共同遵守，以示淳朴。但另一方面，禁断的奢侈品大都属于社会上的优质商品，也反映了唐朝商品经济的发达和手工艺技术的进步，而且这些禁断措施往往流于形式，根本无法杜绝统治阶级的奢侈行为。如《广德二年南郊赦》中说"每思素俭，敦以淳风，必约严章，以齐侈俗。其珠玉器玩宝钿杂绣等，一切禁断"⑤；《太和三年南郊赦》中说"自今以后，四方并不得辄以新样难得、非常之物为献。其机杼织丽尤甚，若花丝布缭绫之类，

---

① 《唐六典》卷三〇《上州中州下州官吏》，第748页。
② 《唐大诏令集》卷六八《开元十一年南郊赦》，第380页。
③ 《唐大诏令集》卷六九《贞元元年南郊大赦天下制》，第387页。
④ 《唐大诏令集》卷七二《乾符二年南郊赦》，第403页。
⑤ 《唐大诏令集》卷六九《广德二年南郊赦》，第386页。

及幅尺广狭不中度者，并宜禁断。仍仰天下州府，敕到后一月日内，所有此色机杼，一切焚弃，犯者以故违敕论"①。

(三) 唐代南郊赦文所反映的文化内容

唐代南郊赦文中的一些政策还涉及了社会精神文化方面的内容，包括对于圣帝明王、忠臣烈士、名山大川的尊重与祭祀；对于年高老人的赏赐；对于仁义百姓的奖励等，如《开元十一年南郊赦》中说"自古圣帝明王、忠臣烈士、名山大川，并令所管致祭"②；《乾元元年南郊赦》中说"百姓中有能行仁义、分济贫穷、免填沟壑、赖救恤者，具名闻奏，当宠以官秩。鳏寡惸独、笃疾不能自存、及阵亡人家，并损免户。州县随事优恤赈给。百姓中有事亲不孝、别籍异财、防污风俗、亏败名教，先决六十，配隶碛西，有官品者，禁身奏闻"③；《广德二年南郊赦》中说"天下侍老，九十以上板授刺史，七十以上板授上佐县令，孝子顺孙、义夫节妇、旌表门闾、终身勿事。五岳四渎、名山大川、自古圣帝明王、忠臣义士，宜令所管致祭"④；《贞元九年南郊大赦天下》中说"自古圣帝明王、忠臣烈士，各令长吏以礼致祭"⑤；《元和二年南郊赦》中说"天下百姓高年者，赐米帛羊酒及板授官封。名山大川及古圣帝明王、忠臣烈士，各令以礼致祭"⑥；《长庆元年正月南郊改元赦》中说"天下百姓高年者，赐米酒及绢帛有差"⑦；《宝历元年正月南郊赦》中说"尚年贵老，所以教孝也；耸义嘉节，所以贞俗也。天下百姓高年者，上县以上，每县十人，中县五人，下县三人，并以县界年最高者充数。并孝子顺孙、义夫节妇、先经旌表，行义不亏者，人各赐米三石、绢两匹，仍版授上佐县君，并委令长赍米帛就家宣赐讫。具名本道，一时闻

---

① 《唐大诏令集》卷七一《太和三年南郊赦》，第397页。
② 《唐大诏令集》卷六八《开元十一年南郊赦》，第380—381页。
③ 《唐大诏令集》卷六九《乾元元年南郊赦》，第384页。
④ 《唐大诏令集》卷六九《广德二年南郊赦》，第386页。
⑤ 《唐大诏令集》卷七〇《贞元九年南郊大赦天下》，第391页。
⑥ 《唐大诏令集》卷七〇《元和二年南郊赦》，第392页。
⑦ 《唐大诏令集》卷七〇《长庆元年正月南郊改元赦》，第393页。

第五章　吉、嘉融合：唐代南郊赦文研究

奏。其米及绢，于上供数内申破。神配峻极，德称灵长，秩既升于王公，礼合加于牲币。五岳四渎，宜委本州府长吏备礼致祭，当极丰洁，以副如在之诚。书称望秩，礼著不封，仰尧舜之聪明，慕文武于方册，遐想忠贞之迹，缅怀忠烈之风，能御大灾，咸申祀典。名山大川及自古圣帝明王、忠臣烈士，各令所在致祭"①。颁布这些赦文，唐朝政府旨在鼓励和引导全社会形成一种尊老养老、忠孝节义、敬畏神灵的良好风尚，以维持基层社会的稳定。

## 第三节　唐代南郊赦文的功能与意义

唐代南郊赦文的产生与颁布有着特殊的历史背景，是特定时期社会现实与官方施政重点的集中反映，具有特殊的政治功能与现实意义，即通过举行南郊大礼，宣布南郊赦文，以此来说明皇帝以及政府即将颁行的主要政治举措，并表达出对于天下黎民百姓的关切与国泰民安的美好愿望。

日本学者金子修一曾留意到贞观十七年（643）太宗举行的亲郊祭祀活动是为了稳固后继之君李治的新太子地位，并且在献祭的过程中，由自己初献，皇太子李治进行亚献②，但并没有产生相应的南郊赦文，只有南郊德音流传下来，相对简略，涉及了祥瑞、赐酺、养老、虑囚等政治活动③。第一篇南郊赦文诞生于景龙三年（709）十一月二十三日中宗亲自举行南郊祭礼之后，这是他唯一一次亲郊，也是他即位四年，返回长安两年之后在长安城举行的第一次南郊大礼，这一次的祭天礼仪与以往不同，皇后韦氏与中宗一同前往并且作为亚献亲自献祭，引发了朝臣对于其是否违礼的激烈争吵④，虽然最终韦后一方占据上风，但也暴露

---

① 《唐大诏令集》卷七〇《宝历元年正月南郊赦》，第395—396页。
② ［日］金子修一：《古代中国与皇帝祭祀》，肖圣中等译，复旦大学出版社2017年版，第173—179页。
③ 《唐大诏令集》卷六八《贞观十七年南郊德音》，第379页。
④ 《旧唐书》卷二一《礼仪志》，第830—831页。

下编　唐代五礼制度下的文献描写与礼仪实践

出韦后企图效仿武则天改朝换代的政治野心，果然，在半年之后，韦后毒死中宗，企图自立为主，但被李隆基和太平公主联合平定，随后拥立李旦为帝。所以，中宗举行的这次南郊祭礼从本质上来说是韦后意志的集中体现，她通过拉拢部分朝臣实现了以皇后身份亲自参与郊祀祭天的礼仪活动，通过礼仪上的尝试与僭越来实现政治上的野心，虽然受到非议，但韦后集团成功地克服了障碍。如此轻松顺利地完成目标，也进一步加速了韦后政治阴谋的实施，这反映的是武则天革命以后唐朝女性干政的政治遗存，其影响一直延续到李隆基击败太平公主，奠定统治基础之后。可以想见，韦后主导的这次南郊祭祀与大赦，一方面是为了通过礼仪活动来彰显自身的政治实力和社会地位，想要获得与皇帝一样的诸多权力；另一方面，这次南郊赦文中提及的大赦范围相当广泛，"系囚见徒及十恶，咸赦除之；杂犯流人，并放还"①，企图通过大量的赏赐来拉拢人心，营造声势，从韦后一系列的活动可见，她为了篡权夺位的确蓄谋已久。

玄宗于开元十一年（723）冬至举行的南郊亲祭礼仪，是在其执政十余年，政治稳定、天下太平之后举行的第一次亲郊活动，这次亲郊也是在张九龄极力劝谏之后才开始准备进行的。张九龄所作的《开元十一年南郊赦》也是此次南郊祭祀之后大赦天下的产物，赦文中提到了玄宗自即位以来勤勉理政，不敢松懈的真实状态，"朕获主三灵，于今一纪，听政中昃，每不敢康，观书乙夜，将永诸道。频年以来，为理思至，或远人不率，或嗣岁不登，淳朴未还，惕厉斯在：为人上而惭德，奉天明以畏威"②；之后又说明在玄宗兢兢业业的努力之下，唐朝逐渐达到了国泰民安、万邦来朝的盛世景象，正是举行祭祀大礼，回报上苍的良机，"今正宗庙降灵，克开厥后，乾坤交泰，保合太和。麟凤龟龙，元符黄瑞之祉；蛮夷戎狄，梯山航海之琛：莫不日月以闻，道路相属，顾惟不德，当兹休运，钦若昭报，畴咨故实"③。这篇赦文非常恰当地表达出了

---

① 《唐大诏令集》卷六八《景龙三年南郊赦》，第380页。
② 《唐大诏令集》卷六八《开元十一年南郊赦》，第380页。
③ 《唐大诏令集》卷六八《开元十一年南郊赦》，第380页。

第五章 吉、嘉融合：唐代南郊赦文研究

玄宗选择在此时举行亲郊的背景与意义所在，也是唐朝政治清明、走向鼎盛的主动宣告，不仅帮助玄宗完善了相关礼仪制度的实施，而且在此基础上，实现了君权与神权的合一，奠定并巩固了玄宗的天子地位，为盛世的营造与构建添砖加瓦。

安史之乱以后，唐朝的盛世局面急转直下，各地藩镇强势崛起，严重影响了政局的统一与稳定。唐德宗即位以后，励精图治，"去无名之费，罢不急之官；出永巷之嫔嫱，放文单之驯象；减太官之膳，诫服玩之奢；解鹰犬而放伶伦，止榷酤而绝贡奉"①，慨然有中兴之意。建中元年（780），面对泾州刘文喜的叛乱，德宗一心征讨，绝不宽赦；建中二年（781），成德节度使李宝臣薨，德宗欲借此机会革除强藩父子相袭的弊端，放弃了代宗的姑息政策。于是成德李惟岳、魏博田悦、淄青李正己与山南东道梁崇义四镇相结为叛，德宗调遣军队前往平叛，由于处置失当，赏罚不均，再次引发王武俊、朱滔与李希烈的反叛。大量军队调往前线，京师守备空虚，在征调泾原兵时，泾原兵路过长安，发生兵变，德宗被迫出幸奉天。建中年间的军事行动严重挫伤了德宗继位以来的积极性，为了收复京师，德宗只能让步，赦免藩镇的反叛行为，将讨伐的对象仅仅限定于占据长安的朱泚，德宗改元兴元所发赦文，既是对于自己失政的悔悟，也是对现实情况的清楚认识与安排。② 随后，德宗重新回到长安，并于第二年改元贞元，举行亲郊，大赦天下，主要目的是向昊天上帝禀告其平定了朱泚、李怀光等人的叛乱，重新回到都城长安，恢复李唐统治。在陆贽所撰的《贞元元年南郊大赦天下制》一文中，德宗首先对自己的策略失误所造成的危险局面表达了深深的自责与忏悔，"朕以眇身，属承大统，纵欲败度，浸生厉阶。兵连祸深，变起都邑，六师播荡，九服震惊。郊庙园陵，陷于凶逆，神人乏主，将逾周星。列

---

① 《旧唐书》卷一三《德宗本纪》下，第400—401页。
② 德宗改元兴元的赦文，《旧唐书》《资治通鉴》中均有摘录，参见《旧唐书》卷一二《德宗本纪》上，第339—340页；《资治通鉴》卷二二九，"德宗兴元年正月"条，第7509—7511页。又见《唐大诏令集》卷五《奉天改兴元元年赦》，第27—28页。

下编　唐代五礼制度下的文献描写与礼仪实践

圣之业，几坠于地，违敬亏孝，罪由朕躬。抚临万邦，甚用自愧，侧身思咎，庶补将来"①。接着又对平叛过程中战功累累的元从功臣进行赞扬与感谢，并且说明了这次郊祀是在众臣的陪伴之下共同进行的，"股肱元臣，比义叶德，爪牙众士，勠力同心。诛大憝而京邑廓清，翦逋寇而关河底定。兹朕再与王公卿尹，洎亿兆之人，备其盛容，条具礼物，荐诚清庙，展敬圜丘，陈谢罪愆，告情雪耻"②。在成功祭祀之后，德宗希望昊天上帝能够继续保佑唐朝，多降福瑞，最后大赦天下，这次大赦与赏赐的对象和范围异常广大，非常直观地表明这一时期唐朝社会的真实情况，即在经历战乱之后，面对文武百官以及藩镇割据，已经失去了武力对抗的信心，不得不通过大量的赦免与赏赐来缓和矛盾，拉拢人心，以求维持唐王朝的统治地位，延续李唐的政治生命。

僖宗乾符二年（875）进行的亲郊大赦，是最后一次保留有南郊赦文的礼仪活动，也可视为唐晚期受干扰因素较少的最后一次南郊祭礼，但也是相对于昭宗、哀帝时的实际情况而言的。僖宗年少继位，权力都掌握在宦官、强臣手中，而且当时的唐朝已经日薄西山，积重难返，灾祸频生，兵戈不息，"奢侈日甚，用兵不息，赋敛愈急。关东连年水旱，州县不以实闻，上下相蒙，百姓流殍，无所控诉，相聚为盗，所在蜂起。州县兵少，加以承平日久，人不习战，每与盗遇，官军多败"③，在乾符元年（874）年底就形成了王仙芝叛乱的隐患。乾符二年（875）正月，僖宗在一片祥和之中照例举行亲郊大赦，并颁布《乾符二年南郊赦》，宣告了政局的安定与礼仪的顺利完成，"自临御以来，夙宵增励，幸而文修政简，岁稔人安，赏罚惟公，忠厚成俗，道渐臻于清净，理将致于雍熙。由是敬礼上帝，用答天休，御端门以崇皇极，是彰报本，式叶体元"④。这篇赦文内容极为丰富，字数也居于所有南郊赦文之首，反映的

---

① 《唐大诏令集》卷六九《贞元元年南郊大赦天下制》，第386页。
② 《唐大诏令集》卷六九《贞元元年南郊大赦天下制》，第386页。
③ 《资治通鉴》卷二五二，"僖宗乾符元年十二月"条，第8296页。
④ 《唐大诏令集》卷七二《乾符二年南郊赦》，第400页。

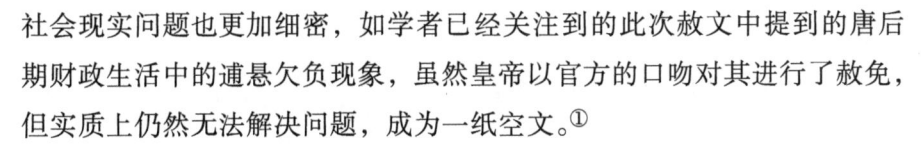

社会现实问题也更加细密，如学者已经关注到的此次赦文中提到的唐后期财政生活中的逋悬欠负现象，虽然皇帝以官方的口吻对其进行了赦免，但实质上仍然无法解决问题，成为一纸空文。①

由此可见，唐代南郊赦文的撰写与颁布有着特殊的功能与意义，它不仅是唐代南郊祭天礼仪之后举行大赦内容的文献载体，更是当时社会政治、经济、文化等现实内容的真实反映，是皇帝对于自身统治效果的总结与反思，也表达出皇帝对于南郊祭天礼仪制度的重视与实践。同时，通过南郊赦文的宣告，也公布了唐朝中央政府下一步的主要施政方略以及对于社会现实问题的解决办法，有利于缓和社会矛盾，并通过赦免、赏赐等实际行动来达到拉拢人心、维系中央王朝统治地位的最终目的。

## 小　结

唐代南郊赦文是唐代皇帝南郊祭天后所颁发的赦文，赦文等级高，所涉内容广泛，主要反映了当时社会的政治、经济和文化生活，唐代皇帝意图通过这些赦文的颁布来改革时弊，继续维持唐王朝的稳固统治，但随着社会历史的发展，这些赦文内容大多流于形式，徒具空文，难以改变积弊日深的唐朝社会，反而造成了唐朝人力物力的耗费，直至唐朝统治权威彻底崩溃，唐哀宗的南郊礼仪正是受到百般阻挠，才最终难以实施，相应的南郊赦文也就随之消失，只剩下一些礼仪文献，记载着唐代南郊祭天与大赦礼仪的盛大场面，这也是唐代吉礼与嘉礼融合使用的显著事例。

---

① 参见张宇《从〈乾符二年南郊赦〉看唐后期对逋悬欠负的追征和免放》，《武汉大学学报》2001年第2期。

# 第六章　从张九龄到李德裕：唐代前后期的蕃书撰作与宾礼变革

唐代的蕃书，一般意义上指的是唐朝与其他部族、国家之间往来或共同议定的文书，在内政外交事务方面具有非常广泛的用途与价值。隋唐时期，蕃书的传递与呈送具有十分重要的礼仪与政治影响，如《隋书》记载的大业三年（607）日本入隋朝贡事件，其蕃书就声称"日出处天子致书日没处天子无恙"①等，企图抬高自身的政治地位，与隋朝君主平起平坐，结果隋炀帝看过之后非常愤怒，认为日本所呈文书非常无礼，以后不想再看见，便对主管外交事宜的鸿胪寺官员说："蛮夷书有无礼者，勿复以闻。"②

在唐代史籍中，以皇帝和中央政府的名义与身份对外发送的蕃书又称为"玺书"，如贞观四年（630），唐太宗接受四夷君长所上"天可汗"的称号，"是后以玺书赐西北君长，皆称天可汗"③；永徽二年（651），百济王扶余义慈遣使入唐朝贡，高宗也"降玺书"告诫百济与新罗不要互相攻击④；开元六年（718），由于突厥请和，玄宗"乃降玺书"进行抚慰⑤。同时，也有学者提到了"玺书"与"蕃书"之间的区

---

① 《隋书》卷八一《东夷附倭国传》，第1827页。
② 《隋书》卷八一《东夷附倭国传》，第1827页。
③ 《资治通鉴》卷一九三，"贞观四年三月"条，第6185页。
④ 《旧唐书》卷一九九《百济传》，第5330页。
⑤ （宋）王钦若等编：《册府元龟》卷九八〇《外臣部·通好》，中华书局影印本1960年版，第11510页。

## 第六章　从张九龄到李德裕：唐代前后期的蕃书撰作与宾礼变革

别，即"玺书"与皇帝的印玺制度有关，使用的范围远大于"蕃书"①，《唐六典》中有"八宝"及其用途："一曰神宝，所以承百王，镇万国；二曰受命宝，所以修封禅，礼神祇；三曰皇帝行宝，答疏于王公则用之；四曰皇帝之宝，劳来勋贤则用之；五曰皇帝信宝，征召臣下则用之；六曰天子行宝，答四夷书则用之；七曰天子之宝，慰抚蛮夷则用之；八曰天子信宝，发蕃国兵则用之"②，即皇帝的印玺主要用于敬神、答疏、劳慰、征召等内政，而天子的印玺可以用于对四夷的答复、抚慰和调兵等外交活动，这八种活动所产生的文书可以统称为"玺书"，但只有天子印玺所发布的文书才能称作"蕃书"。可见，拥有皇帝与天子双重角色的唐代君主运用不同的印玺与文书来对应处理内政外交中的相关事宜，具有制度上的规定与实际政务中的实践应用。

从蕃书的撰作程序来看，唐前期的蕃书起草，主要由三省六部制度下中书省的中书舍人负责，根据相关制度规定，唐朝共设置中书舍人六员，品级为正五品上，"凡诏旨、制敕及玺书、册命，皆按典故起草进画；既下，则署而行之"③。玄宗开元年间以后，翰林学士的权力与地位逐渐抬升，开始侵夺中书舍人的诏书起草之权，"玄宗即位，张说、陆坚、张九龄、徐安贞、张垍等，召入禁中，谓之翰林待诏。王者尊极，一日万机，四方进奏、中外表疏批答，或诏从中出"④。又"以中书务剧，文书多壅滞，乃选文学之士，号'翰林供奉'，与集贤院学士分掌制诏书敕"⑤。肃宗至德年间以后，"天下用兵，军国多务，深谋密诏，皆从中出。尤择名士，翰林学士得充选者，文士为荣"⑥。翰林学士的人员设置与中书舍人一样，同为六人，从中选择一位年长德重者担任承旨学士，职权尤重，"所以独承密命故也"⑦。之后，唐代皇帝对于翰林学

---

① 景凯东：《论唐代的蕃书类王言》，载叶炜主编《唐研究（第二十五卷）》，北京大学出版社2020年版，第341—360页。
② 《唐六典》卷八《门下省》，第251—252页。
③ 《唐六典》卷九《中书省》，第275—276页。
④ 《旧唐书》卷四三《职官志》，第1853—1854页。
⑤ 《新唐书》卷四六《百官志》，第1183页。
⑥ 《旧唐书》卷四三《职官志》，第1854页。
⑦ 《旧唐书》卷四三《职官志》，第1854页。

士的选任更加重视，也更加礼遇亲信，德宗时期的翰林学士陆贽甚至被称为"内相"。宪宗时在翰林学士院设置翰林书诏印，进一步巩固其权力地位，并逐渐走向内阁化，专门执掌内廷诏书的起草，成为"天子私人"，而中书舍人则负责外朝相关文书的起草工作，已经远离政治核心，仅仅"佐宰相判案"[①]而已，但旧有的中书舍人直到晚唐仍然存在，形成了职事官中书舍人与使职知制诰和翰林学士双轨并行的朝廷内外诏书起草制度[②]。正是由此，宋人在《文苑英华》中将这些外交文书全部归入翰林制诏之中，同时又将其总称为"蕃书"，这也是学者将唐代的国书称为"蕃书"的渊源依据。[③]

唐代蕃书还会根据不同的外交对象而使用不同的纸张、函套，唐人李肇的《翰林志》曾记载："凡吐蕃赞普书及别录，用金花五色绫纸、上白檀香木真珠瑟瑟钿函、银锁；回纥可汗、新罗、渤海王书及别录，并用金花五色绫纸、次白檀香木瑟瑟钿函、银锁；诸蕃军（君）长、吐蕃宰相、回纥内外宰相摩尼已下书及别录，并用五色麻纸、紫檀香木钿函、银锁，并不用印；南诏及大将军、清平官书用黄麻纸，出付中书奉行却，送院，封函与回纥同。"[④] 这其实反映了唐人心目中对于不同外蕃的等级划分，也是当时外蕃不同国力的直接表现，唐朝能够在这些细节上进行区分，并形成制度，说明了唐朝对外政策的灵活性与务实思想。

宋人编撰的《文苑英华》共收录唐代蕃书62篇，同时按照所针对政权的不同，将其细分为回鹘书、突厥书、党项书、吐蕃书等诸多小类，其中张九龄撰有41篇，陆贽4篇，白居易6篇，封敖4篇，李德裕7篇。无论从数量上还是所处历史时期来看，张九龄、李德裕作为当朝宰相，无疑备受宠信，其撰写的蕃书也能够最大限度地体现皇帝意愿，极

---

① 《新唐书》卷四七《百官志》，第1211页。
② 赖瑞和：《唐代高层文官》，中华书局2017年版，第144页。
③ 景凯东：《论唐代的蕃书类王言》，载叶炜主编《唐研究（第二十五卷）》，北京大学出版社2020年版，第341—360页。
④ （唐）李肇：《翰林志》，文渊阁《四库全书》第595册，台湾商务印书馆1983年版，第298页。

第六章　从张九龄到李德裕：唐代前后期的蕃书撰作与宾礼变革

具代表性。所以本章以张九龄、李德裕二人以及他们撰作的蕃书为研究对象展开个案分析，同时结合不同的时代背景与外交局势进行对比研究，从具体文献入手，见微知著，以考察唐朝外交、宾礼发展脉络与内容特点，进而探索唐代在东亚国际政治体系中的实际地位。[①]

## 第一节　张九龄与唐前期的蕃书写作

张九龄（678—740），他的文学才能与仕宦履历已见前述，现仅就其撰写蕃书的实际背景展开论述。张九龄以进士出身，开元十一年（723）担任中书舍人，直至开元十四年（726）受到张说罢相的牵连而改任太常少卿。开元十九年（731）三月，在外任职的张九龄又被召入京，擢升为秘书少监，兼集贤院学士副知院事。开元二十年（732）转为工部侍郎，继续兼集贤院学士，不久又兼知制诰。二十一年（733）以中书侍郎之职拜相，二十二年（734），升任中书令，兼集贤院学士知院事、修国史等职。而且作为玄宗的亲信入为翰林待诏，可见，张九龄前后有两段时间担任朝廷制诰的起草工作，《文苑英华》中所载的41篇敕书也应撰作于这一时期。唐朝在开元时期迎来了鼎盛，政治稳定，经济繁荣，在外交方面，各项外交制度也臻于完善，依托于强大的综合国力，唐朝在东亚地区的政治外交体系中也居于核心地位，成为天下共主。

张九龄撰作的敕书之中[②]，针对突厥的有7篇，吐蕃7篇，西南蛮5篇、渤海4篇，新罗3篇，奚3篇，契丹3篇，护密2篇，突骑施1篇，识匿1篇，勃律1篇，罽宾1篇，日本1篇，西域诸部1篇，基本包含了唐朝四周的主要部族与国家，是开元时期大唐帝国对外交往活动的文

---

[①] 有关唐代的疆域观念、边疆管理体制、政策及民族状况，参见李大龙《唐代边疆史》，中国社会科学出版社2013年版。

[②] 黄约瑟曾对张九龄所撰的唐与渤海、新罗的敕书展开论述，并探讨了开元年间唐与渤海、新罗的关系以及东北亚局势，参见刘健明编《黄约瑟隋唐史论集》，中华书局1997年版，第81—113页。

145

献缩影,现将其分为突厥、吐蕃、西南诸部、北狄、东夷、西域诸部等六大类展开探讨,以研究各政权在开元年间与唐朝之间的外交关系及其敕书的具体内容。

## 一 突厥

突厥自公元 6 世纪崛起于漠北以来,历东魏、西魏、北齐、北周、隋等朝,势力强劲,一直是中原王朝的边疆大患,"其族强盛,东自契丹、室韦,西尽吐谷浑、高昌诸国,皆臣属焉。控弦百余万,北狄之盛,未之有也"①。到了唐代,虽然高祖李渊在建国之初仍借用了突厥势力,但到了太宗时期,双方关系开始发生变化。贞观四年(630),厉兵秣马的唐朝主动出击,攻灭东突厥,改变了漠北地区的政治格局,四夷君长尊奉太宗为"天可汗"。之后,太宗在突厥旧地设置若干都督府安置遗民,"突厥诸部尽为封疆之臣"。高宗显庆二年(657),唐朝再次出击,攻灭西突厥,将其属地纳入唐朝版图。后来东突厥旧部不满唐朝统治,发动叛乱,又建立后突厥政权,在高宗、武周时期逐渐强盛,默啜可汗一度归降武周,但最终再度反叛。景龙元年(707),唐朝以张仁愿为朔方道大总管,抵御来犯的后突厥军队。张仁愿趁默啜西征突骑施之时,乘虚夺取漠南,在黄河北构筑三座受降城,截断了后突厥的南侵路线,极大地削弱了后突厥的优势地位。开元二年(714),日渐窘促的默啜向唐朝遣使求婚,企图依靠唐朝的力量维持自身在漠北地区的统治地位。开元四年(716),默啜在征讨九姓铁勒的途中被人暗杀,毗伽可汗即位。开元八年(720),毗伽击败唐朝军队,声势大振,第二年便向唐朝遣使求和,贡献物品,并请求赐婚。十三年(725),后突厥派遣使者跟随唐玄宗前往泰山参与封禅大礼,此后双方政局稳定,和平局面一直维持到天宝四载(745),由于毗伽可汗死后,后突厥内部争立可汗,局势动荡,最终被回鹘攻灭,回鹘也取代突厥,成为漠北草原的新霸主。由

---

① 《旧唐书》卷一九四《突厥传》,第 5153 页。

## 第六章 从张九龄到李德裕：唐代前后期的蕃书撰作与宾礼变革

此可见，在玄宗开元时期，突厥势力虽然强大，但已经无法对唐朝构成实质性威胁，其在漠北地区的统治地位也急转直下，岌岌可危。故而开元时期唐朝在与突厥的交往过程中，基本处于优势地位，在相关敕书的措辞之中也是如此。

张九龄所写的与突厥有关的7篇敕书之中，涉及突厥苾伽可汗（716—734）、登利可汗（734—741）等，基本属于后突厥晚期在位时间较长的可汗。唐朝在敕书之中以父自居，称突厥苾伽可汗为子，后继登利可汗为孙，表明了唐朝在与突厥交往过程之中的优势地位，如在《敕突厥苾伽可汗书》中写道："自为父子，情与年深，中间往来，亲缘义合，虽云异域，何殊一家"[①]；在《敕突厥可汗书》中写道："朕与可汗先人，情重骨肉，亦既与朕为子，可汗即合为孙"[②]，这些敕书在时间上也存在连续性，主要涉及的事务有日常问候、吊丧、军事、互市等外交活动，张九龄以玄宗的口吻撰写王言敕书，向突厥可汗精确地表达了唐朝的意图与立场。

在《敕突厥苾伽可汗书》中，主要表达了唐与突厥双方关系友好，边疆安宁的和平局面，玄宗也称赞了突厥苾伽可汗的恭顺，并希望他能继续保持此心，以达到更为长久的美好愿景，"此是儿可汗能为承顺，副朕之所亲厚，人间恩好，无以过之，长保此心，终享福禄，子孙万代，岂独在今？"[③] 在《敕突厥可汗书》中，玄宗首先表达了对于苾伽可汗去世的哀悼之情，"天不福善，祸终彼国，苾伽可汗顷逝，闻以恻然。有二十年间结为父子，及此痛悼，何异所生"[④]；然后向新即位的登利可汗宣扬双方之间的友好关系，并希望新可汗能够续修前好，维持和平，

---

[①] （唐）张九龄：《敕突厥苾伽可汗书》，载《文苑英华》卷四六八，第2389页；又见（唐）张九龄撰，熊飞校注《张九龄集校注》卷一一，中华书局2008年版，第625—626页。
[②] （唐）张九龄：《敕突厥可汗书》，载《文苑英华》卷四六八，第2389页。
[③] （唐）张九龄：《敕突厥苾伽可汗书》，载《文苑英华》卷四六八，第2389页。
[④] （唐）张九龄：《敕突厥可汗书》，载《文苑英华》卷四六八，第2389页；又见《张九龄集校注》卷一一，第627页。

"今修先父之业，复继往时之好，此情更重，只可从亲"①，并提出唐朝可以为葬礼提供所需要的器物，"葬事所须，并依来请，即与吊祭使将往，必令及期"②。在《敕突厥登利可汗书》中，主要表达了唐朝将派遣位高德重的宗室李佺为使者前去突厥吊祭，并对苾伽可汗的功绩进行了肯定，要为其建庙立碑，留名青史，甚至皇帝也要亲自篆写碑文，以示崇重，"保忠信者，可以示子孙；息兵革者，可以训疆扬，故遣建碑立庙，贻范纪功。因命史官正辞，朕亦亲为篆写，以固终始，想体至怀"③。

接下来是四篇同名的敕书，题为《敕突厥可汗书》。第一篇主要与军事活动有关，首先唐朝非常明确地指出了突厥讨伐契丹与奚的不当行为，但并无过分的指责，"儿去年东讨，虽有先言，然两蕃既归国家，亦即不合侵伐，朕既与儿无闲，终不以此为怀"④；然后指出突骑施同时冒犯唐朝与突厥，可以联兵进行讨伐，攻灭之后，所得财物可以尽归突厥，希望突厥好好考虑，"儿若总兵西行，朕即出师，相应安西瀚海，近已加兵，欲以灭之，复保难也？倘事捷之日，羊马土地，总以与儿，子女玉帛，别有优赏，信是长策，可熟思之"⑤。第二篇主要与互市有关，唐朝对于突厥没有按照约定不请自来的互市行为提出责怪，在解决现有互市马匹的情况下，希望突厥可汗深明大义，约束部下，"不依处分，驱马直来，无礼无信，是何道理？朕缘儿义重，深为含容，论其无知，岂能不怪？计儿忠孝，必无非理，未委此等，何故而然？"⑥ 第三篇也与互市有关，由于突厥部落送来互市的马匹太多，唐朝无力购买，玄宗希望突厥可汗能够减少马匹数量，按照旧有约定进行互市，"往者先

---

① （唐）张九龄：《敕突厥可汗书》，载《文苑英华》卷四六八，第2389页。
② （唐）张九龄：《敕突厥可汗书》，载《文苑英华》卷四六八，第2389页。
③ （唐）张九龄：《敕突厥登利可汗书》，载《文苑英华》卷四六八，第2389页；又见《张九龄集校注》卷一一，第632页。
④ （唐）张九龄：《敕突厥可汗书（一）》，载《文苑英华》卷四六八，第2389页；又见《张九龄集校注》卷一一，第633页。
⑤ （唐）张九龄：《敕突厥可汗书（一）》，载《文苑英华》卷四六八，第2389—2390页。
⑥ （唐）张九龄：《敕突厥可汗书（二）》，载《文苑英华》卷四六八，第2390页；又见《张九龄集校注》卷一一，第641页。

## 第六章　从张九龄到李德裕：唐代前后期的蕃书撰作与宾礼变革

可汗在日，每年纳马不过三、四千匹，马既无多，物亦易办。此度所纳，前后一万四千……此后将马来纳，必不可多，还如先可汗时约，有定准来交易，发遣易为事，须久长不是限隔"①。第四篇仍旧涉及互市，主要指出突厥以往互市的马匹中夹杂有羸弱不堪使用的，希望突厥可汗能够知晓其中缘由，不要被部下蒙蔽，同时又指出现在互市的马匹质量有所上升，不必过分苛责部下，"去年所将马来，前后数倍常岁，至于好恶，未必皆以儿知。其中老弱病患，及躯格全小，不堪驾驭，如何总留？所以略简多少，仍是十退一二，是于儿处大为存情，何故来章尚嫌多退？必若留售恶马，亦恐诸蕃笑人。儿既君长北蕃，复与朕为父子，须存分义，使远近知之，勿信下人专由利动。苏农贺、处罗达干等续续市买，甚有次第，虽校迟少许，物并好于往时，不久当回，亦勿怪也"②。

同时，张九龄在每一份敕书的结尾部分，会根据具体的时令，向突厥可汗及其他部族首领进行问好，如"秋气渐冷，卿及平章事首领部落并平安好"③，"春初犹冷，可汗及平章事并首领部落并得如宜"④，"夏末甚热，儿及平章事部落百姓并平安好"⑤，"冬中极寒，儿及平章事首领百姓并平安好"⑥ 等语句，这应该是唐朝公文书写的固定格式，常见用于对外敕书之中，专门放在结尾，以表明双方之间的友好关系。问候之后又会加上"遣书指不多及"之语，以表达一封敕书的内容有限，很多内容无法提及的遗憾。

### 二　吐蕃

吐蕃在唐朝初年崛起于青藏高原，并随着疆域的不断扩大而与唐

---

① （唐）张九龄：《敕突厥可汗书（三）》，载《文苑英华》卷四六八，第 2390 页；又见《张九龄集校注》卷一一，第 643 页。
② （唐）张九龄：《敕突厥可汗书（四）》，载《文苑英华》卷四六八，第 2390—2391 页；又见《张九龄集校注》卷一一，第 645—646 页。
③ （唐）张九龄：《敕突厥苾伽可汗书》，载《文苑英华》卷四六八，第 2389 页。
④ （唐）张九龄：《敕突厥可汗书》，载《文苑英华》卷四六八，第 2389 页。
⑤ （唐）张九龄：《敕突厥可汗书（二）》，载《文苑英华》卷四六八，第 2390 页。
⑥ （唐）张九龄：《敕突厥可汗书（四）》，载《文苑英华》卷四六八，第 2390—2391 页。

朝产生联系。面对日益强大的吐蕃，唐朝对其态度逐渐转变，开始采取和亲的方式来维持双方的和平局面。贞观十五年（641），唐朝将宗室女文成公主嫁给吐蕃赞普松赞干布，景龙四年（710），唐朝又将宗室女金城公主嫁给赞普弃隶缩赞，唐蕃双方保持了一段时间的友好互动，并分别于景龙二年（708）、开元二年（714）、开元二十一（733）年建立短暂的同盟关系。但随着吐蕃军事实力的增强与对外扩张，唐蕃双方经常在河西、陇右、西域、西南等地爆发军事冲突，如咸亨元年（670）的大非川战役，唐军大败；仪凤三年（678），黑齿常之又在良非川打败吐蕃。武周长寿元年（692），王孝杰大破吐蕃，恢复龟兹、于阗、疏勒、碎叶等四镇；万岁登封元年（696），王孝杰又被吐蕃打败。开元二年，吐蕃入寇，薛讷、王晙率军迎击，大破吐蕃；开元十五年（727），吐蕃攻陷瓜州，掠尽物资，毁城而去。开元十七年（729），朔方大总管信安王祎拔取吐蕃石堡城，设置振武军，处于劣势的吐蕃接连向唐朝请和，双方于赤岭立分界碑；开元二十六年（738），吐蕃在安戎城大败王昱，二十八年（740），章仇兼琼谋取吐蕃安戎城，改为平戎城。开元二十九年（741），吐蕃入寇，袭取石堡城；天宝初年，哥舒翰再次攻取石堡城，改为神武军。纵观天宝年间以前的唐蕃关系，虽然中间也存在一定时间段的和平局面，但军事战争仍是主流，双方各有胜败，但吐蕃屡屡背弃和约，率军入侵，仍是唐王朝西北、西南边境地区的最大威胁，唐军也经常处于被动防守地位，得益于国内政局的稳定与军事力量，唐朝在与吐蕃的战争中并未完全落于下风，但在安史之乱以后，双方之间的形势便急转直下，唐朝也失去了与吐蕃直接对抗的能力。

张九龄在开元时期所撰的7篇与吐蕃有关的敕书，题目相同，为《敕吐蕃赞普书》，整体上都是以玄宗的口吻，针对唐蕃之间的相关事件进行询问与解释。第一篇敕书主要涉及两项内容，首先是玄宗指责吐蕃在与唐朝亲好的情况下，与突骑施阴谋交通，"近得四镇节度使表云，彼使人与突骑施交通。但苏禄小蕃，负恩逆命，赞普既是亲好，即合同

## 第六章　从张九龄到李德裕：唐代前后期的蕃书撰作与宾礼变革

嫉顽凶，何为却与恶人密相往来，又将器物交通赂遗"①；然后是对于西南诸部的处置问题，玄宗希望吐蕃赞普能够据实判断，不要被部下误导，"边将在远，下人邀功，变好为恶，诚亦有此，非独相规，亦当自诫，如此觉察，更有何忧？"②第二篇继续承接上文，主要讨论对于西南诸部的处置问题，在文中玄宗认为西南诸部对于唐蕃双方都是首鼠两端，只能任其选择归属，告诫吐蕃不要听信小人谗言，擅自发兵进行抄掠，影响唐蕃双方的边境安定，"西南群蛮，别是一物，既不定于我，亦不专于吐蕃，去即不追，来亦不拒，乃是两界所有，只合任其所归，自数十年来，或叛或附，皆所亲见，岂假缕言……边城委任，当择忠良，无信小人，令得间构也"③。第三篇主要包含三方面内容。首先说明了唐蕃长时间来的和平友好关系，"自与彼蕃连姻，亦已数代，又与赞普结约，于今五年，人使往还，未尝有间。朕以两国通好，百姓获安，子孙已来，坐受其福，疆场之事，幸且无忧，此虽境上有兵，固是存而不用，在彼边事，与此何殊"④；然后再次论述了关于西南诸部的处置问题，玄宗再三强调，唐朝不会主动进行攻伐，也希望吐蕃能够听取良言，"既与赞普重亲，朕又君临大国，正欲混同六合，岂复侵取一隅？再三已论，何乃不信？顾惭薄德，良用咨嗟"⑤；最后玄宗听说吐蕃移军向西，询问其中缘由，并告诫吐蕃不要意图联合突骑施攻取碛西之地，唐军已有准备，不要无端挑起战争，"近闻莽布支西行，复有何故？若与突骑施相合，谋我碛西，未必有成，何须同恶？若尔者，欲先为恶，乃以南蛮为词，今料此情，亦已有备，近令勒兵数万，继赴安西，傥有所伤，慎勿为怪也"⑥。

---

①（唐）张九龄：《敕吐蕃赞普书（一）》，载《文苑英华》卷四六九，第2391页；又见《张九龄集校注》卷一一，第647—648页。
②（唐）张九龄：《敕吐蕃赞普书（一）》，载《文苑英华》卷四六九，第2391页。
③（唐）张九龄：《敕吐蕃赞普书（二）》，载《文苑英华》卷四六九，第2392页；又见《张九龄集校注》卷一一，第652—653页。
④（唐）张九龄：《敕吐蕃赞普书（三）》，载《文苑英华》卷四六九，第2392页；又见《张九龄集校注》卷一一，第655—656页。
⑤（唐）张九龄：《敕吐蕃赞普书（三）》，载《文苑英华》卷四六九，第2392页。
⑥（唐）张九龄：《敕吐蕃赞普书（三）》，载《文苑英华》卷四六九，第2392页。

第四篇敕书主要是针对边境增兵修城之事，玄宗收到吐蕃来信，信中说唐朝不打算议和，想要发动大军进行征讨，因此玄宗在敕书中告诫吐蕃赞普不要道听途说，产生误会，唐朝在边境增加兵马，修缮城池并不是为了发动战争，而是出于防备之用，唐朝会遵守和平盟约，也希望吐蕃同样遵行，"近日筑城，不出疆界，边头有要，随事修营，何所致疑？以此为语。如彼频岁亦筑数城，若不恶心，何故严备？固是边境常事，不足为言，忽此相尤，深所未达。彼蕃必其自守，此兵终不妄行，所立盟约，更知何用？"① 第五篇的主要内容是玄宗希望吐蕃赞普能够深明大义，继续维持唐蕃双方的亲密关系与和平盟约，不要因为西南诸部的一些举动而对唐朝产生误解，"边境小人，不识大体，此既未免，彼亦有之，间构既行，猜嫌互起。朕近已知此，赞普亦须察之，勿取浮言，亏我大信，以绝两国之好，甚善甚善"②。第六篇的主要内容为玄宗听说吐蕃赞普与突骑施通婚，并意图攻取唐朝疆土，便告诫赞普慎重考虑突骑施的品行，不要唯利是图，背信弃义，"彼突骑施，人面兽心，偏僻荒远，见利则背，与亲实难，赞普背朕夙恩，共彼相厚，应非长策，可熟思之"③。第七篇敕书的主要内容为吐蕃违背约定，与突骑施联合进攻安西，玄宗下诏对吐蕃的恶行进行谴责，希望吐蕃赞普能够念及旧情，率军退出安西，"军城镇守之人，不可束手就死，事由彼起，深所咨嗟。且累代旧亲，复新有盟约，彼既欺负天地，违犯鬼神，如此用心，更知何道……义则合绝，但为誓约在近，亲好又深，彼虽背恩，岂我尤效？先令奔问，欲尽旧情，必定为恶，别为之所"④。

在与吐蕃的敕书之中，仍旧在末尾附有与时令相关的问候之语，涉

---

① （唐）张九龄：《敕吐蕃赞普书（四）》，载《文苑英华》卷四六九，第2393页；又见《张九龄集校注》卷一二，第659页。
② （唐）张九龄：《敕吐蕃赞普书（五）》，载《文苑英华》卷四六九，第2393页；又见《张九龄集校注》卷一二，第661页。
③ （唐）张九龄：《敕吐蕃赞普书（六）》，载《文苑英华》卷四六九，第2393页；又见《张九龄集校注》卷一二，第665页。
④ （唐）张九龄：《敕吐蕃赞普书（七）》，载《文苑英华》卷四六九，第2394页；又见《张九龄集校注》卷一二，第667—668页。

第六章　从张九龄到李德裕：唐代前后期的蕃书撰作与宾礼变革

及吐蕃赞普、部落首领以及唐朝和亲的公主，如"春首尚寒，赞普及公主比如宜也。平章事及首领以下并平安好"①等语。从敕书的内容可以看出，唐朝与吐蕃经常在西南、安西等地产生摩擦，虽然玄宗屡次通过敕书进行解释说明，但仍旧无法改变吐蕃出兵进攻的事实，而且玄宗在敕书之中以询问、告诫的语气希望吐蕃赞普能够顾及双方的姻亲关系与和平盟约，但这种态度面对吐蕃强大的军事力量，无疑显得有些苍白无力，由此也可以看出，吐蕃在开元时期势力的壮大及其对于唐朝边境地区的严重威胁，而张九龄撰写的敕书，既是玄宗对于吐蕃政治态度的明确表达，又是这一时期唐蕃和战关系的真实写照。

### 三　西南诸部

在唐代疆域的西南方向，生活着许多族群和部落，史书统称其为"西南蛮""南蛮"，其中势力最大者为南诏蛮。开元初年，唐朝封六诏之一的南诏首领皮逻阁为云南王，并赐名"归义"。南诏在唐朝的支持下，吞并其他五诏，建立统一政权，而且击败了来犯的吐蕃大军，备受玄宗礼重，"并五诏，服群蛮，破吐蕃之众兵，日以骄大。每入觐，朝廷亦加礼异"②。开元二十七年（739），南诏徙居太和城。所以，开元时期的唐与南诏关系相对友好，双方互相倚助，共同保障西南边疆的安定，故而在张九龄所撰作的2篇有关南诏的敕书之中，多是玄宗对于南诏首领的赞美之语，题目均为《敕西南蛮大首领蒙归义书》，在第一篇敕书中，玄宗主要称赞了南诏首领蒙归义率部归附朝廷的忠心之举，并希望南诏能够居安思危，加强四周边境的防备，"卿等近在边境，不比诸蕃，率种归诚，累代如此，况卿等更效忠赤，朕甚知之。顷者诸酋之中，或有携贰，相率自讨，恶党悉除，即日蕃中应且安帖。然则地临外境，亦须有预，人无远虑，必有近忧：卿可思之，岂虚语也"③。在第二篇蕃书

---

① （唐）张九龄：《敕吐蕃赞普书（三）》，载《文苑英华》卷四六九，第2393页。
② 《旧唐书》卷一九七《南诏蛮》，第5280页。
③ （唐）张九龄：《敕西南蛮大首领蒙归义书（一）》，载《文苑英华》卷四七〇，第2402页；又见《张九龄集校注》卷一二，第686—687页。

下编　唐代五礼制度下的文献描写与礼仪实践

中，玄宗得知吐蕃将要侵略南诏，夺取盐井，便提醒南诏首领蒙归义要提防吐蕃的入侵，希望南诏加强防备，捍卫国土，"吐蕃惟利是贪，数论盐井，比有信使，频以为词。今知其将兵拟侵蛮落，兼取盐井，事似不虚。国家与之通和，未尝有恶，今既如此，不可不防。卿即与达奚守珪部落团练，候其有动，然可出兵，必无事踪，亦不得先举。巂州相去，道里稍遥，若有警急，复须为援，并委卿与达奚守珪计会，无失事宜。卿于国尽诚，在边为捍，委寄得所，朕复何忧？"①

除了南诏之外，还有关于柘、静、姚、安南等羁縻州府部落首领的蕃书，共3篇。在《敕柘静州首领书》，玄宗主要是希望柘、静等州的部落首领能够继承先祖之业，安抚部下，效忠朝廷，不要无端暴动作乱，"卿等祖父忠赤，输诚国家，既是子孙，久袭冠带，各守先业，足得坦然，何所忧虞，而云惊惧？宜各递相告语，勿使更然"②。在《敕蛮首领铎罗望书》中，玄宗首先表达了对于铎罗望先祖去世的悲怆之情，然后希望铎罗望能够继承祖业，抚绥蛮族部落，镇守疆域，"卿之先祖，输忠奉国，遽闻徂逝，深怆于怀。言念边人，必藉抚绥，又逼蕃界，兼资镇遏，卿宜缵承先业，以副朕心"③。在《敕安南首领岿州刺史爨仁哲书》中，玄宗希望诸位蛮族首领能够改革前弊，效忠朝廷，主动与朝廷进行沟通交流，维持社会经济的稳定发展，"卿等虽在僻远，各有部落，俱属国家，并识王化。比者时有背叛，似是生梗，及其审察，亦有事由：或都府不平，处置有失；或朋仇相嫌，经营损害：既无控告，自不安宁，兵戈相防，亦不足深怪也。然则既渐风化，亦当颇革蛮俗，有须陈请，何不奏闻？蕃中事宜，可具言也"④。

---

① （唐）张九龄：《敕西南蛮大首领蒙归义书（二）》，载《文苑英华》卷四七〇，第2402页；又见《张九龄集校注》卷一二，第689—690页。
② （唐）张九龄：《敕柘静州首领书》，载《文苑英华》卷四七〇，第2402页；又见《张九龄集校注》卷一二，第688页。
③ （唐）张九龄：《敕蛮首领铎罗望书》，载《文苑英华》卷四七〇，第2402页；又见《张九龄集校注》卷一二，第691—692页。
④ （唐）张九龄：《敕安南首领岿州刺史爨仁哲书》，载《文苑英华》卷四七〇，第2402—2403页；又见《张九龄集校注》卷一二，第693页。

第六章　从张九龄到李德裕：唐代前后期的蕃书撰作与宾礼变革

在这些蕃书的末尾，同样有玄宗问候该部首领及其百姓之语，如"夏中已热，首领百姓等并平安好，遣书指不多及"①。从这些蕃书的内容中可以看出，开元时期唐朝与西南诸部的关系相对稳定友好，尽管有些部落时而投降吐蕃，时而归附唐朝，但并没有造成太多损失，唐朝政府也能不计前嫌，平等对待。而且，唐朝利用羁縻政策，使这些部落首领能够子承父业，维持该部落对于中央王朝的效忠关系，使其捍卫国土与西南边疆，成为唐朝对抗吐蕃的中坚力量。

**四　渤海、奚、契丹**

在中古时期的东北地区，先后形成了奚、契丹、靺鞨等部族，史书统称其为"北狄"。渤海，又称渤海靺鞨，本来依附于高句丽，高句丽灭亡之后，其首领大祚荣率领家属迁徙到唐营州之地。圣历年间，大祚荣自立为震国王，通使突厥。睿宗先天二年（713），唐朝遣使册封大祚荣为渤海郡王，以其地为忽汗州，大祚荣任都督，此后每年大祚荣都遣使朝贡。开元七年（719），大祚荣死，玄宗遣使吊祭，并册立其子大武艺为渤海郡王，忽汗州都督。十四年（726），大武艺意欲讨伐通唐的黑水靺鞨，其弟大门艺进行劝阻，大武艺非但不听，还要杀大门艺，大门艺无奈奔唐。二十年（732），大武艺遣将进攻唐朝登州，玄宗诏命大门艺率兵阻击，大武艺无功而返。二十五年（737），大武艺病卒，其子钦茂继立。总体来说，开元时期的渤海首领虽然有侵略唐朝的野心与实际行动，但并未对唐构成实质威胁。

张九龄所撰写的唐与渤海的外交蕃书共有4篇，题目均为《敕渤海王大武艺书》。第一篇的主要内容是玄宗告诫大武艺对于奔唐的大门艺要顾及兄弟之情，不要自相残杀，希望大武艺认真考虑，否则就要受到惩罚，"门艺纵有过恶，亦合容其改修，卿遂请取东归，拟肆屠戮，朕教天下以孝友，岂复忍闻此事。诚是惜卿名行，岂是保护逃亡？卿不知

---

① （唐）张九龄：《敕柘静州首领书》，载《文苑英华》卷四七〇，第2402页。

155

国恩，遂尔背德，卿所恃者远，非能有他。朕比年含容，优恤中土，所未命将，事亦有时。卿能悔过输诚，转祸为福，言则似顺，意尚执迷。请杀门艺，然后归国，是何言也？观卿表状，亦有忠诚，可熟思之，不容易耳"①。第二篇的主要内容是玄宗希望大武艺保持忠诚，不要勾结突厥攻打奚与契丹，"突厥遣使求合，拟打两蕃奚及契丹。今既内属，而突厥私恨，欲仇此蕃，卿但不从何妨？有使拟行执缚，义所不然，此是人情，况为君道？然则知卿忠赤，动必以闻，永保此诚，庆流未已"②。第三篇的主要内容为玄宗对于大武艺的忠诚行为表达了赞赏，并希望他能继续保持，"多蒙固所送水手，及承前没落人等来表，卿输诚无所不尽，长能保此，永作边捍，自求多福，无以加也"③。第四篇蕃书的内容为虽然大武艺有不臣之举，但玄宗对其还是给予了宽恕，希望他能改过自新，继续效忠朝廷，"卿往者误计，几于祸成，而失道未遥，闻义能徙，何其智也！朕弃人之过，收物之诚，表卿洗心，良以慰意。卿既尽诚节，永固东藩，子孙百代，复何忧也？"④

由于当时的渤海尚未封国，唐朝仅以其地为都督府，封首领大武艺为郡王，故而在蕃书的结尾向渤海首领、衙官及其他部落首领、百姓问好，加以"秋冷，卿及衙官首领百姓并平安好"⑤等语。从这四篇蕃书的内容来看，开元时期的渤海势力尚未壮大，唐朝以宗主国的身份对其进行劝诫安抚，双方总体保持和平，并未爆发大范围的冲突与军事活动。

奚在武德年中遣使朝贡，并于贞观二十二年（648）率众内附，唐朝在其地置饶乐都督府，以其首领可度者为都督，封楼烦郡公，赐姓李。万岁通天年间，奚与契丹叛唐归突厥，景云元年（710），再次内附。睿

---

① （唐）张九龄：《敕渤海王大武艺书（一）》，载《文苑英华》卷四七一，第2405页；又见《张九龄集校注》卷九，第579页。
② （唐）张九龄：《敕渤海王大武艺书（二）》，载《文苑英华》卷四七一，第2405页。
③ （唐）张九龄：《敕渤海王大武艺书（三）》，载《文苑英华》卷四七一，第2406页；又见《张九龄集校注》卷九，第583页。
④ （唐）张九龄：《敕渤海王大武艺书（四）》，载《文苑英华》卷四七一，第2406页；又见《张九龄集校注》卷九，第584页。
⑤ （唐）张九龄：《敕渤海王大武艺书（一）》，载《文苑英华》卷四七一，第2405页。

## 第六章　从张九龄到李德裕：唐代前后期的蕃书撰作与宾礼变革

宗延和元年（712），唐军攻奚，大败。开元三年（715），奚入唐请降，复立其地为饶乐州，封其首领为郡王。五年（717），玄宗封从外甥女辛氏为固安公主以妻奚族首领。开元八年（720），奚首领死，其弟鲁苏立，后入朝，袭其兄爵位，玄宗复以成安公主女韦氏为东光公主以妻之。十四年（726），唐朝册封鲁苏为奉诚王。十八年（730），奚与契丹再次叛降突厥，唐朝先后出兵进行讨伐，奚酋长李诗琐高等率其部落归降，封为归义王，充归义州都督。移其部落于幽州安置。

张九龄共撰有3篇与奚交往的蕃书，第一篇题为《敕投降奚等书》，主要内容为玄宗告诫最近刚刚投降唐朝的奚族部落，不要忘恩负义，首鼠两端，并希望其能改过自新，听从朝廷安置，"汝本小蕃，不自存立，顷年依我，稍得安全，而常持两端，遽即背叛，妄恩负义，岂是人心？今者闻汝复归，亦应知过，仍缘困蹙，未免嫌疑。汝若诚能洗心，永以寄命，便令处置汝等，当须一一听从，即舍往愆，更收来效"①。第二篇与第三篇的标题一致，同为《敕奚都督李归国书》。第二篇的主要内容为玄宗得知奚族部落内部动乱，奚都督李归国临危制变，平定叛乱，便致书李归国进行嘉奖，"既去乱群，当已宁帖，所设官赏，惟待有功，苟能尽节，何忧不赏？各宜勉励，以副朕怀"②。第三篇的主要内容为玄宗告诫李归国要留意突厥的进犯，并伺机进行反击，"突厥不尽，后患终深，卿可伺其归师，乘其丧气，与诸将计会，逐要追袭，时不可失，宜自思之"③。

契丹同样于贞观年间降附唐朝，太宗以其地为松漠都督府，封其首领为都督，无极县男，赐姓李氏。万岁通天年间，契丹别部首领孙万荣据营州作乱，武则天派遣军队前去平叛，唐军与突厥、奚前后夹击，孙

---

① （唐）张九龄：《敕投降奚等书》，载《文苑英华》卷四七一，第2406页；又见《张九龄集校注》卷八，第549页。
② （唐）张九龄：《敕奚都督李归国书（一）》，载《文苑英华》卷四七一，第2406页；又见《张九龄集校注》卷九，第560页。
③ （唐）张九龄：《敕奚都督李归国书（二）》，载《文苑英华》卷四七一，第2406—2407页；又见《张九龄集校注》卷九，第562页。

万荣身死，其众归附突厥。开元三年（715），契丹首领李失活率众内附，玄宗封他为松漠郡王，并于次年将宗室外甥女杨氏封为永乐公主以妻之。后来契丹内部争立，郁于即位，入朝请婚，玄宗以燕郡公主妻之。开元十三年（725），改封契丹首领邵固为广化郡王，又将宗室女东华公主赐婚邵固。开元十八年（730），契丹大臣可突于杀邵固，率领部落叛归突厥，于是玄宗派遣军队前去征讨，由于奚族首鼠两端，唐军败绩，玄宗只能命令幽州长史张守珪进行经略。二十三年（735），契丹衙官李过折斩杀可突于，传首东都，玄宗封其为北平郡王、松漠州都督，同年，李过折被可突于余党泥礼所杀。在开元时期，奚与契丹常常在突厥与唐朝之间摇摆，并称"两蕃"，而且内部政局非常混乱，对于唐朝东北边境的安全也产生了一定影响。

张九龄共撰有3篇与契丹有关的蕃书，第一篇为《敕契丹王据埒可突于书》，主要内容为起初叛唐的契丹首领又再次归附唐朝，玄宗对其行为表示赞赏，同时希望契丹首领能够安宁部众，与张守珪共同商议安置问题，可以从优处理，"闻卿此来，豁然慰意，一则兵革都息，二则君臣如初。百姓之间，不失耕种，丰草美水，畜牧随之，更无外虞，且知上策。人生自奉，谁不求安？保此永年，一无他虑，在卿所见，何假朕言？部落初归，应须安置，可与守珪审定，务依蕃部所欲，相其沃饶之所，适彼寒暑之便，无令下人有所不惬也"①。第二篇为《敕契丹都督泥礼书》②，主要内容为玄宗致书泥礼，询问泥礼杀害李过折的个中缘由，同时默许泥礼担任契丹都督，并赐予其官职，希望他能够安宁百姓，处理好内部政务，"卿虽蕃人，是当土豪杰，亦须防虑后事，岂取快志目前？过折既亡，卿初知都督，百姓诸处，复又安宁以否？守珪先拟往彼，亦即令便就处置，卿应有官赏，即有处分"③。第三篇为《敕契丹知

---

① （唐）张九龄：《敕契丹王据埒可突于书》，载《文苑英华》卷四七一，第2407页；又见《张九龄集校注》卷八，第550—551页。
② 《文苑英华》写作"涅礼"，《旧唐书》写作"泥礼"，从《旧唐书》。
③ （唐）张九龄：《敕契丹都督泥礼书》，载《文苑英华》卷四七一，第2407页；又见《张九龄集校注》卷九，第558页。

兵马李过折书》，主要内容为玄宗赞赏了李过折斩杀可突于的壮义之举，并许诺其官爵，令他妥善安抚百姓，"赖卿先见之明，遽为转祸之计，以救万人之命，以成万代之名，岂独大功？真为上智。今将畴其井赋，异姓封王，以旌厥庸，且有后命。在彼初有变故，乍应惊扰，百姓既知，所当安帖，卿可与张守珪量事处置，务逐便宜"①。

由于奚与契丹在地理位置上比较接近，而且两蕃在突厥与唐之间的摇摆态度也非常相似，所以唐朝对待他们的政策基本一致，都是以羁縻为主，并采取封王、和亲等辅助手段，拉拢亲近他们，以达到削弱突厥势力的目的。对于他们内部的争权行为，玄宗会默认其结果，不会对过程进行过分干涉，在与奚、契丹蕃书的结尾，张九龄同样会以玄宗的口吻向其首领、衙官、军吏、刺史以及部落百姓进行问好，如"冬末寒甚，想卿及衙官军吏刺史已下及诸部落百姓平安好，遣书指不多及"②等语，以表达天子对于四夷部落的关心与爱护。

### 五 新罗、日本

与唐同一时期的东北亚地区，还存在新罗、百济、日本等政权，由于地缘政治的关系，唐朝也与他们存在广泛的交往活动，在史书中统称他们为"东夷"，现存张九龄所书写的蕃书之中，就有关于新罗、日本的相关内容。③

新罗位于朝鲜半岛，"西接百济，北邻高丽"④，其王金真平在隋朝被封为乐浪郡公、新罗王。武德四年（621），便遣使朝贡。七年（624），高祖册拜金真平为柱国，封乐浪郡王、新罗王。贞观年间，新罗王卒，无子，其女善德即位，不久便遭到高句丽、百济的联合进攻，

---

① （唐）张九龄：《敕契丹知兵马李过折书》，载《文苑英华》卷四七一，第2407—2408页；又见《张九龄集校注》卷一一，第623—624页。
② （唐）张九龄：《敕契丹王据埒可突于书》，载《文苑英华》卷四七一，第2407页。
③ 堀敏一曾对日本与隋唐王朝的国书、渤海与日本之间的国书展开了分析研究，参见［日］堀敏一《隋唐帝国与东亚》，韩昇、刘建英编译，兰州大学出版社2010年版，第69—101页。
④ 《旧唐书》卷一九九《新罗传》，第5334页。

新罗不敌，求救于唐。唐太宗下诏谴责高句丽，令其退兵，高句丽不从，于是太宗亲征高句丽，并命令新罗共同夹击，新罗出兵攻取水口城。永徽元年（650），新罗大破百济，遣使以告。六年，百济、高句丽与靺鞨再次联兵侵略新罗，新罗发文求救，唐高宗命苏定方率军救援，苏定方讨平百济，擒获百济国王，而高句丽、百济旧地逐渐被新罗占有，势力渐强。开元十六年（728），新罗遣使朝贡，玄宗允许其派人前来唐朝求学。二十一年（733），渤海靺鞨寇唐登州，新罗发兵攻讨靺鞨，深为玄宗称赞。总体看来，在开元时期，唐朝与新罗保持着和平友好的外交关系，双方在文化、棋艺方面交流频繁，新罗也因此号称君子之国，"颇知书记，有类中华"①。

张九龄共撰有3篇与新罗交往的蕃书，题目一致，均为《敕新罗王金兴光书》，金兴光于长安二年（702）即位，开元二十五年（737）卒，在他统治期间，新罗达到鼎盛，史籍称其为圣德王。第一篇蕃书的主要内容为玄宗赞赏新罗不顾路途艰险遣使前来朝贡，并希望新罗能够伺机攻取渤海靺鞨，恢复唐与新罗的正常外交途径，并许以厚重赏赐，"海路艰阻，朝贺不阙，岁亦忠谨，日以嗟称，所谓君子为邦，动必由礼。顷者渤海靺鞨，不识恩信，负恃荒远，且尔逋诛。卿嫉恶之情，常以奋励，故去年遣中使何行成与金思兰同往，欲以叶谋。比闻此贼困穷，偷生海曲，唯以抄窃，作梗道路，卿当随近伺隙，掩袭取之。奇功若有所成，重赏更何所爱？适俗多有寄附，实虑此贼抄夺，不可不防，岂资穷寇？待荡灭之后，终无所惜"②。第二篇的主要内容为玄宗称赞新罗王遣使前来贺正、谢恩，并对其国内的统治状况与文化风气进行了高度评价，"贺正、谢恩两使续至，再省来表，深具雅怀。卿位总一方，道逾万里，纯诚见于章奏，执礼存乎使臣，虽隔沧溟，亦如面会，卿既能副朕虚己，朕亦保卿一心。言念恳诚，每以嗟尚，况文章礼乐，粲焉可观，德义簪

---

① 《旧唐书》卷一九九《新罗传》，第5337页。
② （唐）张九龄：《敕新罗王金兴光书（一）》，载《文苑英华》卷四七一，第2404页；又见《张九龄集校注》卷八，第534—535页。

## 第六章　从张九龄到李德裕：唐代前后期的蕃书撰作与宾礼变革

裾，浸以成俗，自非才包时杰，志合本朝，岂得物土异宜，而风流一变？"[①] 第三篇的主要内容为玄宗称赞了新罗数次遣使来唐的忠诚行为，并对其使者入唐之后水土不服、不幸病亡表示哀悼，"比岁使来，朝贡相继，虽隔沧海，无异诸华，礼乐衣冠，亦在此矣。皆是卿率心忠义，能此恭勤，朕每嘉之，常优等数，想卿在远，应体至怀。顷者彼处使来，累有物故，水土不习，饮食异宜，奄忽为灾，遂至不救。言念逝者，此其命乎！想卿乍闻，应以伤悼，所以表奏，皆依来请"[②]。

日本于长安三年（703）开始入唐进贡，武则天设宴于麟德殿。开元初又遣使来朝，请求儒生为其讲经，玄宗诏许之。除了高宗龙朔三年（663）白江口之战外，唐朝与日本的关系相对平稳，日本也在战后主动向唐朝学习，并多次派遣使者入唐。现存张九龄所撰的与日本有关的蕃书1篇，题为《敕日本国王书》，主要内容为开元二十二年（734），日本入唐使者广成等，归国途中船只遭遇风浪，一艘流落至林邑国，玄宗已经诏命安南都护进行搜寻，另一艘不知所踪，因此致书日本国王主明乐美，说明其中情况，"丹墀真人广成等，入朝东归，初出江口，云雾斗暗，所向迷方，俄遭恶风，诸船飘荡。其后一船在越州界，其真人广成，寻已发归，计当至国。一船飘入南海，即朝臣名代，艰虞备至，性命仅存。名代未发之间，又得广州表奏，朝臣广成等飘至林邑国，既在异国，言语不通，并被劫掠，或杀或卖，言念灾患，所不忍闻。然则林邑诸国，比常朝贡，朕已敕安南都护，令宣敕告示，见在者令其送来，待至之日，当存抚发遣。又一船不知所在，永用疚怀，或已达彼蕃，有来人，可具奏"[③]。

新罗、日本都是深受唐文化影响的外邦政权，尤其是在唐朝鼎盛的

---

[①] （唐）张九龄：《敕新罗王金兴光书（二）》，载《文苑英华》卷四七一，第2404页；又见《张九龄集校注》卷九，第555页。
[②] （唐）张九龄：《敕新罗王金兴光书（三）》，载《文苑英华》卷四七一，第2405页；又见《张九龄集校注》卷九，第577页。
[③] （唐）张九龄：《敕日本国王书》，载《文苑英华》卷四七一，第2410页；又见《张九龄集校注》卷一二，第684页。

开元时期，两国不断派遣使者前来学习先进的礼仪文化制度，故而这一时期唐朝与他们之间的关系非常友好，张九龄也在蕃书之中以玄宗的口吻向其国王、首领以及百姓进行问好，加以"中冬甚寒，卿及首领百姓并平安好"①之语，来体现天子扶绥万民的崇高地位。

### 六 西域诸部

与唐同一时期的西北地区，存在着护密、突骑施、勃律等政权或城邦，唐朝史书统称其为"西戎"或"西域"。在唐王朝经营西域的过程中，与他们产生了关联，而且他们对于唐朝的态度也各不相同，经常影响着唐朝西北边疆的安定。贞观四年（630），唐朝攻灭东突厥政权以后，开始经营西域。贞观十四年，唐朝出兵剿灭了阻隔西域交通，不听唐命的高昌国，建立西州和安西都护府，在陆续降伏其他西域诸部之后，唐朝建立了以龟兹、疏勒、于阗、焉耆等安西四镇为核心的西域统治体系。显庆二年（657），唐朝又攻灭西突厥汗国，原本依附于西突厥的昭武九姓等国纷纷归附，进而统辖了整个西域，并在其地设置昆陵都护府、蒙池都护府以管辖，皆隶属安西都护府。在高宗、武周时期，吐蕃意图吞并西域，便与唐朝展开一系列的争夺战争，最终随着王孝杰大破吐蕃，唐朝在西域的争夺战中艰难取胜。开元三年（715），吐蕃联合大食进攻唐朝属国拔汗那，唐将吕休璟与张孝嵩率军击败联军，名震西域。开元五年（717），突骑施、吐蕃、大食共同进攻四镇，被唐军击败。开元十年（722），吐蕃进攻唐朝属国小勃律，北庭节度使张孝嵩率军大败吐蕃。由于开元时期唐朝国力雄厚，军事力量强劲，基本维持并扩大了初唐时期在西域地区的控制范围，下辖众多城邦属国，所以，唐朝在与西域诸部的交往之中，也能保持其宗主国的身份与地位。

护密，在今阿富汗东北，西域诸部之一，又称护蜜、护密多国，最初归附吐蕃。开元八年（720），唐朝册封其王，十六年（728）入朝进

---

① （唐）张九龄：《敕日本国王书》，载《文苑英华》卷四七一，第2410页。

## 第六章　从张九龄到李德裕：唐代前后期的蕃书撰作与宾礼变革

贡，十七年（729）再贡，二十九年（741），其王以身入朝。唐朝曾在其地设置昆墟、鸟飞二羁縻州府以管辖。张九龄共撰有 2 篇与之有关的蕃书，题目一致，同为《敕护密国王书》。第一篇的主要内容为玄宗致书护密国王真檀，对他抵御外族入侵的行为进行赞赏，并希望他能继续效忠唐朝，保守国境，"朕知卿忠赤，能保国境，所以前加礼命，用叶蕃情。卿感此殊恩，尽力外御，闻有凶寇，能伸远绩。以义动众，虽弱必强，岂独人心？亦有神助。甚用嘉叹，不可忘也"①。第二篇蕃书的主要内容为玄宗希望护密国王能够及时归国，防备突骑施前来抄略，并给予其权宜处置之权，让他镇守唐朝西陲，"卿宣扬国命，慰抚远人，保我西陲，长守诚节。突骑施凶逆，虑其寇抄，卿宜善计，勿令不觉其来。已西商胡，比遭发蒭劫掠，道路遂断，远近吁嗟，卿既还国，必须防禁。蕃中事意，远路难闻，可量彼权宜，便与王斛斯计会"②。

　　突骑施，西突厥别部，唐朝曾在其地设置嗢鹿、洁山二都督府。西突厥灭亡以后，突骑施首领乌质勒能宽以待人、抚恤部落，故而诸胡归附，势力大涨。景龙二年（708），诏封其首领娑葛为西河郡王。后娑葛被突厥默啜所杀，部将苏禄率领余众，自立为汗，部众二十余万，雄霸西域。开元三年（715），遣使入唐，玄宗册封其为左羽林军大将军、金方道经略大使，忠顺可汗，并将史怀道女册封为金河公主以妻之。后来苏禄与安西都护杜暹产生矛盾，遂发兵侵略四镇。等到杜暹入朝为相，苏禄才停止侵扰，入朝进贡。开元二十六年（738），苏禄被部下莫贺达干所杀，其子咄火仙立，安西都护盖嘉运趁其内乱，发兵进讨，擒获咄火仙以献，突骑余众归于莫贺达干统领，但内部仍然残杀不止，最终全部依附于唐。张九龄撰有 1 篇与突骑施来往的蕃书，主要内容为玄宗首先叙述了唐与突骑施的深厚情谊与扶助关系，"往年可汗初有册立，以

---

① （唐）张九龄：《敕护密国王书（一）》，载《文苑英华》卷四七一，第 2409 页；又见《张九龄集校注》卷一二，第 674 页。
② （唐）张九龄：《敕护密国王书（二）》，载《文苑英华》卷四七一，第 2409 页；又见《张九龄集校注》卷一二，第 676 页。

我国家常为势援，诸蕃闻此，不敢动摇，是我有大惠于可汗，行阴德于彼国。自尔以后，二十余年，情义相亲，结为父子，可汗身自不觉，岂不知彼之大援"①；然后对于突骑施侵犯唐朝四镇之地的罪恶行为提出警告，望对方能清楚双方形势，及时从善，"而乃总无来状，即起凶谋，侵我西州，犯我四镇，连年累月，马死人亡，于群胡已闻怨嗟，于国家岂能大损……约算已西诸国，未敌我一两大州，可汗亦应先知，何烦遂尔为恶？况安西、北庭将士，皆是铁石为心，可汗具谙，不烦更道，此则承前轻举，彼自无义，却以我为失，无乃重其过乎"②；最后，希望突骑施可汗能够改过自新，与唐和善，唐朝也能不计前嫌，信守承诺，使百姓安居乐业，"我国守信如天，终不欺于物，谓天无信，物自无知，然于四时，终不差也。可汗若遂能为恶，朕当别有处分，三二年内，试看若为。必其自省前非，更思旧恩，朕即弃舍大过，父子如初，可汗更有何忧？百姓皆得安乐"③。

识匿，又称尸弃尼、瑟匿，在帕米尔西部，在今塔吉克斯坦境内。贞观二十年（646）遣使朝贡。开元十二年（724），玄宗授其王金吾卫大将军。张九龄撰有1篇与其相关的蕃书，主要内容为玄宗赞赏了识匿国王率军诛灭发甸的忠义行为，并对其进行了赏赐，"卿等仇疾顽暴，相率诛之。累岁逋逃，一朝翦灭，永言忠义，深所嗟称。今授卿将军，赐物二百匹，锦袍金钿带七事，已下节级亦有衣物，各宜领取"④。

勃律，位于今克什米尔北部，史籍中有大勃律、小勃律，两国疆域相接。张九龄撰写蕃书的对象为小勃律。开元初年，小勃律国王没谨忙来朝，玄宗以皇子待之，以其地为绥远军。因其位于吐蕃与唐四镇之间，军事战略地位非常重要，经常被吐蕃侵扰，小勃律便求救于唐，北庭节

---

① （唐）张九龄：《敕突骑施毗伽可汗》，载《文苑英华》卷四七一，第2408页；又见《张九龄集校注》卷一一，第635—636页。
② （唐）张九龄：《敕突骑施毗伽可汗》，载《文苑英华》卷四七一，第2408页。
③ （唐）张九龄：《敕突骑施毗伽可汗》，载《文苑英华》卷四七一，第2409页。
④ （唐）张九龄：《敕识匿国王书》，载《文苑英华》卷四七一，第2409页；又见《张九龄集校注》卷一二，第678页。

# 第六章　从张九龄到李德裕：唐代前后期的蕃书撰作与宾礼变革

度使张孝嵩派兵协助，大破吐蕃，玄宗册封没谨忙为小勃律王。唐朝发往小勃律的1篇蕃书之中，主要内容为玄宗对小勃律能够击退外敌进行了嘉奖赐物，并对其忠心提出赞赏，"卿忠赤输诚国家，闻有外贼相诱，执志无二。又闻被贼侵寇，颇亦艰虞，能自支持，且得退散，并有杀获，甚用嘉之。卿兄麻来兮及首领已下，各量与官赏，具如别敕。今赐卿物三百匹，银胡瓶、盘各一，衣一副，并金钿带七事，至宜领取"①。

罽宾，位于今克什米尔西北部，在武德二年（619）就遣使入贡，贞观中进献马、褥特鼠。显庆三年（658），唐以其地为修鲜都督府。开元七年（719），罽宾遣使进献星占及医药，玄宗册封其为葛逻达支特勤。在张九龄所撰的与罽宾有关的蕃书之中，玄宗对于罽宾国王的好意进行了感谢，并许诺了相关赏赐，"得四镇节度使王斛斯所翻卿表，具知好意。然事在绝域，不可预图，卿若诚心，任彼量度，事遂之日，必有重赏。且朕每于远国，未尝有所食言，想亦知之，勿致疑也"②。

另有1篇张九龄所作的针对西域诸部首领、叶护、城使等人的蕃书，主要内容为玄宗告诫他们时刻提防突骑施的侵扰，并趁机出击，合力消灭突骑施，"突骑施不道，连年作寇，使我边镇，常以为虞，诸处攻围，所在坚守，能伺其隙，各有诛夷。此卿等赤诚，临事效节，使妖不胜德，氛祲自消。遥料凶谋，还虑再下，且贼众乌合，疲于重来，劳则心离，久必有隙，卿等常须有预，以逸待之，一二年间，奇功可立"③。

## 第二节　李德裕与唐后期的蕃书写作

李德裕（787—850），赵郡赞皇（今河北省赞皇县）人，他的父亲

---

① （唐）张九龄：《敕勃律国王书》，载《文苑英华》卷四七一，第2409—2410页；又见《张九龄集校注》卷一二，第679页。

② （唐）张九龄：《敕罽宾国王书》，载《文苑英华》卷四七一，第2410页；又见《张九龄集校注》卷一二，第683页。

③ （唐）张九龄：《敕诸国王叶护城使等书》，载《文苑英华》卷四七一，第2410页；又见《张九龄集校注》卷一二，第681页。

下编　唐代五礼制度下的文献描写与礼仪实践

李吉甫是宪宗朝宰相。由于他"耻与诸生从乡赋，不喜科试"①，所以没有参加科举考试，选择以恩荫入仕。唐穆宗即位之初，李德裕便被诏为翰林学士，"禁中书诏，大手笔多诏德裕草之"②。因他上书议论驸马与朝官来往的弊端，得到穆宗赞赏，不久就升任考功郎中、知制诰。长庆二年（822），李德裕转中书舍人，翰林学士如故，但之后被排挤出走，长期担任地方官员。太和七年（833）二月，李德裕拜相，以兵部尚书加平章事，进封赞皇县伯，食邑七百户，六月，代替李宗闵为中书侍郎、集贤大学士。太和八年（834），再次被排挤，出镇浙西。开成五年（840）正月，武宗即位，九月便拜李德裕为相，授门下侍郎、同平章事，由此直至会昌四年（844）八月唐朝平定泽潞之乱，前后五年，其间"筹度机宜，选用将帅，军中书诏，奏请云合，起草指踪，皆独决于德裕，诸相无预焉"③。武宗与其相知，并以"学士不能尽吾意"④为由，内外诏书全由李德裕撰写，而李德裕也擅长文章，裁决从容，二人同心协力，内政外交皆立功绩，开创"会昌中兴"，是唐朝自安史之乱以后不可多得的强盛时期。

李德裕先后担任过翰林学士、中书舍人、知制诰，并以宰相的身份亲自起草国家内外诏书，深受武宗信赖。在他撰作的7篇蕃书之中，与黠戛斯有关的4篇、回鹘2篇、党项1篇，现结合具体的历史背景，对其内容展开深入分析。

一　黠戛斯

黠戛斯，古坚昆国，又称结骨、纥扢斯。在回鹘西北三千里，约今叶尼塞河上游，自称汉将李陵之后。贞观二十二年（648），遣使进贡，太宗设宴赏赐其酋长，并以其地为坚昆都督府，隶属燕然都护。高宗、

---

① 《旧唐书》卷一七四《李德裕传》，第4509页。
② 《旧唐书》卷一七四《李德裕传》，第4509页。
③ 《旧唐书》卷一七四《李德裕传》，第4527页。
④ 《新唐书》卷一八〇《李德裕传》，第5342页。

## 第六章 从张九龄到李德裕：唐代前后期的蕃书撰作与宾礼变革

中宗时期皆来朝贡，玄宗时，前后朝贡四次。乾元年间，黠戛斯被回鹘所破，因此长期与唐朝断绝来往，直到回鹘势力渐渐衰弱，黠戛斯首领阿热才自立为可汗，开始进攻回鹘，杀掉回鹘可汗，将唐朝与回鹘和亲的太和公主送还唐朝，但途中被回鹘乌介可汗所袭，黠戛斯使者被杀。会昌年中，阿热遣使通好唐朝，说明其中缘由，武宗大悦，将其使者居于渤海使者班位之上。阿热表达了愿意与唐军联合攻打回鹘乌介可汗的想法，因此唐朝册封其为宗英雄武诚明可汗，但册封使者尚未出发，武宗突然驾崩，册封事宜也直到宣宗大中元年（847）才遣使顺利进行。

在会昌年间唐与回鹘的战争之中，黠戛斯助唐，故而这一时期唐与黠戛斯交往密切，关系亲善，李德裕以唐武宗的名义共撰写 4 篇与黠戛斯有关的外交蕃书。按照撰写的前后时间顺序，第一篇蕃书撰写于会昌三年（843）二月，题为《与黠戛斯王书》，武宗首先回顾了黠戛斯与唐朝的交往历史，"顷于贞观中，彼国常奉朝贡，亦授官爵，宠赐而还。尔后但讶音耗久，乖不知中为回鹘所隔，及览来表，方嘉壮图"[1]；其次赞颂了黠戛斯打败回鹘、送还公主的功勋，"蓄锐多年，乘机大举，快雪冤愤，豁开心怀。回鹘之营垒既平，国家之山河不间。既为邻境，遂阅贡章。又知破回鹘之时，取得太和公主，特遣专使送归阙庭"[2]；最后希望黠戛斯首领能够除恶务尽，不留后患，"透网罗而元恶逃遁，顾其余类，何所寄生。国王远闻，想同深慰，然犹恐奔窜，尚有奸凶。又虑侵彼封疆，将复仇怨，国王亦须严为备拟，善设机谋，同务讨除，尽其根本，无贻后患"[3]。

第二篇同样撰写于这一时期，题为《与纥扢斯可汗书》，在回顾黠戛斯与唐交往的历史信息中更为详尽，最后又增加了唐朝遣使册封其首领的相关内容，"故令太仆卿兼御史丞相赵蕃，特充节使，以答深诚，

---

[1]（唐）李德裕：《与黠戛斯王书》，载《文苑英华》卷四七〇，第 2400 页；又见傅璇琮、周建国校笺《李德裕文集校笺》，河北教育出版社 2019 年版，第 532 页。
[2]（唐）李德裕：《与黠戛斯王书》，载《文苑英华》卷四七〇，第 2400 页。
[3]（唐）李德裕：《与黠戛斯王书》，载《文苑英华》卷四七〇，第 2400—2401 页。

质于神明，用存大信。朕言不贰，可不勉欤。又自古外蕃，皆须中国册命，然可弹压一方。今欲册命可汗，特加美号，缘未知可汗之意，且遣谕怀。待赵蕃回日，别命使展礼，以申和好"①。

第三篇撰写于会昌四年（844）夏，题为《与黠戛斯可汗书》，主要内容分为三部分，文书首先表达了对黠戛斯攻破回鹘并送还太和公主、遣使入唐的丰功伟业，"可汗特禀英姿，生知雄略，奋扬威武，底定龙荒。扫回鹘之穹居，报怨以直；护公主之輶幕，事大以诚。又遣贵族信臣，载驰朔漠，名马鹫鸟，远涉流沙。既展同姓之亲，克副怀柔之旨，眷言勋绩，深慰予衷"②；然后表达了唐朝想要册封黠戛斯首领的礼仪之举，"朕以可汗先祖，往在贞观，身自入朝，太宗授以左卫将军、坚昆都督。朕思欲继太宗之旧典，彼亦宜遵先祖之明诫，便以坚昆为国，施于册命，更加美号，以表懿亲。况坚者不朽之名，昆者有后之称，示不忘本，岂不美欤？朕昨命礼部尚书郑肃等与彼使臣面陈大计，温仵合将军等皆谕朕旨，愿言结成"③；最后，希望黠戛斯可汗能够乘胜追击，彻底铲除回鹘势力，以绝后患，"今回鹘是国家叛臣，为可汗仇敌，须去根本，方保永安，况是天亡之时，易于攻取"④。

第四篇写于会昌五年（845）春，题为《与黠戛斯书》，文书首先表达了唐与黠戛斯路途隔绝，山川悠远，通信困难，无法用文字显示两国之间的深厚情谊，希望黠戛斯可汗予以理解，"金石路隔绝，盖为山川悠远，未得自与可汗封壤接连，非是两国之情犹有阻隔。想可汗明识，无复致疑"⑤；然后再次称赞了黠戛斯攻破回鹘的不世之功，并希望黠戛斯能够尽早斩草除根，"回鹘雄据北方，代为君长，诸蕃臣伏百有余年。

---

① （唐）李德裕：《与纥扢斯可汗书》，载《文苑英华》卷四七〇，第2402页；又见《李德裕文集校笺》卷六，第64—65页。
② （唐）李德裕：《与黠戛斯可汗书》，载《文苑英华》卷四七〇，第2398页；又见《李德裕文集校笺》卷六，第67—68页。
③ （唐）李德裕：《与黠戛斯可汗书》，载《文苑英华》卷四七〇，第2399页。
④ （唐）李德裕：《与黠戛斯可汗书》，载《文苑英华》卷四七〇，第2399页。
⑤ （唐）李德裕：《与黠戛斯书》，载《文苑英华》卷四七〇，第2399页；又见《李德裕文集校笺》卷六，第71—72页。

## 第六章　从张九龄到李德裕：唐代前后期的蕃书撰作与宾礼变革

今可汗扫除穹庐，大雪仇耻，功业既高于前古，威声已振于北荒。固当深务远图，岂可更留余烬。黑车子不度德量力，敢保寇仇，则是侮慢。可汗独不向化，此而可忍，孰不可容"①；最后，武宗承诺会与黠戛斯共同出兵，追杀回鹘余众，"待至今秋，朕当令幽州、太原、振武、天德缘边四镇要路出兵，料可汗攻讨之时，回鹘必当潜遁，各令邀截，便可枭擒"②。

由上可知，由李德裕撰写的会昌年间唐与黠戛斯交往的4封蕃书，内容基本一致，都表达出了唐朝对于黠戛斯打败回鹘，送还公主的感激与赞赏之情。同时都希望黠戛斯能够剿灭回鹘余众，以绝后患，以保持唐朝北部疆域的和平稳定。在蕃书的最后，还是继承了唐前期的文书制度，加以问候之语，如"夏热，想可汗休泰。将相以下，并存问之，遣书指不多及"③ 等内容。

### 二　回鹘

回鹘，本称回纥，后改其名。贞观三年（629），开始朝贡唐朝，突厥灭亡以后，漠北地区以回鹘与薛延陀最为强盛，太宗以回鹘为瀚海都督府，置燕然都护府进行统辖。之后，回鹘在击破阿史那贺鲁、收取北庭都护府、讨伐高句丽、攻杀默啜等战争中皆立功勋，并且多次遣使入贡，玄宗封其首领为奉义王，回鹘的势力也日益壮大，统治范围愈广，"东极室韦，西金山，南控大漠，尽得古匈奴地"④。安史之乱以后，回鹘率兵助唐平叛，立有大功，唐朝为了维持双方之间的亲密关系，甚至以皇帝亲生之女和亲回鹘，并展开绢马贸易，以满足回鹘的经济需求。但回鹘日益骄横，不仅在平叛战争中烧杀抢掠，而且在唐都长安白昼行凶，目无法纪，唐朝政府也无可奈何。再之后，回鹘恃功傲物，经常骚

---

① （唐）李德裕：《与黠戛斯书》，载《文苑英华》卷四七〇，第2400页。
② （唐）李德裕：《与黠戛斯王书》，载《文苑英华》卷四七〇，第2400页。
③ （唐）李德裕：《与黠戛斯可汗书》，载《文苑英华》卷四七〇，第2399页。
④ 《新唐书》卷二一七《回鹘传》，第6115页。

扰唐朝边境，唐朝政府也只能被迫防御，并且采取赏赐、和亲等方式继续维持，自安史之乱发生以后，唐朝先后以宁国公主、小宁国公主、光亲可敦、崇徽公主、咸安公主、太和公主等出塞和亲。直到文宗开成年间，回鹘争权动乱，黠戛斯趁机攻破回鹘牙帐，斩杀可汗，余众四散逃亡。太和公主在战争中被黠戛斯所得，黠戛斯首领遣使送归唐朝，途中又被回鹘乌介可汗劫夺，率领部众向南入寇。回鹘王子嗢没斯与唐天德军合谋诱杀宰相赤心，并率领部落归降唐朝，唐朝册封其为归化郡王，赐姓李氏，名思忠。后在李德裕、刘沔、石雄的部署奋战下，主动出击，大破回鹘乌介可汗，迎回公主，乌介奔走依附黑车子，反被黑车子斩杀，其部下奉乌介之弟为可汗，依附于奚。

因此，武宗会昌年间回鹘与唐的外交关系可以具体分为两种情况：一是回鹘王子嗢没斯等归附于唐，与唐和好；二是乌介可汗等率领军队骚扰唐朝边境，与唐为敌。李德裕共撰有 2 篇与回鹘相关的蕃书，都撰写于会昌元年（841），第一篇为《赐回鹘可汗敕书》，武宗首先回顾了唐与回鹘的友好交往，"可汗累代以来，推诚向国，往者中原有难，助剪群凶，列圣念功，每加优宠，宁国、咸安二公主降嫁龙庭。爰及先朝，复以今公主继好，又以土无丝纩，岁遣缣缯，恩礼转深，诸蕃称羡，久保诚信，两绝猜嫌"[①]；其次希望回鹘可汗能够率众回归旧土，不要一直驻留在唐朝边境，而且对于回鹘提出的借用振武城居住一事表示反对，希望可汗能够回驻漠南，唐朝也将尽力优待，"今可汗既立，彼又降附，便合率领，渐复旧疆，漂寓塞垣，殊非良计。又得宰相颉干伽思等表借振武一城，权与可汗、公主居住。中国之制，与外蕃不同，须守前代规模，祖宗法度……未有深入汉界，借以一城，与羌、浑、党项微小杂种，同为百姓，实亦屈可汗之尊贵，乱中国之旧规。若以未复本蕃，或欲别迁善地，求大国声援，戢诸部交争，亦须率思归之人，且于漠南驻正，朕当许公主朝觐，亲问事宜，倘须应接，必无所吝。冀令彼国从此辑宁，

---

[①] （唐）李德裕：《赐回鹘可汗敕书》，载《文苑英华》卷四六八，第 2387 页；又见《李德裕文集校笺》卷五，第 52 页。

第六章　从张九龄到李德裕：唐代前后期的蕃书撰作与宾礼变革

岂不谓去危就安，转祸为福？"① 第二篇为《赐回鹘嗢没斯特勤等诏》②，武宗对于前来天德军归附的回鹘王子嗢没斯等人表达了慰问与赞赏，并派遣使者前去安抚，希望嗢没斯等人将其意图与谋划告知使者，令其奏闻，"公主及新可汗播越他所，未归城邑，特勤等力不能制，思存远图，相率遁逃，万里归命。又知欲奉公主朝觐，忠谋不从，已道大漠之南，同款五原之塞，发此单使，布其赤心。言念艰危，恻然轸叹，料卿等皆英酋贵族，羁寓沙场，怀土之情，如何可处？岂非欲讨除外寇，匡复本蕃，抱此至忠，托于大援？但缘未知指，难便听从。又虑边境守臣，见卿忽至，或怀疑阻，不副朕心，故遣鸿胪卿张贾驰往安抚。朕既奖卿忠款，报以信诚，虽隔塞垣，已如相见。卿须深明朕意，尽吐所怀，一一言于使臣，令其速且还奏"③。

可见，对于关系不同的回鹘部众，唐朝蕃书的态度与措辞也不尽相同，而且，在敕回鹘乌介可汗的诏书末尾，并未有相关问好之语，而在给归降唐朝嗢没斯等人的诏书中写有"秋热，卿及部下诸官并左相阿彼元等部落、黑车子达怛等平安好"④，区别对待的态度与转变显而易见。

## 三　党项

党项，西羌别种。贞观三年（629），南会州都督遣使招徕党项，酋长细封步赖率众内附，太宗以其地为轨州，拜其为刺史，之后诸部相继内属。又有黑党项、雪山党项、西北党项、泾陇党项诸部，其中在泾陇州界的党项，肃宗上元元年（760）入唐请降，宝应元年（762），归降的各州部落请求唐朝颁赐州印，朝廷许之。代宗永泰、大历年间，党项居于石州，被永安城镇将阿史那思昧侵扰，党项不堪其扰，率部渡过黄河。元和九年（814），唐朝又置宥州保护党项，十五年（820），命令太

---

① （唐）李德裕：《赐回鹘可汗敕书》，载《文苑英华》卷四六八，第2387页。
② 原书写作"特勒"，今改为"特勤"。
③ （唐）李德裕：《赐回鹘嗢没斯特勤等诏》，载《文苑英华》卷四六八，第2388页；又见《李德裕文集校笺》卷五，第60页。
④ （唐）李德裕：《赐回鹘嗢没斯特勤等诏》，载《文苑英华》卷四六八，第2388页。

171

子中允李寮为宣抚党项使。文宗太和、开成年间，相邻藩镇贪图经济利益，经常强行掠夺党项牲畜，不给酬劳，引发党项的抵抗与侵扰，相率为盗，阻绝交通道路。武宗即位以后，多次派遣使者前去安抚党项，并设置三印，以侍御史三人为统领安抚处置各地的党项，但并未起到太大作用，不久之后就被停废。

  李德裕撰有1篇与党项有关的蕃书，作于会昌三年（843）十一月，题为《赐党项敕书》，主要内容为武宗告诫归附唐朝的党项部落，朝廷已经在之前处置的基础上，重新安排了官员进行统辖，希望他们不要忘恩负义，擅自兴兵，劫掠内地，如果有边将对待不公，存在冤情，可以及时上奏，朝廷必当依法审理，"今再为条制，各使得宜，却令节将指挥，许其处断。如事有冤滥，政乖公平，并遣巡院奏闻，朝廷必为申理。如或不知恩贷，犹敢猖狂，国有典章，必难容舍。故兹宣示，当体朕怀"①。

  由于党项长久以来便是唐朝统辖下的民族部落，所以唐朝对其态度自然与其他外蕃不同，可以根据唐朝内部的典章制度进行对待，在蕃书中直言其事，没有多余的客套虚言，可以将其视为真正意义上的"蕃书"。

## 第三节　唐代前后期的蕃书与宾礼对比研究

  从前两节关于唐前期开元年间张九龄撰写的蕃书内容与唐后期会昌年间李德裕撰写的蕃书内容来看，经过简单地对照比较之后，可以发现二者既有相同部分，又各有特点，现将其简单总结如下。

  这两种蕃书的相同之处共有以下三点：一是撰作者相似的官职履历。张九龄与李德裕都曾担任中书舍人、入职翰林、知制诰，虽然唐前后期的公文撰作制度略有不同，但基本是由担任这些职位的专人进行起草。而且，他们都曾位居宰辅，深受皇帝信任，执掌过一段时间的国家政务，

---

①（唐）李德裕：《赐党项敕书》，载《文苑英华》卷四六八，第2391页；又见《李德裕文集校笺》卷六，第76页。

## 第六章　从张九龄到李德裕：唐代前后期的蕃书撰作与宾礼变革

对于内外事务的分析与处理能力自然优于他人，也能更为恰当地反映在蕃书的写作之中。二是两种蕃书的文体制度存在前后相承的关系。经过对每一份蕃书内容的具体分析可以直观地看出，无论是唐前期还是唐后期，在蕃书的末尾总要加上符合时令的问候之语，涉及蕃书对象及其部落百姓，既是展现天子威德遍及四方的意义象征，又是大国亲切友好的礼仪风范。同时，这些问候也成为蕃书内容的固定组成部分，成为唐朝公文制度的一部分，得到前后因袭与继承。三是这些蕃书的用途与目的基本一致。唐朝撰写的这些蕃书，不仅仅是为了日常邦交问候，更重要的是，唐朝以此来处理与各部落邦国的政治、经济、军事等现实问题，蕃书的作者根据双方的亲疏程度以及存在的矛盾与冲突，会在蕃书中进行重点描述，并从多个方面寻找解决途径与办法，以处理切实存在的国家事务。

而不同之处则体现在蕃书的语气与态度已然发生了变化。无论是张九龄还是李德裕，他们撰写的蕃书都是以当朝皇帝的口吻下达四方的，体现着天子的语气与态度。张九龄在蕃书中无论对方的强弱与亲疏，统一采用"敕问"的口气问询对方首领或国王，虽然这也与敕文这一特定文体有关，但依然是天子统辖四方，待之如一的自信体现。但到了唐武宗时期，蕃书之中已然发生了变化，如在与黠戛斯有关的蕃书中使用"敬问"，在与回鹘、党项有关的蕃书中则使用"敕"，这种面对强弱不同的外交对象而使用不同词汇的现象，非常明显地体现出了唐武宗统治时期唐朝国力衰弱的现实情况。再通过两者的前后对比可以发现，蕃书语气与态度的变化，实际上是唐朝在不同时期所拥有的综合国力与对外影响力的直接体现。

除了内容上的相同与区别之外，张九龄所撰蕃书与李德裕所撰蕃书的最大区别在于其数量上的差别。张九龄共撰写蕃书41篇，而李德裕共撰写蕃书7篇，先后相差6倍，虽然张九龄从事公文起草的时间略长于李德裕，但这种差距远非时间所能解释的。究其根本，还是在于唐前期的外交制度、礼仪与综合国力所达到的高度远远超过了唐后期武宗统治时期的各种情况，是有唐一代对外交往的鼎盛阶段。

陆超祎对初唐前期（高祖、太宗、高宗三朝）的外交文书展开了分析研究，并对于这一时期外交文书的地位及其所呈现的价值观念、外交姿态与思路进行了总结，认为这是唐朝外交朝贡体系的基本定型阶段。[①]经过前期的完善与积累，唐代的外交盛况与开元盛世相伴而来，成为中国外交史上浓墨重彩的一笔。开元元年（713），玄宗果断出击，平定了太平公主之乱，并任命姚崇为相，沙汰僧尼，采取一系列措施以稳定国内的政治经济，恢复社会生产，唐朝开始走向全盛局面，对外交往也迎来全新局面。开元二年（714），突厥葛逻禄、十姓胡禄屋等部因不满日益衰老的默啜所施行的暴虐统治，开始逐渐归附于唐。面对吐蕃的入寇，唐朝也能主动派遣军队前去作战，并取得大胜。开元三年（715），突厥十姓部落前后来降者已达万帐，高句丽文简亦与突厥部众同降。张孝嵩率兵救援拔汗那，大破吐蕃与大食联军，"威震西域，大食、康居、大宛、罽宾等八国皆遣使请降"[②]。开元四年（716），拔曳固、回纥、同罗、霫、仆固、契丹、奚等部落来降，吐蕃请和。在此期间，对待款附的外蕃，唐朝能够妥善安置；面对外敌入侵，则积极备战，主动出击，维护唐朝的边境安全，直到开元十三年（725），天下大治，内外乂安，玄宗前往泰山举行封禅大礼，四夷酋长也都相伴观礼。关于开元年间唐朝对外交往的政权或国家总数，成书于开元二十六年（738）的《唐六典》进行了总结，在礼部卷"主客郎中"一条中记载："凡四蕃之国经朝贡以后自相诛绝及有罪见灭者，盖三百余国。今所在者，有七十余蕃"[③]，并在之后详细列举了这七十多个外蕃的名称，这也能体现唐前期对外交往的盛世局面。

而在同一时期成书的《大唐开元礼》，是唐代礼仪制度的集大成之作，也代表了唐朝礼乐撰作的顶峰。在《大唐开元礼》中，有宾礼二

---

[①] 陆超祎：《初唐前期外交文书研究》，硕士学位论文，南京师范大学，2016年。
[②] 《资治通鉴》卷二——，"玄宗开元三年十一月"条，第6832页。
[③] 《唐六典》卷四《尚书礼部》，第129页。

## 第六章　从张九龄到李德裕：唐代前后期的蕃书撰作与宾礼变革

卷，其中"受蕃国使表及币"就包含了接受外邦蕃书的具体礼仪程序①，而唐朝发往外邦的蕃书，自然也是专门命使进行传达，并在到达目的地之后举行相应的蕃书交接礼仪②。李大龙曾根据边疆藩属关系的不同将宾礼分为三个层次，即藩臣之礼、舅甥之礼、敌国之礼③，据此而言，《大唐开元礼》《通典》所记载的官方礼仪就属于藩臣之礼。除了宾礼之外，唐代的各项政治制度、官僚体系也在不断健全完善，外交管理体系也得以飞速发展，形成了以地方行政系统、军事边防系统及边境镇抚系统三位一体的地方外交管理体制，黎虎先生称之为古典外交制度，并认为它是后世历代皇朝外交制度的基本范式。④ 张九龄生活在这内政外交的盛世之中，能够运用自身才能书写唐朝蕃书，并在三省六部等精密制度正常运作之下宣扬域外，展现了盛世之下的礼仪制度与大国自信。

安史之乱以后，大唐帝国权威不再，盛世局面也化为泡影，瞬间破裂。内有藩镇割据叛乱，外有吐蕃、回鹘等强邻侵扰，唐朝的皇帝们在危局之下如履薄冰，小心翼翼地维持，尚能进行太平统治，先后在代宗大历、德宗贞元、宪宗元和年间度过了较为和平稳定的历史时期，甚至小有中兴。但在"甘露之变"以后，唐朝开始步入晚年的多事之秋，政局逐渐晦暗莫测，宦官专权也渐趋恶化。⑤ 在外交方面，原有的藩属体系衰败，职官体系变革，宦官开始担任一系列使职，如鸿胪使、礼宾使、阁门使、客省使等，直接公开处理国家内外交往事务，如代宗时鱼朝恩曾兼任多

---

① 《大唐开元礼》卷七九，第 388—389 页；王贞平曾对唐代宾礼的主要环节进行了分析研究，参见王贞平《唐代宾礼研究：亚洲视域中的外交信息传递》，中西书局 2017 年版，第 10—58 页。

② 日本学者石见清裕曾撰文对此进行了分析研究，参见 [日] 石见清裕《唐朝的国书授与仪礼》，《东洋史研究》1998 年第 2 期；他对于唐代的国书以及授予仪式也进行了研究与复原，参见 [日] 石见清裕《唐代的民族、外交与墓志》，王博译，西北大学出版社 2019 年版，第 75—115 页；拜根兴也根据唐与新罗交往的文献资料考察了唐代的宾礼仪式与实施，参见拜根兴《唐朝的宾礼仪式及其实施考论——以与新罗的交往为中心》，《域外汉籍研究集刊（第十二辑）》，中华书局 2015 年版，第 15—29 页。

③ 李大龙：《唐代边疆史》，第 187—196 页。

④ 黎虎：《汉唐外交制度史（增订本）》，中国社会科学出版社 2019 年版，第 11 页。

⑤ 黄日初：《唐代文宗武宗两朝中枢政局探研》，齐鲁社 2015 年版，第 6 页。

使，"永泰中，诏判国子监，兼鸿胪、礼宾、内飞龙、闲厩使"①；元和年间宦官李辅光充任礼宾使②；穆宗长庆年间姚存古充司宾使③；敬宗时刘宏规曾充鸿胪礼宾等使④，其孙刘中礼也曾充任鸿胪、礼宾、阁门、客省等使⑤，据杜文玉考证，认为客省使的职能是"四方之觐礼，万国之奏籍，举不失时，动而合度"⑥；文宗太和三年（829），刘渶涁迁鸿胪礼宾使，墓志称赞其"敷扬皇化，导劝绩徒，异类向风，皆怀仁德"⑦；日本求法僧圆仁到达楚州之时就曾接触礼宾使，开成四年（839）二月二十四日礼宾使云："未对见之前，诸事不得奏闻。"⑧后经圆仁再三催劝，结果只获允许雇船修理，不能前往台州，圆仁的行程被严格控制，说明礼宾使也负责在华外国人的行程事宜；大中五年（851）《敕内庄宅使牒》中署名有"使兼鸿胪礼宾等使特进知□□田绍宗"⑨。同时，宦官也可以直接参与到外交事务当中，"凡外夷使将至，遣中使郊驿迎劳，既至，恩礼甚厚，将归，亦送之，以怀远人"⑩，可见，中使宦官已经可以直接负责外蕃使者的迎接、赏赐与送归，侵夺了原来属于礼部主客司和鸿胪寺的外交职能，"省中司门、都官、屯田、虞部、主客，皆闲简无事"⑪，将国家的外交宾礼用作私人恩惠，宦官的势力可见一斑，这种

---

① 《新唐书》卷二〇七《鱼朝恩传》，第5864页。
② 周绍良、赵超主编：《唐代墓志汇编》元和083《唐故兴元从正议大夫行内侍省内侍知省事上柱国赐紫金鱼袋赠特进右武卫大将军李（辅光）公墓志铭并序》，第2007页。
③ 周绍良、赵超主编：《唐代墓志汇编续集》太和053《唐故功德使判议大夫内侍省内常侍员外置同正员知东都内□侍□□□长□食邑二千五百户姚公墓志铭并序》，第922页。
④ 周绍良、赵超主编：《唐代墓志汇编续集》太和005《故左神策军护军中尉兼左街功德使特进行右武卫上将军知内侍省事上柱国沛国公食邑三千户赠开府仪同三司刘公墓志铭并序》，第883页。
⑤ 张全明：《唐河东监军使刘中礼墓志考释》，《敦煌学辑刊》2007年第2期。
⑥ 杜文玉：《关于唐内诸司使与威远军使研究的几个问题》，《河北学刊》2011年第3期。
⑦ 周绍良、赵超主编：《唐代墓志汇编续集》会昌008《唐故银青光禄大夫行内侍省内常侍上柱国彭城县开国公食邑五百户赐紫金鱼袋刘君墓志铭》，第948页。
⑧ 《入唐求法巡礼行记》，第120—121页。
⑨ （清）王昶：《金石萃编》卷一一四《敕内庄宅使牒》，景嘉庆十年青浦王师经训堂刊同治十年补刻本，第564页。
⑩ 《唐会要》卷九九《拂菻蛮》，第2091页。
⑪ （宋）钱易撰，黄寿成点校：《南部新书》，中华书局2002年版，第45页。

## 第六章 从张九龄到李德裕：唐代前后期的蕃书撰作与宾礼变革

使职差遣的盛行最终形成了一种在皇帝和中书门下直接指挥之下由各种使职差遣具体贯彻执行外交政令与外交事务的新型外交管理体制，从而对日后五代和北宋前期的外交管理体制产生了直接的影响①。

而且，这一时期礼崩乐坏，难以重现盛世之中的礼乐著述，对外交往的宾礼也只能一切从宜，就连对于经常派遣唐使入唐的日本也逐渐停止了外交活动。在礼仪方面，唐朝政府越来越重视吉凶礼仪的撰作总结与应用，而对军礼、宾礼置若罔闻，深层原因就在于这一时期国家军事实力大为衰弱，进而导致了外交活动的减少，没有了礼仪实施的空间与场景，礼仪的制度及其内容也就自然被束之高阁。

虽然唐武宗及其宰相李德裕共同打造了"会昌中兴"的治世局面，但无奈武宗因服食丹药而早崩，李德裕也在宣宗即位以后被贬而亡，这种局面仅仅维持了五年，也就是在这五年之中，唐朝对内平定了泽潞、河东叛乱，对外打击了国破流散的回鹘余部，迎回太和公主，李德裕在此期间贡献颇多，但面对迅速攻破回鹘的黠戛斯，唐朝也只能主动示好，答应黠戛斯的册命请求，"今欲藉其力，恐不可吝此名"②，并且进行多次交往以对付共同的敌人，在蕃书之中不厌其烦地提醒黠戛斯斩草除根，以绝后患，也是武宗君臣面对实际情况所能做出的绝佳选择。

同时，对于蕃书的功能与实际效用仍需要保持一定的慎重态度。在张九龄、李德裕等精通文字语言运用之人的文献描述下，唐朝的对外态度始终温和谦逊，有礼有据，绝不主动挑起冲突与战争，而以一个受害者的形象控诉他国的冒犯活动，占据道德制高点。但实际上，结合相关史事可以发现，在有足够能力的条件下，唐朝一般会主动出击，以便在敌我双方的对抗中保持优势地位，这在盛唐时期的对外交往活动当中非常明显。即使是到了唐后期，虽然国家综合实力明显下滑，难以解决流亡回鹘部族的侵扰，但仍旧能够多次与回鹘的敌人黠戛斯保持沟通，并希望借助他国之力解决回鹘问题，尽管方式不同，却也是主动出击战略

---

① 黎虎：《略论唐后期外交管理体制的变化》，《文史哲》1999年第4期。
② 《资治通鉴》卷二四七，"武宗会昌三年二月"条，第8096页。

思想的另一表现，得到了较为满意的最终结果。所以，唐代的外交策略如王贞平所说是实用多元主义，道德理想主义为表，现实主义为里，外交策略与宾礼是目的与手段的关系[①]，蕃书作为唐代宾礼内容的一部分，自然也是理想与现实结合的完美表达，共同致力于唐朝外交活动的开展与和平稳定外交环境的构建。

## 小　结

张九龄与李德裕所撰写的蕃书，既是特定统治时期内唐朝对外交往的实用文献，又是唐朝在不同历史条件下外交局面的真实反映，与唐代国家的综合国力、外交政策、对外影响力以及宾礼礼仪制度的盛衰变化息息相关，从这些文献的内容与数量上，可以探究唐代蕃书撰作的历史背景、目的意义与具体格式制度，也能直观地体现唐朝的外交体制以及邦交关系的广泛程度，使研究者对于唐代在所处时空界域内的国际地位有一个更为全面的认识与了解，而宾礼的前后变革也夹杂于这些蕃书的字词之中，根据对外交往的实际情况而做出相应的改变，服务于唐朝的现实外交政策。

---

①　参见王贞平《唐代宾礼研究：亚洲视域中的外交信息传递》，中西书局2017年版，第180—181页。

# 第七章 军礼的评判：唐代的大射与射礼判文

《礼记·射义》曰："射者，男子之事，因而饰之以礼乐也。故事之尽礼乐，而可数为。以立德行者莫若射。故圣王务焉。"① 射作为"六艺"之一，在周礼中共有大射、宾射、宴射、乡射四种礼仪，施行于不同的场所，功能各异，具有军礼和嘉礼双重属性。秦汉以后，前三种射礼逐渐融合，统称大射礼，开始注重其军事功能，并逐渐娱乐化。② 经过魏晋南北朝的发展与完善，大射礼仪作为军礼被纳入国家礼典，唐代延续其制，也将射礼作为军礼内容之一，而且有着自身的考虑，"五帝三王之时，天下万国，迭相征伐，士之志艺，以射为首。是以我国家开元中修五礼，以射礼入军礼焉"③，而乡射礼仪则逐渐淡出国家礼仪系统，详见后论。

唐代的射礼活动开始于武德二年（619），终止于开元二十一年（733），其间共实施大射礼仪17次，在唐代的军礼制度之中，射礼专属于皇帝，在礼仪典籍《大唐开元礼》之中，有"皇帝射于射宫"和"皇帝观射于射宫"两种礼仪形式，笔者曾对于唐代射礼的渊源以及射礼在唐代的实践与变化进行了考证研究，认为唐代的射礼以宴饮和赏

---

① 《礼记集解》卷六〇《射义》，第1400页。
② 蔡艺：《秦汉之后大射礼的发展与嬗变》，《湖南工业大学学报》2015年第6期。
③ 《通典》卷七七《军礼二》，第2092页。

赐为主，已经脱离了射礼产生的初衷与特征，成为皇帝主导的大型君臣娱乐活动。① 但关于射礼的礼仪细节与大众认知，仍需要从其他角度展开探索，幸运的是，除了一些正史记载的唐代射礼实施情况之外，笔者在《文苑英华》中还发现了一些有关射礼的礼仪文献，在文体上都属于判文，这些判文为研究者提供了一个全新的视野来观察唐代射礼的礼仪细节，并且根据它们的撰作者与文献内容，我们还能进一步地分析唐代士大夫阶层关于射礼的认知与评价，有助于促进对于唐代射礼的全面认识与深入研究。

## 第一节　唐代判文中的射礼描写

　　《文苑英华》中收录的这些与射礼有关的判文共20篇，归入射御门，主要围绕着射礼的相关礼仪细节展开评判，根据其内容，可分为五类，下文主要探讨唐代射礼的礼仪细节与唐人的相关评判，具体的分析与深化研究则在第二节重点展开。

### 一　泽宫置楅

　　泽宫，指举行射礼的场所。《周礼·夏官·司弓矢》载："泽，共射椹质之弓矢。"郑玄进一步解释为："泽，泽宫也，所以习射选士之处也"②，这指的是周代四种射礼之一的大射，在泽宫举行，用以选择士人参与祭祀活动。楅，亦写作"福"，指的是举行射礼时盛列弓箭的器具，《大唐开元礼》记载："楅，长三尺，博三寸，厚一寸半，龙首蛇身，所以委矢。"③ 所以，泽宫置楅主要指的是在举行射礼的场所设置盛箭的楅，关于泽宫置楅所要评判的案例为甲主管泽宫，在将要举行祭祀的时

---

① 参见《戎祀之间：唐代军礼研究》，第123—140页。
② 《周礼正义》卷六一《夏官·司弓矢》，第2566页。
③ 《大唐开元礼》卷八六，第411页。

## 第七章　军礼的评判：唐代的大射与射礼判文

候，根据所学礼仪设置了"福"，却没有设置"中"（盛算筹的器具），被御史弹劾，甲反驳说："自邦国以下，则有名制，王者之式，未之前闻"①，也就是说，国家的礼仪自有名称制度，皇帝举行射礼的具体仪式，并没有见于礼典，闻所未闻。那么甲的做法是否正确，有无违法行为？这就需要有司做出判断，针对这一案例，共有六人进行了判决，其作者与判文内容如下：

第一篇判文的作者是邓承绪，开元年间明经擢第，"释褐京兆府参军，充虢王府判官"②。他认为御史的弹劾是正确的，甲应该引以为戒，依礼设置"福"与"中"，维持礼仪的尊卑秩序，"设中置福，用陈矢算之仪；释获建旌，遂明多少之数……卑不逾尊，上得兼下。法官所劾，敢奉守官之诫；诉者有辞，恭闻克谨之义"③。第二篇判文的作者是潘文环，天宝年间擢书判拔萃科④，他认为"福""中"的设置要根据射礼的等级高低进行判断，如果不是皇帝举行的射礼，就不应该设"中"，甲也不必害怕御史的弹劾，"若事属诸侯，固宜同于相圃；而举非王者，爰可论于设中。既无共职之愆，宁惧守官之劾"⑤。第三篇的作者是程休，肃宗朝司封员外郎⑥，他认为甲没有按照礼制设置中，是渎职犯罪的表现，"固合在仪必备，岂可立事无规……法官之劾，以告阙于今供；司存之辞，诉未闻于古制。虽五等有数，四侯既张，而兹礼不存，斯人何罪？"⑦第四篇的作者是蒋准，肃宗朝擢书判拔萃科⑧，他认为甲负责执掌泽宫，却不学愚钝、不明礼仪，没有及时设置礼器，妨碍了礼仪的正常施行，"甲学乎相圃，司彼泽宫，并夹既陈，决拾斯佽。思备物以致用，奚旷官以速尤？竟不具于鹿中，乃空歌于狸首。末学兹甚，不敏

---

① 《文苑英华》卷五一三《泽宫置福判》，第2625页。
② 《全唐文》卷三九七，第4054页。
③ （唐）邓承绪：《对〈泽宫置福判〉其一》，载《文苑英华》卷五一三，第2625页。
④ 《全唐文》卷四〇三，第4122页。
⑤ （唐）潘文环：《对〈泽宫置福判〉其二》，载《文苑英华》卷五一三，第2625页。
⑥ 《全唐文》卷四三五，第4439页。
⑦ （唐）程休：《对〈泽宫置福判〉其三》，载《文苑英华》卷五一三，第2625页。
⑧ 《全唐文》卷四三六，第4448页。

则多"①。第五篇判文的作者是裴子建,天宝年间御史②,他认为甲的做法正确无误,符合古礼,"既有备于置福,复何遽于设中?法官执此简书,欲行觥挞;诉者确乎执礼,凭于名制。用舍之道,抑有司存?"③第六篇的作者为刘肱,屯田员外郎刘敦实之子④,他认为甲的做法违犯古礼,应该加以刑罚,以儆效尤,"甲为主司,素非达吏。泽宫之制,何昧周官?相圃之仪,旋乖鲁典……语而有诉,虽以执礼为词;阙而不供,终当毁椟之责。请以中典,以劝无良"⑤。

## 二　张侯下纲

"侯"即射侯,指的是箭靶,用布或皮革做成,上面画虎、熊、豹等动物图案,又可称为虎侯、熊侯、豹侯。"纲"指的是系侯时用以固定的绳子,分为上纲、下纲,学者对于侯的形制与用途已经进行了详细的研究考证。⑥在唐代的有关判文之中,所判案例为丙陈设侯的时候,下纲没有到达地面,参加射礼的人便射穿了射侯。监礼的人认为该人在射箭前没有行揖让之礼,不能入坐进奠于丰,于是射箭的人射完之后便向后退去。关于丙和宾客的行为是否合乎"礼",共有五人进行了判决。

第一篇判文的作者为刘璀,开元年间擢书判拔萃科⑦,他认为张侯的丙与射箭的人都不知礼节,应该论罪,"曾不知揾策有揖让之仪,饮算行多少之节?下纲不及,如堵奚瞻?监者有知,奠丰是阙。人而无礼,袒决难留,以之观德,从何择士?若不论辜,是诬恒宪"⑧。第二篇的作者是王諲,开元年间进士⑨,他认为丙设置的侯没有问题,符合礼仪,

---

① (唐)蒋淮:《对〈泽宫置福判〉其四》,载《文苑英华》卷五一三,第2625页。
② 《全唐文》卷三七八,第3836页。
③ (唐)裴子建:《对〈泽宫置福判〉其五》,载《文苑英华》卷五一三,第2626页。
④ 《全唐文》卷四三六,第4448页。
⑤ (唐)刘肱:《对〈泽宫置福判〉其六》,载《文苑英华》卷五一三,第2626页。
⑥ 参见崔乐泉《"射侯"考略》,《成都体育学院学报》1995年第2期;闻人军《周代射侯形制新考》,《咸阳师范学院学报》2021年第2期。
⑦ 《全唐文》卷三九九,第4073页。
⑧ (唐)刘璀:《对〈张侯下纲判〉其一》,载《文苑英华》卷五一三,第2626页。
⑨ 《全唐文》卷三三三,第3374页。

## 第七章 军礼的评判：唐代的大射与射礼判文

但射箭的宾客没有行揖让之礼，颇为失礼，"不及地武，何所失仪？高其下纲，诚为顺理。然礼崇三让，无闻固请之辞；射有五容，先招不至之诮。虽饮于少算，自可奠丰，而献尔发功，方观祖决。于宾微为舍礼，在景（丙）何所愆仪？但欲旌能，期于书过"[1]。第三篇作者不详，他认为宾客没有进行揖让就进行射箭，违背了射礼的原有程序，监礼对宾客的处理十分恰当，"惟彼武宾，齿于其位，宜揖让中节，允谐于观善。何穿洞非仪，坐彰于伐德？纲则未下，射何速加，自贻监者之尤，遂干司马之政"[2]。第四篇判文的作者是姚承构，开元年间擢书判拔萃科[3]，他认为射礼的意义并不在于射术的精准，而在于其间揖让、有序的礼仪精神，对于不合礼律的小人行径，应该进行惩处，"君子之争，应免于严科；小人伐伎，须从于薄黜。礼律之道，斯合宜然"[4]。第五篇的作者是严迪，天宝年间擢书判拔萃科[5]，他认为陈设标靶的丙符合礼制，没有过错，但射箭的宾客太重视射中标靶而没有行揖让之礼，不懂礼仪，必须接受惩罚，"地武苟合于旧仪，下纲未逾于先制……礼成揖让，不独主皮，徒矜祖决之容，未睹奠丰之事。作而非法，不足书能；人而无仪，诚须置罚"[6]。

### 三 乐曲章节

驺虞，指《召南·驺虞》，是《诗经》中的一首描述狩猎活动的诗，后作为乐曲名，用于在射礼过程中进行演奏，以应和射箭节奏。采蘋，指《召南·采蘋》，是《诗经》中的一首叙述女子进行祭祖训练的诗，也可作为射礼活动中的乐曲，《周礼》之中就有如此描述："王以六耦射三侯，三获三容，乐以《驺虞》，九节五正；诸侯以四耦射二侯，二获二容，乐以《狸首》，七节三正；孤卿大夫以三耦射一侯，一获一容，

---

[1] （唐）王諲：《对〈张侯下纲判〉其二》，载《文苑英华》卷五一三，第2626页。
[2] （唐）佚名：《对〈张侯下纲判〉其三》，载《文苑英华》卷五一三，第2626页。
[3] 《全唐文》卷三九九，第4073页。
[4] （唐）姚承构：《对〈张侯下纲判〉其四》，载《文苑英华》卷五一三，第2626页。
[5] 《全唐文》卷四〇三，第4127页。
[6] （唐）严迪：《对〈张侯下纲判〉其五》，载《文苑英华》卷五一三，第2626—2627页。

乐以《采蘋》，五节二正。士以三耦射豻侯，一获一容，乐以《采蘩》，五节二正。"① 在《大唐开元礼》中，皇帝射箭环节就要演奏《驺虞》，射箭的节奏与乐曲的音节互相呼应，"皇帝欲射，协律郎举麾，先奏鼓吹及乐《驺虞》五节，御乃射，第一矢与第六节相应，第二矢与第七节相应，以至九节。协律郎偃麾，乐止"②。在唐代有关《驺虞》的判文中，主要围绕的案例为举行大射之礼时，有司官员没有根据《驺虞》的节奏进行射箭，关于其行为如何判决，寇泚的判文进行了判断。寇泚，在中宗朝任长安尉，开元十三年（725），由玄宗亲选，以兵部侍郎出任宋州刺史③，他认为有司官员的做法严重违背礼经，应该接受法律的惩处，"况大射斯御，大侯既张，诵《狸首》以成章，歌《驺虞》而应节……位已乖于司射，法须加于秩宗，请置爽鸡鸠之科，以惩树皮之失"④。

但《采蘋》之乐并未在《大唐开元礼》中有所体现，在唐代有关《采蘋》的判文中，案例为甲参与射礼的时候，奏乐的人没有依照《采蘋》的节奏，官员因此欲加其罪，乐官反驳认为甲不是卿以上的官员，不能使用《采蘋》。针对这一案例，共有两人做出了判决。第一位是韦述，他认为乐官没有使用《采蘋》作为甲射箭的节奏，应该获罪，而且他所反驳的理由并不成立，属于诬陷，"节未及于《采蘋》，事有归于制氏，欲加其罪，窃谓诬辞。且物有司存，孔门垂教；失官为慢，《春秋》所规。节以乐章，诚则大夫之礼；非礼不动，实惟先圣之蓍。师古未表其明，知礼反招其咎，所由斯罚，有异绳愆。制氏有言，诚为举枉"⑤。第二篇判文的作者是冯万石，进士出身，先后九次登科⑥，他认为乐官没有演奏乐曲就是失职，证据确凿。至于甲的官品等级，则需要核对之后再决定乐官的刑罚轻重，"制氏颇晓铿锵，班乎乐职，属斯登降，须

---

① 《周礼正义》卷五八《夏官·射人》，第 2426 页。
② 《大唐开元礼》卷八六，第 412 页。
③ 《全唐文》卷二七一，第 2757 页。
④ （唐）寇泚：《对〈不以驺虞为节判〉》，载《文苑英华》卷五一三，第 2627 页。
⑤ （唐）韦述：《对〈不以采蘋为节判〉其一》，载《文苑英华》卷五一三，第 2627 页。
⑥ 《全唐文》卷二〇八，第 2106 页。

## 第七章　军礼的评判：唐代的大射与射礼判文

徇畴人。宁宜籥簴不修，钟鼓靡奏，阙于所守，罪亦何疑……诉非三命，已觉游词；将扣两端，须知甲品。请更阅实，然后定刑"①。

### 四　乡射

乡射，见于《周礼》，"退而以乡射之礼五物询众庶"。孙诒让解释为："退，谓王受贤能之书事毕，乡大夫与乡老则退，各就其乡学之庠，而与乡人习射，是为乡射之礼。"②所以，乡射指的是在地方乡学上举行的为了选择良士的一种射礼，与中央王朝所举行的大射礼仪有着明显的差距。唐人李思元所作的判文主要是针对乡射礼仪活动之中的获者倚旌事件所做出的判决，案例为监礼司正甲命令查获射箭结果的人依靠旗杆，被有司纠举，甲说："兼任的官员没有必要获罪。"③李思元，进士出身，任职文林郎④，他认为既然原有官员空缺，相应的礼仪也应该从宜，罪责也应归罪于不称职的官员，而非兼任之官，"职不在备，礼或从宜。无事则兼，宁云离局之过；有司所纠，实负旷官之责"⑤。

### 五　祭侯

祭侯，指的是在举行大射礼仪之前对于侯的相关祭祀活动，《周礼·夏官·射人》曰："祭侯，则为位。"贾公彦疏证曰："按《大射礼》，使服不氏负侯。将祭侯之时，先设位于侯西北，北面，服不氏于位受得献讫，乃于侯所北面祭侯。"⑥唐代关于祭侯的案例为甲祭祀射侯时祝词曰："多加饮食"，御史纠举认为这并非安息休宴之礼，甲不愿伏法。关于此案，共有五人进行了判决，并书写判文。

---

① （唐）冯万石：《对〈不以采苹为节判〉其二》，载《文苑英华》卷五一三，第2627页。
② （清）孙诒让撰，王文锦、陈玉霞点校：《周礼正义》卷二一《地官·乡大夫》，中华书局1987年版，第850—851页。
③ 《文苑英华》卷五一三《乡射司正倚旌判》，第2627页。
④ 参见《全唐文》卷二〇一，第2037页。
⑤ （唐）李思元：《对〈乡射司正倚旌判〉》，载《文苑英华》卷五一三，第2627页。
⑥ （清）阮元：《周礼注疏》卷三〇《夏官·射人》，北京大学出版社2000年版，第809页。

第一篇判文的作者是袁歆，任职膳部郎中①，他认为甲的祝词符合祭祀的宗旨所在，没有失礼之处，"多算少算，射人或觥于尔爵；强饮强食，祝史无愧于我辞。冀必惩于不庭，是有祈于介福。虽非宴礼，实曰武经。既庶几于戢兵，复何疑乎致祭？乘骢之纠，斯心奚至于加诸；而中鹄之诚，彼甲未越其典则"②。第二篇的作者为魏兼柔，他认为甲的行为符合相关制度，御史的纠举没有根据，可以免罪，"称非息宴，妄为柱史之纠；观其守职，未失梓人之规。无咎可征，甲免夫戾"③。第三篇的作者是李挺，僖宗朝进士④，他认为甲忠于职守，进行祭祀，没有违礼之处，"羞笾醢之嘉荐，陈儆戒之顺辞。或中鹄而升，则实爵以献。终乃示其慈惠，庶将强其饮食。正依经礼，宁畏简书。爰询柏署之言，未达梓人之职。甲之不伏，可谓守官"⑤。第四篇判文的作者是秦用，他认为御史的纠举没有依据，甲的祭祀行为符合礼经的规范，"祭则有经，辞岂失旧？既不宁是抗，非贻福谓何？且使臣农夫，息宴以礼，而主皮栖鹄，降杀异宜"⑥。第五篇判文的作者是姜庭婉，他认为甲的祝词符合劳农休息之意，进退有度，符合礼仪，"甲进退有度，揖让而升，方备于五善，讵界于六艺！有如武子之妙，以取牛心；类后羿之能，无全雀目。祭必如在，神当格思。唯宁者立以继代，不属者抗而射汝。强饮强食，陈祝史之正辞；克禋克祝，介会孙之景福。必也正其齿位，称彼兕觥。将劳农以休息，乃示宴以惠慈"⑦。

## 第二节 射礼判文的意义与内涵

"判者，断决百事，真为吏所切，故观其判，则才可知矣。"⑧ 判文

---

① 《全唐文》卷六二一，第6270页。
② （唐）袁歆：《对〈祭侯判〉其一》，载《文苑英华》卷五一三，第2628页。
③ （唐）魏兼柔：《对〈祭侯判〉其二》，载《文苑英华》卷五一三，第2628页。
④ 《全唐文》卷八四一，第8850页。
⑤ （唐）李挺：《对〈祭侯判〉其三》，载《文苑英华》卷五一三，第2628—2629页。
⑥ （唐）秦用：《对〈祭侯判〉其四》，载《文苑英华》卷五一三，第2629页。
⑦ （唐）姜庭婉：《对〈祭侯判〉其五》，载《文苑英华》卷五一三，第2629页。
⑧ 《通典》卷一七《选举五》，第430页。

## 第七章 军礼的评判：唐代的大射与射礼判文

不仅是士人官吏才华的象征，而且在唐代科举铨选程序中也是极为重要的一环[1]，因此，在其引导之下，唐代士子都非常重视判文的学习与写作。宋人洪迈曾对这一现象进行总结："唐人无不工楷法，以判为贵，故无不习熟。而判语必骈俪……自朝廷至县邑，莫不皆然，非读书善文不可也。"[2] 现存的唐代判文多为拟判，又称"甲乙判"，其案例是为了铨选考试而虚拟的，所涉人物名称也多用天干指代。优秀的判文及其作者往往更容易受到时人的推崇与尊敬，如《龙筋凤髓判》及其作者张鷟、《百道判》与作者白居易，都风靡一时，流传甚广，也能更好地留存后世。判文的内容也丰富多样，以《文苑英华》中收录的一千二百余篇判文为例，主要涉及乾象、律历、岁时、水旱、雨雪、灾荒、礼乐等七十余类，本书所探讨的射礼判文就属于礼乐一类。刘小明曾对《文苑英华》中收录的与礼仪有关的判文进行了归纳分析，指出这些涉礼判文共347道，内容丰富，反映了唐代司法审判对于礼的重视和依赖程度。[3] 这些判文兼具实用性与文学性，辞藻华丽，用典丰富，尽管作者可能在唐代史籍中默默无闻，但其作品却被后世整理收录，影响深远。

上一节主要从泽宫置福、张侯下纲、乐曲章节、乡射、祭侯五个部分考察了唐代射礼判文的内容及其相关礼仪细节，本节则从唐代射礼的实际实施情况着手，以探讨这些射礼判文的实质意义与内涵。

在泽宫置福的相关判决结果中，六人中共有四人认为甲的做法不符合礼仪制度，御史的弹劾也有理有据，甲应该受到相关法律的严惩；有一人认为这一案件还需要进行再次核对，以查证甲的做法是否符合礼仪等级，之后再做定夺；还有一人认为甲的做法完全正确，符合古礼的制度与精神。从内容上来看，大多数人的观点与监礼御史的观点相同，说明在这一问题上的认识没有太大分歧，反对的声音一是出于谨慎，二是

---

[1] 有关唐代判文渊源、种类、文体特点、文学文化特征等具体问题，参见谭淑娟《唐代判文研究》，博士学位论文，西北师范大学，2009年。
[2] 《容斋随笔》卷一〇《唐书判》，第129页。
[3] 刘小明：《〈文苑英华〉中的涉礼判文》，《广播电视大学学报》2011年第4期。

参考借鉴古礼，在不同的社会背景下明显不合时宜。单纯以泽宫的称谓来看，这些判文明显还遗留有沿袭《周礼》的痕迹，因为到了唐代，射礼实施的地点已经从辟雍、泽宫（在唐代典籍中也称作射宫）等专用场所转移至宫殿、门楼之中①，空间更大，参与的人数更多。

在张侯下纲案件的判决结果中，五人中只有一人认为张侯的丙的行为不合礼仪，应该论罪，而有两人认为丙的行为没有失礼之处；五人都认为参与射礼的宾客没有行揖让之礼，不合制度，理应获罪。这说明在射礼的实施过程中，相较于具体礼仪器物的陈设，人的行为是否有礼更为重要，也体现了唐人对于礼仪的认知已经从器物层面深入精神内核之中。

在关于不以《驺虞》为节的案件判决之中，寇泚认为有司官员确实有罪，应该背负法律责任；在关于不以《采蘋》为节的案件判决之中，两人都认为乐官没有按照要求演奏射礼乐章，就是失职行为，而关于乐官的反驳理由，两人却有不同意见。韦述认为乐官的反驳属于诬陷，毫无根据；冯万石则认为需要再次核对官员品级之后再判断乐官罪责的轻重。礼与乐本来就是相辅相成的，在射礼实施过程中，需要乐曲的节奏来辅助射箭，乐官没有按照制度规定演奏乐曲、官员没有按照乐曲节奏进行射箭，都是严重失礼的行为。在唐代礼典之中，有所谓的"不鼓不释"，即在射礼中，射箭不与鼓节相应，即使射中标靶也不算数，而且要在射礼进行之前重申立誓。②

在乡射案例的判决之中，李思元认为既然实施礼仪本身的官员出现空缺，有他官兼任的现象，那么礼仪环节就应该从宜进行，出现过错也应该是原有旷职官员的责任，不应该归咎于兼任的官员。周代的乡射到了秦汉以后，见于史籍记载的内容较少，乡射礼与乡饮酒礼逐渐融合，成为基层社会教化民众的手段之一③，最晚一次有史可证的乡射记载见

---

① 《戎祀之间：唐代军礼研究》，第136页。
② 参见《大唐开元礼》卷八六，第414页。
③ 张信通：《汉代的乡饮酒礼和乡射礼》，《凯里学院学报》2018年第5期。

## 第七章　军礼的评判：唐代的大射与射礼判文

于东晋咸康五年（339），由时任征西将军庾亮举行，"行乡射之礼，依古周制，亲执其事，洋洋然有洙泗之风"[1]。但到了唐代，已不见乡射礼仪实施的记载，在乡饮酒礼中也没有了乡射程序。到了宋代，乡射礼曾短暂作为嘉礼内容出现于《太常因革礼》之中，但随后便被剔除，可见，乡射之礼已经逐渐淡出基层社会，只停留于相关典籍之中，但其在维持乡村社会秩序方面的功能与意义不可忽视。[2]

在关于祭侯案例的判决结果之中，五人全部认为甲的做法符合射礼中祭祀射侯的意义与宗旨，没有任何违背礼典之处。关于射侯的祭祀礼仪，仅见隋代有以少牢祭祀射侯的记载[3]，唐代礼典中并未见有相关记载，这也说明唐代的射礼较之前代，其内容与性质已经发生了很大的变化。

以上可知，这些射礼判文所涉及的大射礼仪，大多数属于《周礼》的范畴，而与唐代实际实施的射礼差距较大，判文中的讨论也多集中于原始射礼的礼仪功能与意义，借用古籍来阐释古礼精神，并非完全参照现实情况。这些判文的作者都是唐代的士大夫阶层，参加过朝廷组织的科举考试与铨选，并且脱颖而出、入朝为官，所以，他们对于礼仪典籍的认识与掌握都优于常人，这一特点也非常清晰地反映在这些判文的讨论之中。而且，他们既然身在朝廷，自然对于唐代官方大射礼仪的实际操作情况非常熟悉，也应该深知施行的射礼早已不是典籍中选人择士的原始射礼了，所以他们的评判案例虽然仍与唐代官僚行政制度密切相关，但进行判断的标准却大多援引经典古籍等礼仪文献，依照古礼进行裁断，缺乏现实依据。只有极少数人会参照当时的礼仪文化与精神内涵，做出符合现实情况的案例判决。

据笔者总结，唐代射礼的实施都集中于唐前期，唐高祖、太宗、高宗、玄宗四人共举行射礼17次，有关射礼具体实施的礼仪细节记载不

---

[1]《通典》卷七七《军礼》，第2088页。
[2] 王美华：《唐宋时期乡饮酒礼演变探析》，《中国史研究》2011年第2期。
[3] 参见《隋书》卷八《礼仪志》，第167页。

多，更多是利用射礼的举行以赏赐文武百官，皇帝本人有时亲自参加，有时端坐于宫殿、门楼之上进行观看，娱乐性质非常明显。而且，唐代射礼的实施还与朝廷自身的经济状况有关，需要充足的财政经费提供支撑，高宗至玄宗年间射礼的长期停废就与耗费有关，源乾曜就认为是国家财政部门爱惜费用而导致的，"古之择士，先观射礼，所以明和容之义，非取乐一时。夫射者，别正邪，观德行，中祭祀，辟寇戎，古先哲王，莫不递袭。臣窃见数年以来，射礼便废，或缘所司惜费，遂使大射有亏"[①]。许景先也认为射礼古今迥异，耗费太多，不宜长期举行，"今则不然，众官既多，鸣镝乱下，以苟获为利，以偶中为能，素无五善之容，颇失三侯之礼，冗官厚秩，禁卫崇班，动盈累千，其算无数"[②]。自唐玄宗为了实践《大唐开元礼》而于开元二十一年（733）实施射礼之后，终唐一代，没有再次出现射礼，直到宋代开始纂修礼典，恢复国家礼仪制度的时候，射礼才重新受到关注，但其内容延续唐朝，成为欢庆赏赐的宴射之礼，其性质更是超出军礼的范畴，而夹杂有宾礼、嘉礼等其他属性与内涵。

笔者曾对《大唐开元礼》中有关射礼的具体内容展开分析论述，并在此基础之上，总结讨论了大唐两种射礼的礼仪程序与细节，商榷了王博"唐代射礼更多体现出极强的政治性及礼仪性，总体气氛较为严肃"[③]的观点，最后总结认为唐代的射礼始终以娱乐宴饮为主，并对五代、宋的射礼内容与性质产生了直接影响。但是，这些内容并未在判文之中有所反映，也说明这些射礼判文有着特殊的功能与意义，其文献内容也具有一定的局限性与导向性，因此，在研究的过程中需要将其与现实社会中礼仪制度的实施情况进行区分，以了解判文的真实面貌与意义内涵。

---

① 《唐会要》卷二六《大射》，第582页。
② 《唐会要》卷二六《大射》，第583—584页。
③ 王博：《唐宋射礼的性质及其变迁——以唐宋射礼为中心》，载《唐史论丛（第十九辑）》，三秦出版社2014年版，第98—118页。

# 第七章 军礼的评判：唐代的大射与射礼判文

## 小　结

在唐代礼典之中，射礼作为军礼内容之一被纳入国家礼仪程序，但实际上，其内容与性质已经与军事活动渐行渐远，并日趋娱乐化，只有射箭活动得以保留，而且主要实施于唐前期。在唐人书写的有关判文之中，他们对于射礼的认识又展现出另一维度：符合古代礼仪规范的原始射礼，他们的讨论也多倾向于援引古籍，只有在涉及礼仪思想与精神的层面才会回归现实，这种与实际情况严重脱节的认识与特点，在礼仪制度方面尤为明显。这些判文基本是拟判，除了在官僚制度层面符合唐制以外，其他内容重在提供礼仪方面的知识与解释，为最终的案件判决提供基础，并作为科举士子们参加考试铨选的重要资料，以体现他们的礼仪素养与判案才能。因此，射礼判文的侧重点并非其内容是否合乎当今时代的礼仪实践，而是作为文献资料，让更多的人认识到大射礼仪的内容渊源与性质特点，由此才能体现出判文作者的渊博知识与明辨才能，从而在众多的考生之中脱颖而出，进入大唐官僚系统之中。

# 第八章　出土文献与礼仪：唐代碑志与敦煌国忌行香文研究

除去传世礼仪典籍所记载的礼仪制度之外，近百年来陆续面世的敦煌文书、碑刻墓志等新出考古文献资料，亦有很大一部分内容涉及唐代礼仪的描写与实践情况，极具研究价值。尤其是这些礼仪文献基本是相关礼仪实际操作之后遗留下来的实物资料，本就属于礼仪程序的一部分，故而可以将其内容与唐代史籍所记载的制度章程进行——对照，由此便可以直观地分析唐代官方礼仪制度的操作性与实践情况，并进一步从文献记载与现实操作的异同之处进行比照，深层把握唐代礼仪的细节内涵及其思想文化，也可以从侧面窥探唐人在礼仪的实践层面对于唐代官方礼仪典籍的遵从与抉择，从而更加全面地把握唐代社会的礼仪内容与秩序氛围。

## 第一节　唐代碑志及其相关礼仪

### 一　唐代碑志的整体内容

"碑者，悲也，古者悬而窆，用木。后人书之以表其功德，因留之不忍去，碑之名由是而得"[①]，由此可见，碑的产生主要是为了旌表逝者

---

[①] （唐）陆龟蒙著，宋景昌、王立群点校：《甫里先生文集》卷一八《野庙碑》，河南大学出版社1996年版，第265页。

## 第八章　出土文献与礼仪：唐代碑志与敦煌国忌行香文研究

的功德，有悲伤哀悼之意；而墓志的内容、用途与碑大致相同，主要也是记载墓主的生平并篆刻于志石以纪功，二者主要的区别在于呈现方式与放置位置不同，"凡碑碣表于外者，文则稍详；志铭埋于圹者，文则严谨"①，即碑主要立于墓葬之外，而墓志则埋藏于墓室之中，文章的撰写风格也不尽相同，而且由于二者内容的详略程度不同，在外观形制上，碑的体积规模远远超过了墓志。

碑志的发展经过了漫长的历史过程，在唐代达到了全盛。随着社会经济的发展、文化水平的提高与礼仪制度的完善，碑志在唐代日常社会生活中的应用愈加普遍，留下了数量不菲的碑志文献。赵超在研究中国古代石刻的留存情况时总结道："唐代是中国封建社会的极盛时代，尤其是唐代前期，国力强盛，文化发达，社会比较安定，成为我国石刻史上最辉煌的一个阶段。现存唐代石刻数量较多，达 1 万件以上，分布地域也很广泛，大部分省市，甚至中原地区的许多县都有唐代的石刻保存下来，这一时期的石刻形制丰富，制作手法也很成熟"②，而且墓志的数量更为庞大；江波研究认为"唐代墓志在整体数量上远超前代，年均为隋代墓志数的 1.5 倍，客观上反映出唐代作为封建社会极盛阶段的特征……经济的繁荣为墓志的存在提供了物质的基础，认识的变化为墓志的发展提供观念的基础。二者共同促进唐代墓志的蓬勃发展。这一发展的必然结果是墓志由达官贵族专享而走向吏民化，一般的下层官吏、士民普遍拥有墓志"③。从统计结果来看，目前已经公开出版的唐代墓志总量已达 15000 方左右④，并且随着考古工作的持续开展，这一总量也将继续增加。

---

① （明）吴讷著，于北山点校：《文章辨体序说》，人民文学出版社 1998 年版，第 53 页。
② 赵超：《中国古代石刻概论》，文物出版社 1997 年版，第 102 页。
③ 江波：《唐代墓志撰书人及相关文化问题研究》，博士学位论文，吉林大学，2010 年。
④ 日本学者气贺泽保规对于唐代的墓志进行了目录整理，出版了《唐代墓志所在总合目录》（汲古书院 1997 年版）2004 年新版加入索引，2009 年出增订版，2017 年又再次新编出版，所收墓志截至 2015 年，共计 12523 方，拜根兴推测 2015—2020 年新增唐代墓志 2000 余方（参见拜根兴《一人两志：隋代将领王贇墓志考释——兼论王贇之子初唐名将王文度》，《史学集刊》2020 年第 6 期），再加上新近墓志出版著录，总量约为 15000 方。

下编　唐代五礼制度下的文献描写与礼仪实践

在总量庞大的基础上，唐代碑志的制作质量也居于各朝代之上，赵超就对唐碑的精美质量赞不绝口，"唐代的碑不仅形制庞大，雕刻精美，而且文词宏丽，书法高超"①。唐代碑志文的撰写与碑志的篆刻有着明确的制度条文，"凡职事官薨卒，有赗赠、柳翣、碑碣，各有制度"②，碑志文的书写也由著作郎、著作佐郎负责③，碑志的制造与供应则由甄官署官员负责④。但江波在具体而又深入地研究分析之后认为，唐代官方碑志的撰写者并非制度中规定的著作郎、著作佐郎，而是由史官、宰臣或翰林学士等人实际负责撰写的。在更为普遍的社会大众层面，由于摆脱了制度上的约束，碑志文的撰写则多为亲人自撰或非亲请托撰写。⑤

碑志的核心价值在于篆刻于碑石之上的文本内容，称为"碑志文"，徐海容将唐代碑志文分为初唐、盛唐、中唐、晚唐四个时期展开研究，详细分析了每一时段内的碑志文的时代特征与代表作品，并涉及碑志文体、文风的变革，极具参考价值。可以明显地看出，他将唐代碑志文纳入了唐代文学的总体演变轨迹之中，关于碑志文的时代分期与特点总结也是建立在文学发展理论之上的；在代表性人物的选取上，初唐的虞世南、于志宁，盛唐的张说、苏颋，中唐的韩愈、柳宗元，晚唐的杜牧、皮日休、罗隐等，也是极具时代特色的唐代文学大家；在文体的选择上，先骈后散，最终又归于骈俪，也与时代的发展与文风的演变息息相关。除此之外，作者又对唐代的谀墓文体进行了讨论研究，认为谀墓之风的盛行与碑志的原本内涵、社会风俗与润笔传统关系密切。⑥

二　唐代碑志与凶丧礼仪

碑志的产生源于对死者生平功绩的记载与表彰，也可以用于标记死

---

① 赵超：《中国古代石刻概论》，文物出版社1997年版，第102页。
② 《旧唐书》卷四三《职官志》，第1830页。
③ 《旧唐书》卷四三《职官志》，第1855页。
④ 《旧唐书》卷四四《职官志》，第1896页。
⑤ 江波：《唐代墓志撰书人及相关文化问题研究》，博士学位论文，吉林大学，2010年。
⑥ 徐海容：《唐代碑志文研究》，中华书局2018年版。

## 第八章 出土文献与礼仪：唐代碑志与敦煌国忌行香文研究

者的埋葬地点，"不凭片石，即悠悠百岁之后，孰知其处所焉？"① 所以，碑志的应用主要还是以凶礼中的丧葬礼仪为主。由于古人有着浓重的"事死如生"观念，故而对于丧葬礼仪极为重视，在《大唐开元礼》之中，也不惜笔墨，非常仔细地对大唐各个品级官员的丧葬礼仪程序进行了记载说明②，并在开篇就对丧葬过程中碑志的使用进行了规定："凡立碑，五品以上螭首龟趺（跌），高不得过九尺；七品以上立碑，圭首方趺，趺（跌）上高四尺"③，体现了非常严格的尊卑等级秩序。在《唐会要》中有更为详细的制度规定："碑碣之制，五品以上立碑（螭首龟跌，上高不过九尺）。七品以上立碑（圭首方跌，跌上不过四尺）。若隐沦道素，孝义著闻，虽不仕亦立碣。"④ 但实际上，在多种原因的综合作用下，这一礼制规定并没有得到严格的遵循，在厚葬风气的推动下，僭越礼制的行为比比皆是，即使是皇帝专门下达诏令也无法遏制，"是时厚葬成俗久矣，虽诏命颁下，事竟不成"⑤。

与丧葬礼仪关系最为密切的碑当属神道碑，因其立于神道之中，故而得名。神道碑的主要内容仍是记录逝者生平，以纪功德，杜如晦曾因高孝基的知遇之恩，"为其树神道碑以纪其德"⑥。《文苑英华》以职官分类为序共收录唐人撰写的神道碑文155篇，其碑多已不存，此外，考古出土的杨良瑶、梁匡仁、管元惠、孙侃、窦希瓘、杨执一、杨承和等人的神道碑，以最原始的面貌重新展现在世人面前，极具文物价值与史料价值。而墓志因其直接埋葬于墓室之中，与丧葬礼仪程序密切相关，经过葬期、墓地的卜筮，墓穴的建造等流程之后，墓志随着墓主的尸体一同下葬，"施铭旌志石于圹门之内"⑦，然后填埋墓室，形成封土，以供

---

① 吴钢主编：《全唐文补遗（第八辑）》，第126页。
② 《大唐开元礼》卷一三八至一五〇，第654—724页。
③ 《大唐开元礼》卷三，第34页。
④ 《唐会要》卷三八《葬》，第809页。
⑤ 《唐会要》卷三八《葬》，第813页。
⑥ 《旧唐书》卷六六《杜如晦传》，第2469页。
⑦ 《大唐开元礼》卷一四三，第690页。

祭祀。无论是传世文献还是出土石刻，墓志的数量远超神道碑，但由于二者在功能上基本相似，故而一个人的墓志和神道碑除了个别字句之外，其他文字内容是高度重合的。

在神道碑和墓志的内容之中，常见有"以某年某月某日葬于某地，礼也"之类的语句，表达了丧葬礼仪的完备与施行，如《郭云墓志》载："以其年十月六日葬于县西龙首原，礼也。"① 但也会因为具体下葬程序的不同而呈现不同的丧葬礼仪制度，并清晰地反映在神道碑、墓志内容之中。功名显赫的官员在死亡之后被授予荣誉谥号，也是丧礼制度之一，如《屈突通墓志》载："谥曰忠公，礼也。"② 唐朝政府还会赐予一些物品，称为"赗赠"，如《段元哲墓志》载："赠物一百一十匹，礼也。"③ 甚至会由官府出面承担相应的礼仪用品与礼仪程序，如《高行晖墓志》载："仍敕王人护事，本部备礼，太府赗帛，司常具仪。"④ 还有回归故里的"归葬"，如《韦耶书墓志》载："以武德三年太岁庚辰二月乙未朔八日壬寅，归葬于万年县之福闰里樊川原，礼也。"⑤ 临时性的"权葬"，如《李信墓志》载："其月二十七日癸酉，权葬于邙山之阳，礼也。"⑥ 权葬之后再选择日期进行迁葬，如《杨琼墓志》载："以开元十一年十月十七日，迁葬于河南县河阴乡界邙山伯乐坞之北原，博城府君之茔左，礼也。"⑦ 夫妻合葬等，如《张伯墓志》载："粤以七年二月一日，合葬于洛州邙山，礼也"⑧；《杨执一神道碑》载："以今十五年九月合葬于咸阳之洪渎川，礼也。"⑨ 当然，并非所有人都能享受厚葬，也

---

① 《唐代墓志汇编》贞观023《唐故银青光禄大夫凉州刺史定远县开国子郭公墓志铭》，第24页。
② 《唐代墓志汇编》贞观007《大唐故左光禄大夫蒋国公屈突府君墓志铭》，第14页。
③ 《唐代墓志汇编》贞观066《唐故壮武将军行太子左卫副率段府君墓志铭并序》，第51页。
④ 《唐代墓志汇编续集》元和007《唐故正议大夫试怀州别驾赐紫金鱼袋赠户部尚书渤海高府君墓志铭并序》，第805页。
⑤ 西安市长安博物馆编：《长安新出墓志》，文物出版社2011年版，第33页。
⑥ 《唐代墓志汇编》永徽103《唐故颍州下蔡县令李府君墓志铭并序》，第198页。
⑦ 《唐代墓志汇编》开元179《大唐故冀州堂阳县尉杨公墓志铭并序》，第1281页。
⑧ 《唐代墓志汇编》贞观031《唐故平原郡将陵县令张府君墓志》，第29页。
⑨ 李小勇：《唐杨执一神道碑考释》，《文博》2014年第4期。

第八章　出土文献与礼仪：唐代碑志与敦煌国忌行香文研究

有人会因为政治动荡、家庭变故、经济窘迫等原因而造成相关丧葬礼仪的缺失，并在碑志文本上进行体现，如《河东薛氏墓志》载："时尚节难，家途壁立，多不备礼。"①

可见，随着丧葬程序与形式的不同，相关的礼仪也会发生改变，虽然在这些神道碑、墓志之中都用"礼也"二字进行概述，以表达逝者的丧礼符合当时的礼仪规范，但其背后隐藏着的丰富多样的礼仪情形与社会礼仪实践，需要读者进行认真仔细地阅读与分辨。此外，除了"礼也"之外，在墓志中还有"典也""制也""从周制也""从鲁礼也"等不同的语句变体②，但其所表达的含义都是完全一致的。

### 三　唐碑与吉礼

除了出现在丧葬礼仪程序中的神道碑、墓志之外，还有一些碑刻矗立于唐代各种神祇的祠庙之中，其上碑文记载了相关祠庙的建造与祭祀活动，属于唐代吉礼祭祀的范畴。在唐代吉礼祭祀系统之中，将所有神祇的祭礼分为三个等级，即大、中、小祀，其中涉及祠庙碑文的先代帝王、孔宣父、岳镇海渎为中祀，风师、雨师、山林、川泽、州县社稷、释奠为小祀③，之后又将孔宣父提升为文宣王，以抬高孔子及其儒家思想的社会地位；将风师、雨师从小祀提升到中祀，反映了唐代政府对于农业生产的重视④。

《文苑英华》中共收录了 21 篇祠庙碑文，涉及的祭祀对象有孔子、诸葛亮、后土、南海等先贤与官方礼制中的神祇，此外又包括大量的地方祠庙，这些神灵未被纳入官方祭祀系统，因此经常被视作"淫祠"而遭到拆毁。但在短暂的破坏之后，这些祠庙又会在地方州县重新建立，

---

① 《唐代墓志汇编续集》大历 013《唐前滑州白马县尉柳公夫人河东薛氏墓志》，第 701 页。
② 参见姚美玲《唐代墓志中的"礼也"释证》，《语言科学》2007 年第 2 期。
③ 参见《大唐开元礼》卷一，第 12 页。
④ 对比内容参见《大唐开元礼》卷一，第 12 页；《大唐郊祀录》，第 728 页。另有《隋、唐三祀礼比较表》，参见吴丽娱主编《礼与中国古代社会·隋唐五代宋元卷》，中国社会科学出版社 2016 年版，第 80—81 页。

并得到普罗大众的供奉与信仰,而且,这些碑文的写作常常由名位尊贵的文人士子负责,甚至会交到从中央政府外贬地方的官员手中。但可惜的是,随着风雨的洗刷与岁月的侵蚀,这些唐代碑刻多已不存,笔者曾在《金石录》《集古录》《隋唐五代石刻文献全编》① 等后世编撰的金石资料之中进行搜寻,发现了当时存在并著录的唐代祠庙碑刻 85 方,并详细记录了碑文的名称、撰书者、涉及的祭祀对象与立碑时间,但碑刻原貌也无从知晓,只有部分碑文尚遗留在唐人文学作品之中。

在这些碑文之中,地方州县对于孔庙的祭祀占据着大半部分。孔子作为儒家学说的创始人,自汉以后备受历代帝王的尊崇。在唐代礼仪制度与文教活动发展完善的过程当中,孔子的地位及其祭祀礼仪得到不断抬升,确立其先圣地位,并从宣父、太师、隆道公一直抬高,直至开元二十七年(739),玄宗下诏追赠其为文宣王。② 孔子的祭祀礼仪也备受重视,唐朝政府将其纳入国家礼典之中,从都城长安太学一直到地方州县学堂,都要举行释奠之礼,祭祀孔子的孔庙也遍布唐朝内地,孔庙碑刻也随之林立。本书选择两方具有代表性的孔庙碑刻,从不同的历史时期来看唐代孔庙碑文的变化以及当时文教事业与社会文化的发展情况。③

李邕撰写的《唐孔子庙碑》,又称《兖州曲阜县孔子庙碑》,是唐朝当地政府于开元七年(719)在孔子出生地所建的孔庙碑文,该碑由张廷珪书丹,原碑仍存,藏于今曲阜孔庙。主要内容分为三部分:第一部分为追述孔子的历史功绩及社会地位,"故夫子之道,消息乎两仪;夫子之德,经营乎三代;岂徒小说?盖有异闻。夫亭之者莫如天,藉之者莫如地,教之者莫如夫子";第二部分概括了唐代儒家学说及祭孔活动的兴盛,"我国家儒教浃宇,文思启天,伸吏曹以追尊,建礼官而崇祀,

---

① 国家图书馆善本金石组编:《隋唐五代石刻文献全编(全四册)》,北京图书馆出版社 2003 年版。该书基本完整地收录了民国及民国以前各家编撰的金石著作,极具代表性,故而本书选取此书来遴选与礼有关的唐代碑刻。

② 参见《唐会要》卷三五《褒崇先圣》,第 742—746 页。

③ 英国学者麦大维曾从官学教育的角度探讨了唐代祭孔礼仪的复兴与衰退,参见[英]麦大维《唐代中国的国家与学者》,张达志、蔡明琼译,中国社会科学出版社 2019 年版。

## 第八章 出土文献与礼仪：唐代碑志与敦煌国忌行香文研究

侯褒圣于人爵，尸奠享于国庠。是用大起学流，锡类孝行，敦悦施于万国，光覆弥于胤宗"；第三部分详细记载了兖州曲阜孔庙修建活动中涉及的孔子后代、兖州地方官吏等，在他们的共同努力之下完成了孔庙的修建工作，"宦序通德，儒林秀士，升堂睹奥，游圣钦风，佥同演成，乃共经始"①。碑额为"鲁孔夫子庙碑"，碑文前署"朝散大夫使持节渝州诸军事守渝州刺史江夏李邕文。正议大夫使持节宋州诸军事守宋州刺史上柱国范阳张廷珪书"，李邕"能文，尤长碑颂，并善书"②，张廷珪擅长楷书、隶书，素与李邕友善，"邕所撰碑碣之文，必请廷珪八分书之。廷珪既善楷隶，甚为时人所重"③。因此，这方由李邕撰文、张廷珪书丹的孔庙碑刻，具有非常珍贵的文物价值和艺术价值。

安史之乱以后，唐朝社会屡遭动荡，经济疲敝，州县残破，地方教育事业不复往昔，孔子的祭祀礼仪也日渐没落。韩愈所作的《处州孔子庙碑》，为他于元和十五年（820）在袁州（今江西宜春）刺史任上受处州（今浙江丽水）刺史所托而撰写的孔子祠庙碑文。当时的处州刺史是李泌之子李繁，也是被贬流放的官员，他到任之后，有感于地方文教的衰落，决定通过修建孔子庙来振兴地方文化。新庙建成之后，他邀请大文学家韩愈撰写碑文，韩愈也没有推辞，于是留下了此篇文学名作，主要内容有两部分：第一部分是韩愈叙述了祭祀孔子礼仪的渊源与普遍性，回忆了历代王朝祭祀孔子的盛大礼乐场面与重要地位，"自古多有以功德得其位者，不得常祀；句龙、弃、孔子皆不得位，而得常祀。然其祀事皆不如孔子之盛，所谓生人以来，未有如孔子者，其贤过于尧舜远者，此其效欤？"第二部分为韩愈在看到唐后期地方州县孔庙祭祀的普遍衰落之后，对于李繁修庙祭祀孔子的行为大加赞赏，并对其修庙、习礼的具体行为展开描述，"郡邑皆有孔子庙，或不能修事，虽设博士弟子，或役于有司，名存实亡，失其所业。独处州刺史邺侯李繁至官，能以为

---

① 《文苑英华》卷八四六《兖州曲阜县孔子庙碑》，第4471—4472页。
② 《旧唐书》卷一九〇《文苑中附李邕传》，第5043页。
③ 《旧唐书》卷一〇一《张廷珪传》，第3154页。

先。既新作孔子庙，又令工改其颜子至子夏十人像，其余六十二子，及后大儒公羊高、左丘明、孟轲、荀况、伏生、毛公、韩生、董生、高堂生、扬雄、郑玄等数十人，皆图之壁。选博士弟子皆如其人，又为置讲堂，教之行礼，肄习其中。置本钱廪米，令可继处。以庙宇成，躬率吏及博士弟子，入学行释奠礼，耆老叹嗟，其子弟皆兴于学。邺侯尚文，其于古记无不贯达，故其为政知所先后，可歌也已"[①]。

遗憾的是，虽然碑文已经写成，但由于李繁改任别郡，此文未能及时勒石。直到唐文宗太和三年（829），才被新任刺史敬僚立于孔庙，其碑由州司马任迪书写并篆额。原碑不存，现丽水市博物馆藏有南宋嘉定十七年（1224）重立之碑，碑额为《丽水县学重刊韩昌黎处州孔子庙碑》，又称《处州重刊孔子庙碑》，对于唐代韩愈的碑文进行了全部篆刻，并在文后说明了唐宋之际石碑建立、损毁再到重建的全部过程。[②]

以上两碑一方完成于唐代开元盛世，一方完成于元和末年，都是由当时非常知名的文人撰作，并勒石立碑于孔庙的。从其碑文能够清晰地看出随着唐朝中央权威的衰弱与地方势力的崛起，备受推崇的孔庙祭祀及其礼仪也经历了从鼎盛到衰落的发展轨迹，原本依靠官方政府组织的孔庙祭祀礼仪也旁落于地方州县长官之手，成为私人相交与官员们重振文教的条件与资本。与吉礼有关的唐代碑刻还有很多，甚至有一部分保留至今，为后世了解唐代的吉礼祭祀留下了极其珍贵的实物资料。

## 第二节　唐代国忌礼仪与敦煌国忌行香文

### 一　唐代国忌行香之礼

《礼》曰："君子有终身之丧，忌日之谓也。忌日不用，非不祥也。

---

[①] 《文苑英华》卷八四六《处州孔子庙碑》，第4475页。
[②] 魏晓明：《处州孔庙碑刻考》，《东方博物》2014年第3期。

## 第八章  出土文献与礼仪：唐代碑志与敦煌国忌行香文研究

言夫日，志有所至，而不敢尽其私也。"① 忌日为双亲亡故之日，君子于忌日哀悼双亲，不敢尽私欲以做别的事情。由于社会等级地位的不同，忌日又分为私忌和国忌。私忌主要针对公卿士庶，在亲人忌日时，一般不饮酒作乐，或"父母忌日请假，独坐房中不出"②，这主要是针对亲属，强调个人来表达哀思。而国忌则特指皇家忌日，是对于已经亡故的先代帝后的尊敬与追思，这一活动对于皇帝本人和忌日礼仪都有着严格的规定。

唐朝国忌日期间禁止国内饮酒作乐。贞观十九年（645），太宗亲征高句丽，途逢高祖忌日，大臣都劝谏太宗"不为乐事"，不要过于悲痛而贻误战机。③ 神功元年（697），武攸宜破契丹凯旋，诣阙献俘，内史王及善认为"军将入城，例有军乐，今既国家忌月，请备而不奏"④，同样是因国忌日而废献俘礼乐。如有违反，则会受到严惩，《唐律疏议》载："诸国忌废务日作乐者杖一百，私忌减二等"，刘俊文先生曾做过笺释，认为此令为《仪制令》，而且与《大唐开元礼》卷三所载内容基本一致。⑤

开元二十五年（737）武惠妃去世，有司请求玄宗在忌日停办公务，玄宗拒绝了这一请求⑥，虽然玄宗没有此意，但由此可见国忌废务是有根据的。《通典》记载了皇帝本人要废务一日的具体日期，"国忌日、皇帝本服小功缌麻亲、百官五品以上丧"⑦，而且国忌日要禁止屠宰，皇帝也必须食用素食蔬菜⑧，《唐六典》有国忌废务日、立春前后一日等禁止屠宰日期的规定⑨；《容斋随笔》卷三"国忌休务"条引《刑统》载唐

---

① 《礼记集解》卷四六《祭义》，第1209—1210页。
② （唐）张鷟撰，赵守俨点校：《朝野佥载》卷四，中华书局1997年版，第96页。
③ 参见《唐会要》卷二三《忌日》，第523页。
④ 《唐会要》卷二三《忌日》，第523页。
⑤ 参见刘俊文笺解《唐律疏议笺解》卷二六《杂律》，中华书局1996年版，第1776页。
⑥ 参见《旧唐书》卷五一《后妃传》，第2178页。
⑦ 《通典》卷第一〇八《礼》六八《开元礼纂类三·杂制》，第2805页。
⑧ 《唐大诏令集》卷七八《国忌在近进蔬菜诏》，第447页。
⑨ 参见《唐六典》卷七《太仆寺》，第487页。

太和七年（833）敕文："准令，国忌日唯禁饮酒举乐，至于科罚人吏，都无明文。但缘其日不合釐务，官曹即不得决断刑狱"①，也说明了国忌日要停办公务。这种前后矛盾的情况表明了唐朝国忌废务的规定是随时变化的，并不固定。《唐六典》中记载的国忌废务时间有：五月六日（高祖忌日）、五月一日（文穆皇后忌日）、五月二十六日（太宗忌日）、六月二十一日（文德皇后忌日）、十二月四日（高宗忌日）、十一月二十六日（武后忌日）、六月二日（中宗忌日）、四月七日（和思皇后忌日）、六月十日（睿宗忌日）、正月二日（昭成皇后忌日），其他追述的皇帝以及先祖和皇后则"皆不废务"②，说明了国忌日废务与不废务的区别。

同时，唐朝政府又在国忌日产生了行香之礼。③《唐六典》载："凡国忌日，两京定大观、寺各二散斋，诸道士、女道士及僧、尼，皆集于斋所，京文武五品以上与清要官七品以上皆集，行香以退。若外州，亦各定一观、一寺以散斋，州、县官行香"④，这是玄宗朝关于国忌行香的记载。据宋人赵彦卫的考证，"国忌行香，起于后魏及江左齐梁间，每然香熏手，或以香末散行，谓之行香"，并在其后指出"唐高宗时，薛元超、李义府为太子设斋行香"⑤，由此可见，开元以前就已经有国忌行香这一礼仪，但限于资料，唐代前期的国忌行香范围与相关仪式并不能详细考证，只能存疑。国忌行香的法定仪式与施行范围首次正式规定于

---

① 《容斋随笔》卷三《国忌休务》，第36页。
② 《唐六典》卷四《尚书礼部》，第126—127页。
③ 学界有关唐代国忌行香的研究成果颇多，如严耀中《从行香看礼制演变——兼析唐开成年间废行香风波》，载严耀中编《论史传论》，上海古籍出版社2004年版，第149—163页；梁子《唐人国忌行香述略》，《佛学研究》2005年第1期；冯培红《敦煌本〈国忌行香文〉及相关问题》，郑炳林主编《敦煌归义军史专题研究四编》，三秦出版社2009年版，第232—265页；聂顺新《张氏归义军时期敦煌与内地诸州国忌行香制度的差异及其原因初探》，《敦煌研究》2015年第6期；聂顺新《唐代国忌行香制度渊源考论》，载《唐研究（第二十四卷）》，北京大学出版社2019年版，第543—559页；吴凌杰《家国分野：唐代"国忌行香"问题再探》，《唐都学刊》2021年第5期；等等。
④ 《唐六典》卷四《尚书礼部》，第127页。
⑤ （宋）赵彦卫撰，傅根清点校：《云麓漫钞》卷三，中华书局1996年版，第41页。

## 第八章　出土文献与礼仪：唐代碑志与敦煌国忌行香文研究

唐德宗贞元时期，《唐会要》载，贞元五年（789）八月敕曰："天下诸上州，并宜国忌日准式行香"①，处州刺史因为"当州不在行香之数"请求"同衢、婺等州行香"，德宗同意了他的请求，而且下诏上州没有行香之处者，也同于处州②，又有宋白《续通典》曰："唐制：国忌行香，初只行于京城寺观。贞元五年八月，敕天下诸上州并宜国忌日准式行香之礼。"③可见贞元以后的国忌行香既具有相关式令，又扩大了行香范围。梁子更是将始置时间考定于贞元二年（786）④，但无论如何，德宗于贞元年间所设立的国忌行香仪式是有着奠基之功的。国忌行香自唐德宗规定起，中间除文宗开成年间废止外，唐宣宗年间又重新恢复，并一直延续到唐末。⑤

国忌行香的特点在于儒、佛、道三家的融合运用。唐宣宗在恢复国忌行香时曾有"列圣忌辰行香既久，合申冥助，用展孝思，其京城及天下州府诸寺观，国忌行香，一切仍旧"⑥之语，可见，国忌行香不仅表达了儒家的孝，更重要的是其在道观和佛寺实施行香活动。行香活动本就来自佛教，唐朝加以利用，使其成为国忌的一种仪式，在佛寺和道观举行，不仅可以为先祖祈福，而且可以利用民间的佛道信仰，增加扩大国忌行香活动的实施范围，密切唐朝皇室与下层民众的联系，维持唐王朝的统治。

国忌行香既由政府推行，自然具有很浓厚的政治意味。如有官员违礼或不到，则要受到惩罚。先天二年（713）十月的敕文中说："文武官朝参，著袴褶珂繖者，其有不著入班者，各夺一月俸。若无故不到者，夺一季禄。其行香拜表不到，亦准此。频犯者量事贬降。"⑦而且，对于官员的排列次序也有规定，宪宗朝裴均自节度使入为仆射，"行香时将

---

① （宋）王溥：《唐会要》卷二三《忌日》，第523页。
② 参见《唐会要》卷五〇《杂记》，第1030页。
③ 《资治通鉴》卷二四九，"宣宗大中十二年二月"条胡注，第8190页。
④ 参见梁子《唐人国忌行香述略》，《佛学研究》2005年第1期。
⑤ （宋）王溥：《唐会要》卷二三《忌日》，第525—527页。
⑥ （宋）王溥：《唐会要》卷二三《忌日》，第527页。
⑦ 《唐会要》卷二四《朔望朝参》，第541页。

处谏议、常侍之上"，卢坦援引故事及姚南仲之例作为例证来反驳裴均，结果惹怒裴均，被排挤为左庶子①，可见唐朝官员对行香位次是十分看重的。同时，要解决行香官员的就餐问题，如果规模较大，还需要京兆府协同安排，"改诸卫及率府、王府等司，应无厨给朝官等。自今以后，每放寺观行香，及有期集，宜令依廊下料，各与饭一餐，仍令所由与京兆府计会。行香即就寺观，别有期集，即于侧店舍，并委京兆府据人数，使取当处幕次、床榻、铛釜供借。如行香分在两处以上，准随中书门下一处，即勒廊下所由勾当。他处即京兆府使与本料，与勾当造食"②。国忌日一般还要举行斋会，国忌行香的费用由度支给付，唐武宗会昌二年（842）五月下敕曰："今年庆阳节，宜准例，中书、门下等并于慈恩寺设斋，行香后，以素食合宴，仍别赐钱三百贯文，委度支给付。"③根据这些规定各项细节的政府诏敕，也可看出唐朝政府对国忌行香礼仪的看重。

日本僧人圆仁曾于唐朝境内亲历过国忌行香，甚至为了讨好唐朝政府，还亲自舍财设斋以供养僧侣，"（开成三年十二月）八日（敬宗忌日），国忌之日，从舍五十贯钱于此开元寺设斋，供五百僧"④。还记述了国忌行香时一系列颇为繁杂的礼佛与行香程序，当时身在扬州的李德裕就参与了此次国忌行香。开成五年（840）三月四日行至登州，逢国忌（顺宗皇后）。使君、判官、录事、县司等总入开元寺行香。⑤宣宗大中年间，河中节度使郑光遇国忌行香，便"与判官及屈客寺中宴饮征令"⑥，可见唐朝境内各州府对于国忌行香的敕文还是严格执行的，各级官员都要进入佛寺行香。之所以总是在佛寺而非道观，应该跟圆仁本人的僧徒身份和佛道的发展情况有关。

---

① 参见《全唐文》卷六四〇《故东川节度使卢公传》，第6464页。
② 《唐会要》卷六七《王府官》，第1386页。
③ 《唐会要》卷二九《节日》，第637页。
④ ［日］释圆仁著，［日］小野胜年校注，白化文等修订校注：《入唐求法巡礼行记校注》，花山文艺出版社1992年版，第84页。
⑤ 《入唐求法巡礼行记》，第224页。
⑥ （唐）阙名撰：《玉泉子》，载本社编，丁如明等校点《唐五代笔记小说大观（下）》，上海古籍出版社2000年版，第1443页。

## 第八章　出土文献与礼仪：唐代碑志与敦煌国忌行香文研究

开成四年（839），文宗听从崔蠡的建议废除国忌行香，主要原因是崔蠡认为"国忌行香，事不师古"[①]，之后所发诏敕也说："近代以来，饭依释老，征二教以设食，会百辟以行香，将以仰助圣灵，而资福佑，有异皇王之术，颇乖教义之宗"[②]，都是站在传统儒家的立场上批判国忌行香助长佛道二教，不合古礼。但事实证明，国忌行香已经深深地与佛道二教联系起来，不会轻易地被废弃，圆仁于开成五年所见到的行香可能只是地方上的特例，但唐宣宗即位以后恢复国忌行香则是在全国范围内重新申明了国忌行香的法律地位，同时也证明了佛道二教世俗化的发展观念已经根深蒂固，并非一两道敕令所能消灭的。

唐朝的国忌行香被五代和宋沿袭，五代时有了更为严格的礼仪规定，后晋天福五年（940），窦贞固奏请"每遇国忌行香，宰臣跪炉，僧人表赞，文武百官俨然列坐。今后复请宰臣跪炉，百官依常位立班"，皇帝同意了他的奏请，并令行香之后斋僧一百人，永为定制。[③]宋循唐制，"群臣诣西上阁门奉慰，移班奉慰皇太后，退赴佛寺行香。凡大忌，中书悉集；小忌，差官一员赴寺。如车驾巡幸道遇忌日，皆不进名奉慰。留守自于寺院行香，仍不得在拜表之所。天下州府军监亦如之"[④]。相比于唐，宋代国忌行香的程式更加复杂且规范化，佛教色彩也逐渐淡化，与国家礼法的融合也越来越深。

### 二　敦煌地区的国忌行香文书与礼仪

唐朝中央对于国忌行香的礼仪实施已见上述，与扬州、登州等地一样，敦煌地区也遵照唐朝诏令实行国忌行香。敦煌文书中完整的国忌行香文有 S.5637、P.2815、P.2854、P.2854v、P.3545v 等，是敦煌地区国忌行香时使用的范文样式或实用文献。现对照诸家录文，并以原文书

---

[①]　《唐会要》卷二三《忌日》，第526页。
[②]　《唐大诏令集》卷七八《废国忌日行香敕》，第447页。
[③]　参见《册府元龟》卷五九四《掌礼部·奏议二二》，第7111页。
[④]　《宋史》卷一二三《礼志》二六，第2888页。

图版为据，选择有代表性的几件文书①重新校正录文如下，以便展开后文。

P. 2854 正面抄写《国忌行香文》《先圣皇帝远忌文》等，现摘抄如下：

《国忌行香文》

我释迦有可久可大之业，迥超言象之先。我国家有翼善传圣之勋，高步羲轩之首。犹以鹤林示灭。万佛同迁相之仪；鼎湖上仙，百王留变化之迹。求诸今古，难可详焉！厥今开宝殿，辟皇宫，爰集缁徒，行香建福，所陈意者，有谁施之？则我河西节度使臣张议潮奉为先　圣某皇帝远忌行香之福事也。伏惟　先圣皇帝瑶图缵绪，袭贞命于三微；瑞历苻林，总文明于四海。穆清天下，大造生灵。咸遵复旧之业，广辟维新之典。遽谓乔山命驾，汾水长辞；挂弓箭于千龄。痛衣冠于万寓。惟愿以兹行香功德，回向福因，总用奉资，先　圣灵识：伏愿腾神妙觉，会诸佛于心源；浪咏无生，出群仙之导首。然后上通有顶，傍括十方。俱沐胜因，齐成佛果。摩诃般若，利乐无边。大众虔诚，一切普诵。

《先圣皇帝远忌文》

盖闻泡幻不停，阅孔川而莫驻；刹那相谢，历庄隙而何追。自非作慧识于昏冥，爇慈灯于闇室，则何能遨游佛岸，澡八解于无生；超拔畏途，排七违于少选者矣！厥今宏开宝地，广辟真场；缁侣诜诜，衣冠济济；花芬五色，炉焚六珠，启加愿者，有谁施之？则我河西　节度使臣张议潮奉为　先圣某皇帝亦云某皇后远日行香之福事也。伏惟先　圣某皇帝道迈百王，圣逾千古，弯弓按剑，落日龙惊。万方

---

① 以下文书在参考前人著录之外，笔者均对照文书原有图版进行重新录文，文书图版见于网络资源国际敦煌项目（http://idp.bl.uk/database/database_search.a4d）以及法国国家图书馆（http://gallica.bnf.fr/accueil/?mode=desktop），下同。

## 第八章　出土文献与礼仪：唐代碑志与敦煌国忌行香文研究

献颖而子来，百蛮稽颡而臣伏。何图拂袖昆台之上，乘云白帝之乡。故于忌辰，行香建福。皇后云伏惟先 圣某皇后幽闲淑顺，关雎之德自天；明德连辉，葛藟之功成性。遽有绣衣之梦，掩同薤露之晞，故于忌辰行香追福。惟愿以兹行香功德，回向福因，先用庄严，先圣灵识皇后即云先后灵识伏惟愿拂衣净国，总驾天衢。冠惠日而饮法云，拨烦笼而归常乐。然后散沾法界，普及有情。赖此胜因，咸登乐果。摩诃般若，利乐无边。大众虔诚，一切普诵。

这件文书从内容来看，是归义军节度使张议潮为唐朝先圣帝、后举行国忌追福的行香文，从"河西节度使"这一名称来看，文书的创作时间可确定在宣宗大中五年（851）朝廷任命张议潮为河西节度使到其咸通八年（867）入朝这一时期。文书语言佛教色彩浓厚，这应该与其起源于佛教活动密切相关。学者也对此进行了分析研究，冯培红认为这两篇行香文虽然文字表述不同，形式不同，但从祈福者、祈福对象和祈福内容来看，两篇文书的性质是相同的[①]，而且两篇文书的收尾格式和内容高度一致，应该是国忌行香文的通用格式，也可作为常用模板；黄征则根据《国忌行香文》中的"遽谓乔山命驾，汾水长辞"，认为"乔"为"桥"，指睿宗桥陵，即此篇行香文是为睿宗忌日追福的[②]，但也有学者对此提出疑问，具体分析详见下文。由此文可知，张议潮在刚刚推翻吐蕃统治，建立自身政权之时，就已经积极主动地结合敦煌地区盛行的佛教思想来实施国忌行香，以寻求与唐王朝建立更加深厚的联系，维持和巩固新生政权。

P. 2815《河西节度使张议潮国忌行香文式》录文如下：

（前缺）盖闻藏山易远，空惊造物之奇；逝水不停，几积圣人

---

[①] 冯培红：《敦煌本〈国忌行香文〉及相关问题》，第 232—265 页。
[②] 黄征、吴伟校注：《敦煌愿文集》，岳麓书社 1995 年版，第 721 页。

之叹。虽有形为累，岁春延促以增悲，而无久住可期，在生灭而俱谢。自非逾城觉路，摄景妙途，则何以静苦海沸腾，息轮回之运转？厥今开宝殿，俨真容，焚宝香，陈款愿者，有谁施之？则我河西节度使臣张议潮奉　为先圣某皇帝或某氏囗皇后远忌行香追福事也。伏惟先圣皇囗帝，德侔天地，明参日月。震雷云之威，施雨露之泽。熟[孰]谓拂袖昆台之上，乘云白帝之乡。四海失覆焘之恩，万方绝来苏之望。惟某王等，仰劬劳之厚德，绕动九天；思一匡之大恩，痛贯六府。妃惟（某），泉石方其雅操，康棣譬其光华。皎秋月之临镜川，丽春丛之映霞阁。何图高岸为谷，霜摧上苑之兰；沧海成田，风落小山之桂。是时也，远忌行香，荐福功德，回向胜因，总用庄严，先圣皇帝：惟愿金轮捧足，上升兜率之宫；七宝擎身，得入弥陀佛国。千尊而束摩顶，万佛以来迎。拔五苦之爱河，出生死之常道。然后（后缺）

这篇文书同样是张议潮辖制敦煌时期的一件用于国忌行香的文本书献，很多用语与P.2854《国忌行香文》相似，应为另一版本的国忌行香文样式。在具体操作中，针对不同的行香祈福对象进行相应的补充填写，以便应用于实际的礼仪活动之中。

P.3545v《诸色篇第七·国忌睿宗大圣皇帝忌六月廿日》是一件实用文献，录文如下：

诸色篇弟[第]七。国忌。睿宗大圣皇帝，忌六月廿日。我释迦有[可久]① 可大之叶[业]，迥超言象之先；我国家有翼善传圣之勋，高步羲轩之首。犹以鹤林示灭，万佛同迁相之仪；鼎湖上仙，百王留变化之迹。求诸今古，[难]可详焉！厥今宏开玉殿，广竖[幢]幡，钟梵盈场，香坛雾合者，谁之施作？则我　河西节度使

---

① 据前录范文P.2854文书补充。

## 第八章 出土文献与礼仪：唐代碑志与敦煌国忌行香文研究

某公奉为睿宗大圣真皇帝忌晨［辰］行香，追念诸嘉会也。伏惟睿宗大圣真皇帝陛下，瑶图赞［缵］绪，袭贞命于三微；瑞历符休，总文明于四海。穆清天下，大造生灵。咸遵复旧之荣，广阐惟新之典。遽谓乔山命驾，汾水长辞；负弓剑于千龄，痛衣冠于万寓。今节度厶公，宸心罔极，悲岁月而逾深；圣感增攀，痛星霜而永结。故于是日，大设延［筵］案。天下清心，持香行道。于是鹿园遐敞，鸡岫横临。帝释飞来，送灵空之堂殿；梵王下降，布云雨之香花。是时也，毒暑流金，拂宴林而自满萧瑟；赫曦飞大，和禅河而一变天时。合郡顺心，来赴莲花之会；郡官启手，共过鹦鹉之林；僧尼郁郁，口宣不二金言。士庶诜诜，共受无为之道。总斯多善，无限胜因，总用庄严，睿宗大圣真［皇］帝陛下：伏愿跻神妙觉，迥悟圆真。朗证克生，高视铁围之外；往来化物，还［丞］金座之中。伏持胜因，次用庄严，当金［今］皇帝贵位：伏愿皇图化镇，圣德长新。高居北极之仪，永固南山之寿。又［持］胜福，次用庄严，我节度使某公贵位；然后说罗勋，但岂括有无，并休皇恩，咸登佛果。

这件实用文献的前半部分以 P. 2854《国忌行香文》为底稿，文字相同，后半部分则根据祈福对象而进行修改。《敦煌愿文集》中似未收录，但其所录文书 S. 5637《诸色篇第七·国忌睿宗大圣皇帝忌六月二十日》，除结尾部分之外，其余内容与本书所录完全相同，黄征还根据睿宗谥号"大圣贞皇帝"推测文书创作时间为 716—754 年[①]，甚确。但前文提及的以"乔"为"桥"（桥陵）之说，据此文来看则有商榷之处，P. 2854 范文中的"乔山"与此文中的"乔山"应该都指的是传说中黄帝的埋葬之地，并非特指睿宗桥陵。由于文书内容的相似，可以将 P. 3545v 和 P. 2854 两件文书进行互校，核对其中语言文字之误，文书中的"河西节

---

[①] 参见黄征、吴伟校注《敦煌愿文集》，岳麓书社1995年版，第245页。

度使某公"即张议潮,则文书行用的时间可确定在宣宗大中年间。

P.2854背面所抄文书也是实用行香文书,分为三个部分,录文如下:

正月十二日,先圣恭僖皇后忌晨［辰］行香。

法海闻:王宫现生,表无生于实相;鹤林示灭,标不灭之真仪。是以无去无来,始证王明之境;非色非相,方开七觉之门。引权实以成因,启津梁而利物;卷舒巨测,显晦难量者哉!然今宏开宝地,广设金园,炉爇六铢,启嘉愿者,有谁施之?则有归义军节度使臣张仆射奉为先圣恭僖皇后远忌行香之福会也。伏惟 先圣皇后彩云朝美,秀义［仪］芳兰;四德之誉独彰,千姿之礼罕比。柔襟雪映,妇礼播于西秦;熟［淑］质霜明,女范传于东晋。岂谓金俄魄散,碧月光流;罢銮［鸾］镜于妆台,遗凤钗于纬［帷］帐。所以我仆射体正真之实思,福润良田;建胜善以投诚,仰慈云而结恳。于是擗金地而开禁苑,严宝□而列尊容;如游他化之宫,俄变娑婆之界。神通普运,接大众于虚空;妙力幽通,移此界而无动。三千刹土,尽化琉璃;八万尘劳,咸归寂灭。惟愿以斯广福,无疆胜因,先用益资,先圣皇后灵识:惟愿足蹑红莲出三界,逍遥独步极乐乡;安养世界睹弥陀,知足天宫遇弥勒。又持胜福,使臣常侍大夫遗[贵]位:伏愿昭昭佛日,独映心灵;宕宕［荡荡］法流,遍通意海。寿命遐长,沾香积无烦冲熟之因;衣落天花,靡要恒安八蚕之茧。亦愿观音引路,势至来迎;千佛一一护持,四天大王双双围绕。往来无滞爱之优［忧］,去住有清和之泰。伏持胜善,次用庄严,我仆射贵位:伏愿万佛回光,百神障卫;紫受［绶］与紫莲齐芳,金章与金刚不坏。然后天下定,海内清;群凶扫荡而兵戈冥,五谷丰稔而万人乐。摩诃般若,利乐无边。大众虔诚,［一切普诵］。

顺宗忌正月七日龙(指龙兴寺)法海(僧名),穆宗忌日正月廿二日乾(乾元寺)录,德宗忌正月廿三日云(大云寺)法,宪宗忌正月廿七日恩(报恩寺)法,僖宗忌三月六日开(开元寺)录,

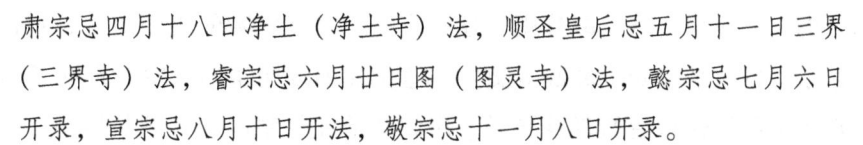

## 第八章　出土文献与礼仪：唐代碑志与敦煌国忌行香文研究

肃宗忌四月十八日净土（净土寺）法，顺圣皇后忌五月十一日三界（三界寺）法，睿宗忌六月廿日图（图灵寺）法，懿宗忌七月六日开录，宣宗忌八月十日开法，敬宗忌十一月八日开录。

粤我释迦应现，德被大千；　圣皇降生，泽流万国。法王乃舒毫相，而魔军自坏；吾君则张神武，而夷狄坐降。福利群聋，恩洽草木。飞去交感，通应幽冥。任持天地，契通神鬼。万主俾义，四时不考恒安者，其于斯矣。伏惟　太上皇帝，篡唐驭历，握象承枢。宝册状旨，金轮叶契。飞龙登于九五，乾应天门；绀马绕于三千，坤雄国界。自光敷帝业，亭盲苍生，向五十岁矣。遂以深崇至道，退习无为；德迈牺、尧，推让宝位。伏［惟］我先光天神武孝感皇帝，率天御宇，接绕兴邦。鸾凤呈姿，云雷作气。禅授元命，光扬宗祖。播玄元之道，风宣上皇之美化。

此文书内容丰富，引起了众多学者的广泛关注。黄永武将其定名为《张议潮为先圣皇后忌日行香文》[1]，施萍婷定名为《张议潮为先圣皇后远忌行香文》[2]，《法藏敦煌西域文献》定名为《张议潮为先圣恭僖皇后远忌行香文》，均认为文书中的"张仆射"是指张议潮，而冯培红则根据归义军史和文书背面所抄内容判断此处"张仆射"指张淮深[3]，笔者赞同冯先生的观点。文书根据其内容可以分为三部分，第一部分是张淮深时期敦煌地方为先圣恭僖皇后王氏（唐穆宗妃、唐敬宗生母）忌日所作的行香文，文中对于王氏大加赞誉，并表达了归义军节度使举行行香礼仪的虔诚之心与保境安民的美好愿望；第二部分则详细罗列了唐朝十位皇帝及顺圣皇后的忌日时间及其举行行香仪式的佛教寺院和僧人等名之简称，与唐朝中央固定行香场所的敕令不同，可见行香礼仪在敦煌地

---

[1]　黄永武主编：《敦煌宝藏》第124册，新文丰出版公司1985年版，第486—487页。
[2]　敦煌研究院编：《敦煌遗书总目索引新编》，中华书局2000年版，第257页。
[3]　冯培红：《敦煌本〈国忌行香文〉及相关问题》，载郑炳林主编《敦煌归义军史专题研究四编》，三秦出版社2009年版，第232—265页。

区的灵活应用；第三部分则叙述了玄宗、肃宗之际的唐朝历史，指出玄宗崇道以及平定安史之乱等史实。这份文书表明了归义军时期张氏政权对于唐朝历代帝后的尊重与对于唐朝政治礼仪制度的遵循与模仿，不管是出于政治作秀或其他目的，至少对于国忌行香的内容与礼仪有着充足的准备与认识。

前录 P.2854、P.2815、P.3545v 和 P.2854v 四件文书，前两件为范文模板，后两件为实用文书。唐朝中央政府的国忌行香文由于种种原因没有流传下来，而敦煌地区的行香文既有范文又有实用文书，无疑为唐朝的国忌行香提供了更加丰富的研究材料。此四件文书中涉及的国忌行香都发生在张氏归义军建立初期，节度使为张议潮和张淮深，但根据制度规定，沙州是不具备行香资格的。《唐会要》载，贞元五年（789）八月敕曰："天下诸上州，并宜国忌日准式行香"①，只有上州有资格，但也有例外。如处州刺史因为"当州不在行香之数"请求"同衢、婺等州行香"，德宗就同意了他的请求，至于张议潮是否请求唐朝中央赐予行香资格则不得而知，冯培红认为有可能是张议潮刻意讨好唐朝，奉唐朝为正朔，利用国忌行香来拉近归义军与唐朝中央的关系，聂顺新也根据敦煌国忌行香在国忌日数、行香地点等方面与唐朝中央的不同，推断出张议潮仿效唐朝举行国忌行香的事实，并指出在具体执行的过程中，敦煌地方政府具有较大的自主性和随意性。② 而且行香文中多有平阙，也反映出唐朝平阙之礼在地方上的实际应用，尤其是在节度使之前所用平阙，表现出节度使割据一方，地位尊崇的晚唐政局。

从 P.2854v 文书第二部分来看，敦煌地区对于唐王朝的帝后忌辰都是非常熟悉、有本可依的，敦煌文书 P.2504《天宝令式表》里面就清楚地记载了唐朝历代帝后的忌辰，其内容与《唐六典》礼部卷所载内容大

---

① 《唐会要》卷二三《忌日》，第 523 页。
② 参见聂顺新《张氏归义军时期敦煌与内地诸州国忌行香制度的差异及其原因初探》，《敦煌研究》2015 年第 6 期。

## 第八章　出土文献与礼仪：唐代碑志与敦煌国忌行香文研究

致相同①，可见归义军的诸多制度确实是以唐朝为依据的；而且，敦煌行香文中佛教用语应用频繁，佛教气氛浓厚，而且行香仪式多在佛寺当中进行，由僧侣主持，也与唐朝内地行香礼仪颇有相似之处。敦煌地区是中西文化碰撞交流的桥头堡，外来文化进入中土的第一站就是敦煌，于是敦煌就成为一个思想丰富、文化多元的新世界。佛教、道教、祆教、摩尼教等宗教文化皆可在敦煌发现踪迹，但佛教始终处于独尊地位，无论是吐蕃占据时期还是归义军时期，甚至有学者认为敦煌是当时的佛教圣城②，所以佛教深刻地影响着敦煌地区的政治、风俗以及社会生活，行香文中"缁侣诜诜，衣冠济济""合郡顺心，来赴莲花之会；郡官启手，共过鹦鹉之林；僧尼郁郁，口宣不二金言。士庶诜诜，共受无为之道"等文辞可以证明敦煌地区的国忌行香与唐朝内地稍有区别，是允许普通僧俗士民参与的，是地方官员、佛道教徒、士民信众共同举行的大型盛会。张议潮等归义军统治者选择在佛寺汇集僧俗大众举行国忌行香，既表明了归义军治下的敦煌地区为唐朝国土，尊崇唐朝历代帝后的献媚动机，也利用了敦煌地区佛教兴盛的便利条件，借用国忌行香来宣扬统治地位，维系统治基础，稳固自身统治的政治意图。

此外，除了本书重点讨论的国忌行香礼仪文献之外，敦煌吐鲁番文书中也保存了大量的官私礼仪文献，涉及唐代官方的礼仪制度以及敦煌吐鲁番地区的社会礼俗生活，如雷闻曾分析讨论过的吐鲁番出土唐开元二十五年（737）《礼部式》残卷③，就属于唐代律令格式等官文书中的重要组成部分；还有大量涉及敦煌地区婚姻、丧葬、日常交流等礼俗的敦煌文书，如《下女夫词》、葬经、祭文、书仪等，无一不是研究唐代官方礼制与民间社会礼俗生活的重要文献资料，前贤对此也多有论及，兹不赘述。

---

① 《唐六典》卷四《尚书礼部》，第126—127页。
② 荣新江：《敦煌学十八讲》，北京大学出版社2001年版，第33—43页。
③ 雷闻：《吐鲁番新出土唐开元〈礼部式〉残卷考释》，《文物》2007年第2期。

## 小　结

　　无论是碑刻墓志还是敦煌文书，都是历经千年流传下来的非常珍贵的唐代历史文献，不仅保留了其本来面貌，对于后世还原唐代的现实社会生活具有极大的文献参考意义，也引发了学术研究的热潮与学者的重点关注。这些涉及唐代吉凶礼仪的考古文献资料，能够直接体现出唐代社会对于吉凶礼仪的重视程度，也能利用传世礼仪文献的互证与补充，完整地再现唐代礼仪制度与文化的实际运作与影响范围，使后世对于以礼乐盛世而知名的大唐帝国有一个更为全面的认知与了解。当然，除了历史上流传下来的碑志资料以外，随着考古工作与田野调查的持续开展，又有更多的与礼仪有关的新资料展现在世人面前，如唐代皇帝封禅泰山的玉册、陪葬陵寝的哀册、道教投龙金简等，也极大地补充了学界现有研究成果的不足，深化了唐代礼仪制度的研究进程。我们有理由相信，在不久的未来可能还会出现众多震惊学界的文物资料，可以补充与完善现有的学术体系或理论，会再次将唐代礼仪制度，甚至是相关文化、思想的研究推向新的领域与新的方向，也会迅速促进社会大众对于唐代礼仪的认识与吸收，极大地丰富当今社会的艺术文化与风俗习惯，使人们的日常生活更加有趣，更为有礼有节。

# 第九章　从文献到思想
——唐代礼仪文献与礼仪制度、文化、
思想关系的再思考

傅修延曾在其著作中指出："任何文本都可以看成是文化意义上的存在"[①]，礼仪文献亦是如此。无论是礼仪文献的诞生，还是流通转变，都与当时社会的礼仪制度、文化，甚至是礼学思想息息相关。所以，本章内容在前文研究论述的基础上，以现有的这些礼仪文献为起点，探索礼仪文献与礼仪制度的发展变迁轨迹，从文献的角度来发现它们所反映的礼仪内容与唐代实际社会中的礼仪内容有何异同并深入理解唐代礼仪文献与礼仪制度、文化、思想之间存在的密切关系，以便在现有研究成果的基础上对于唐代礼仪产生新的认知角度与观点、看法。

## 第一节　唐代礼仪文献关注点及内容的发展与变迁

本书第一章内容对于唐代现存的礼仪文献进行了整体性的概括与讨论，然后用第二章、第三章的内容分别对唐代礼仪著作、礼仪文章展开

---

① 傅修延：《文本学——文本主义文论系统研究》，北京大学出版社2004年版，第323页。

论述，重点研究了这些礼仪文献的数量、内容及其作者群体和保存状况等，在其基础之上，本节内容主要讨论唐代礼仪文献发展、变迁的过程与轨迹。

根据附表1、2之中的礼学著作书目可以看到，唐代士人所关注的主要礼仪内容为吉礼中的封禅、明堂、家祭等祭祀礼仪，凶礼中的丧礼、五服及反映唐代日常生活的书仪。其中，封禅、明堂等礼书的撰作主要集中于唐前期，而且明显受到了唐代皇帝主导礼仪活动的影响，这是因为封禅礼、明堂礼的建议与实践都发生在太宗至玄宗时期。唐代帝王行封禅大礼者有唐高宗乾封元年（666）封禅泰山、武则天万岁登封元年（696）封禅嵩山、唐玄宗开元十三年（725）封禅泰山，还有唐太宗虽意欲封禅泰山，却在走到洛阳时因"彗星之变"而半途返回①；建立明堂的提议始于唐太宗时期，但由于诸儒争议不断且亲征辽东而暂时搁置，高宗时期再议，又是议论纷纷，难以决断，直至武则天执政时期才力排众议，得以成功，但玄宗开元年间即被拆毁，明堂实际存在时间不足五十年（688—737）。②

而家庭祭祀与荐享、丧礼与亲属服制、涉及吉凶婚丧与社会交往之间的书仪，都是唐人日常生活的主题，这些礼仪虽然并不局限于某一特定时段，但其仪注礼书大量出现在唐中晚期，说明了随着时代的变迁，唐代士人的礼仪观念也在发生着变化。此外，敦煌文书中的世俗礼书大约有二十余种、九十余个卷号，如杜友晋所撰的P.3442《吉凶书仪》、郑余庆所撰的S.6537v《大唐新定吉凶书仪》、郁知言所撰的P.3723《记室备要》等，吴丽娱先生对这些仪注类史书及其中的书仪和其他的俗礼书有很高的评价，认为他们对于社会的影响绝不在正礼和朝仪之下，其充分的实用性在一定程度上弥补了唐人礼仪教育方面的不足。③

反观唐代数量众多的礼仪文章，其发展变化的趋势确实难以准确把

---

① 参见《旧唐书》卷二三《礼仪志》，第881—904页。
② 参见《旧唐书》卷二二《礼仪志》，第894—876页。
③ 吴丽娱：《唐礼摭遗：中古书仪研究》，商务印书馆2002年版，第34、202页。

握,但可以从前文探讨过的礼仪文章的作者群体这一侧面展开分析。在第三章第三节的行文之中,笔者选取了撰写的礼仪文章数量超过十篇的作者群体代表,共统计出19人,文章总量398篇,以安史之乱为唐前后期的分界点来看,其中张九龄、张说、陈子昂、苏颋、宋之问等5人处于唐前期,共撰有126篇礼仪文章,约占这19人所撰总量的31.6%;李商隐、白居易、独孤及、韩愈、权德舆、符载、刘禹锡、令狐楚、柳宗元、陆贽、常衮、梁肃、钱珝、吕温等14人处于唐中后期,共撰有272篇礼仪文章,约占68.4%,从数量上可以直观地看出唐代安史之乱以后,作者群体更为庞大,产出的礼仪文献数量也远超唐前期。再从作者的身份来看,唐前期的礼仪作者两极分化现象十分明显,或者是位居宰辅,统领文坛的朝廷大手笔,或者是怀才不遇、以文知名的青年才俊,两者的身份地位差距颇大,产出的文献内容也主要围绕国家礼仪与政治生活;到了唐后期,这些作者之间官职品级的差距就不那么明显,而且都是凭借文学才能广为人知的,他们的足迹遍布唐代多个州县,用生动的文笔勾勒出有别于官方礼仪的民间社会礼俗生态,其作品也得到更为广泛的流传与推崇。

  同时,随着唐代科举制度的发展成熟,礼仪之学作为科举考试的重要内容之一,也吸引了大量的文人士子开始接触礼学,并将其作为个人步入仕途的原始资本纳入日常文本写作之中,也会作为考试材料而进行相关礼仪判文的创作,这也从侧面扩大了礼学的影响与传播范围,并促进了礼学文献的大量产生。随着科举而产生的新兴官僚阶层,也对于旧有的贵族礼仪提出了反对与批判,并能够根据实际的礼仪需要而创作出新的礼仪文献,作为自身阶层知礼用礼的标榜。而且,雕版印刷等科学技术的积淀与突破,也为唐代礼仪文献的整理与保存提供了便利,正是这多方面的综合原因,才使得唐代的礼仪文献在数量与质量上都远超前代。

  因此,唐代礼仪著作内容的转变与发展明显与其前进演变的历史时期息息相关,也符合不同历史时期内的社会现实需求。唐代立国之初,

### 下编　唐代五礼制度下的文献描写与礼仪实践

除了通过武力四处平叛，维持疆域的统一之外，也需要完成自隋以来尚未完成的文化思想上的统一重任。尤其是经学及其所涵盖的礼学，自魏晋南北朝南北政权分裂对峙之后，就各自在其管辖范围内形成了不同的发展演变传统，如东汉时期的经学家郑玄，其学说被称为"郑学"，在东汉末年及后世影响深远；三国曹魏时的经学家王肃，其学说被称为"王学"，是对郑玄理论的反驳与再调整，甚至被立为官学。两家学说针锋相对，各有优劣，长久以来并行于世，有学者甚至认为魏晋时期的经典诠释就是一个对郑学进行回应和消化的漫长过程。[1] 直到隋朝完成南北统一，郑、王之学在中央王朝意识形态的主导之下产生交流与融合，礼学也迎来了新的发展高峰，皮锡瑞认为"隋平陈而天下统一，南北之学亦归统一，此随世运为转移者；天下统一，南并于北，而经学统一，北学反并于南，此不随世运而转移者也"[2]。此处的"北学"指的是学风朴实的郑学，而"南学"则指受玄学影响的浮华学风，经过隋代刘焯、刘炫等人长时间的整理与融合，直到唐代孔颖达接受二刘之学，才最终将南北之学融为一体，影响并促成了《五经正义》的编撰与诞生。

　　唐前期也曾因礼学传统的分歧而相继编修了大型官修礼典——《贞观礼》《显庆礼》，其中也夹杂着社会的变迁与政治利益集团之间的斗争[3]，直到开元年间才真正实现了南北学术传统与郑、王礼学思想的交汇与融合，以《大唐开元礼》的修撰完成而达到顶峰。而安史之乱以后，唐代官修礼仪典籍的活动基本荒废，取而代之的则是士大夫群体的私家修撰，如颜真卿《大唐元陵仪注》、王泾《大唐郊祀录》、杜佑《通典》等，这些礼仪文献除了追述唐前期光辉璀璨的礼仪典制之外，更加注重社会现实，服务于实际礼仪需要，为唐代礼仪文献在编撰方式、内容性质、风格特点等方面的转变提供了借鉴与参考，促进了唐晚期以及

---

[1] 华喆：《礼是郑学：汉唐间经典诠释变迁史论稿》，生活·读书·新知三联书店2018年版，第177页。
[2] （清）皮锡瑞：《经学历史》，中华书局1959年版，第193页。
[3] 详见吴丽娱主编《礼与中国古代社会·隋唐五代宋元卷》，第42—51页。

后世礼仪文献的转型与再发展。

因此，唐代礼仪文献的发展变迁过程，既受中古时期礼学传统碰撞与融合背景的驱动，也是唐代社会历史、科举制度、官僚阶层不断发展与完善的实际产物，更是在雕版印刷等科学技术的保障之下，得以大量流传并一直保存至今，成为后世研究唐代社会历史原貌的重要参考资料。

## 第二节　唐代礼仪思想的历史转变

"礼也者，体也，履也。统之于心曰体，践而行之曰履。《周礼》为体，仪礼为履"[1]，礼书的撰写与礼仪的实践是相辅相成、不可分割的，唐代的礼书撰作服务于礼仪实践，反过来，唐代的礼仪实践也更好地促进了礼书的撰作。同时，随着唐代社会政治经济的发展变化，唐人的礼仪思想与礼书撰作也随之发生变化，这种思想上的潜移默化有着复杂的历史背景与发展轨迹。

唐高祖李渊建立唐朝之后，群雄割据，百废待兴，对于礼仪的制作无暇顾及，只能沿用隋代旧礼。但这并不意味着唐初的礼仪就是简单套用，《唐会要》记载唐高祖在接受隋帝禅位期间，任命温大雅、窦威与陈叔达参定礼仪[2]，可见此时李渊已经有了制礼作乐的整体规划，由于武德前期战乱未定，后期内部政治斗争，未有时间创成新礼，只是任命亲信大臣参定礼仪而已。同时，高祖武德初年所定的《武德令》也有部分内容涉及礼仪制度，但内容较少，缺乏系统性。

太宗发动玄武门政变之后登上帝位，便锐意改革，大兴文教，社会经济逐渐恢复，开创了"贞观之治"的大好局面，史称"米斗四五钱，外户不闭者数月，马牛被野，人行数千里不赍粮，民物蕃息……号称太

---

[1]《通典》卷四一《礼》，第1110页。
[2] 参见《唐会要》卷三七《礼仪使》，第784页。

平"①。盛世制礼作乐，太宗诏令长孙无忌、魏徵、李百药、颜师古、令狐德棻、孔颖达、于志宁等肱骨大臣与经学大儒共同撰作《贞观礼》，于贞观十一年（637）撰成。太宗知人善任、虚心纳谏、君臣共治，留下了许多历史佳话，并且，太宗贞观四年（630）令颜师古考订五经，撰成《五经定本》，又命孔颖达与众多大儒编撰《五经正义》，统一了经学内部各派，制定了文本标准，《礼记》为五经之一，自然也在此过程中被重新修订。贞观九年（635）敕文中说："自今以后，明经兼习《周礼》并《仪礼》者，于本色量减一选"②，表达了朝廷对于习礼举子的重视与优待。

高宗即位以后，社会经济繁荣发展，又在《贞观礼》的基础上新修《显庆礼》。永徽年间甚有"贞观遗风"③，《唐律疏议》与《显庆礼》都完成于高宗统治时期，并且解决了隋以来的辽东祸患，疆域达到唐代极盛。这一时期重视对传统儒家典籍的整理与义疏，贾公彦撰成《周礼义疏》《仪礼义疏》，加上杨士勋的《春秋谷梁传注疏》、徐彦的《公羊传疏》，与孔颖达的《五经正义》合称"九经正义"，成为科举考试的标准文本。之后，武则天建立武周政权，也利用礼仪的制作来巩固自己的统治地位，她不仅有刘祎之、元万顷等"北门学士"所撰写的《臣轨》《百僚新诫》等官僚仪范④，员半千等所操作的《明堂新礼》《封禅四坛碑》等明堂、封禅礼仪注，还亲自撰作《紫宸礼要》十卷，以此来彰显统治盛世，宣扬统治权威。到了玄宗统治时期，唐代的社会经济发展到达顶峰。开元八年（720），听从国子司业李元瓘的建议，玄宗下诏曰："《周礼》经邦之执则，《仪礼》庄敬之楷模……习《周礼》《仪礼》《公羊》《谷梁》，并请帖十通五，许期入策"⑤，以此来鼓励举子学习古礼；开元十年（722）亲注《孝经》，体现了礼法制度的更新和建设，为《开

---

① 《新唐书》卷五一《食货志》，第1344页。
② 《唐会要》卷七五《贡举》，第1629页。
③ 《资治通鉴》卷一九九，"高宗永徽元年元月"条，第6383页。
④ 参见《旧唐书》卷八七《刘祎之传》，第2846页。
⑤ 《唐会要》卷七五《贡举志》，第1630页。

元礼》的诞生营造了绝好的氛围，也为盛世的到来奠定了基础。于是开元二十年（732），《大唐开元礼》撰成，该书折中前礼，吸收南北学说，体现了唐朝礼制的时代化和创新精神，与开元二十六年（738）成书的《唐六典》一同成为玄宗营造盛世的精神产品[1]，是唐帝国最为强盛时期的象征。由此可见，唐代前半期的礼仪建设都是唐代皇帝彰显统治地位，营造盛世景象的产物，在社会经济繁荣发展的刺激之下，文人学士也一心加入国家礼仪的撰作当中，他们所作的礼书迎合了唐朝皇帝礼仪方面的需要，服务于唐王朝歌颂盛世的礼仪活动，也符合儒家"礼仪天下"的国家秩序理念，带有浓郁的政治色彩，唐初在修撰官方礼典时的多次反复，其中也夹杂了郑王之学的反复争论与南北学说的冲突与融合。[2]开元二十四年（736），礼部侍郎姚奕上奏请进士帖《左氏传》《周礼》《仪礼》等经，通晓五篇以上便给予及第[3]，强调了进士中举与通晓礼书之间的密切关系。天宝年间在《开元礼》的基础上顺应时代发展略作修改，继续沿用，故而此一时期为唐代社会和礼制发展的高峰，其盛世景况乃至于在整个中国古代都屈指可数。吴宗国即认为"盛唐在中国历史上是一个有着无穷魅力的时期"[4]，而成就盛唐之盛的其中一个重要条件就是唐初以来政治制度的不断调整。文化的繁荣使得礼制中加入了许多新的元素，在盛世框架之下的新礼能够尽最大可能地发挥，深谙礼仪之道的礼官也开始活跃于政治舞台，指引着唐代礼制向前发展。整个唐代社会都沉浸在盛世的"霓裳羽衣曲"里，政治、经济、文化都在这一时期达到鼎盛，成为后人心中永不磨灭的盛世典范。

但是，在盛世制礼的大环境下，官方礼学思想也逐渐趋于保守固化，对于新兴的私家礼学则多持排斥态度。贞观四年（630），太宗令颜师古

---

[1] 吴丽娱：《营造盛世：〈大唐开元礼〉的撰作缘起》，《中国史研究》2005年第3期。
[2] 吴丽娱曾在讨论唐代册后礼仪之时，分析了南北学说对于《大唐开元礼》的影响与融合，参见吴丽娱《兼融南北：〈大唐开元礼〉的册后之源》，《魏晋南北朝隋唐史资料（第二十三辑）》，武汉大学文科学报编辑部2006年版，第101—115页。
[3] 参见《唐会要》卷七六《贡举中》，第1633页。
[4] 吴宗国主编：《盛唐政治制度研究》绪论部分，上海辞书出版社2003年版，第1页。

下编　唐代五礼制度下的文献描写与礼仪实践

考订五经，撰成《五经定本》，又命孔颖达与众多大儒编撰《五经正义》，统一了经学内部各派，制定文本标准，《礼记》作为五经之一，自然也在此过程中被重新修订。贞观九年（635）的敕文中说："自今以后，明经兼习《周礼》并《仪礼》者，于本色量减一选"①，表达了朝廷对于习礼举子的重视与优待。从此，孔颖达所作的礼学解释成为官方主流思想，与郑玄等大儒注释的古礼，一并被纳入科举考试之中。但在当时的社会文化中，并不以此为不刊之论。太宗时期的王玄度，以己意注解经典，与孔颖达、郑玄的解释大有出入，上表奏请行用自己的注释，并得到了许敬宗、河间王李孝恭的肯定与支持，"校书郎王玄度注《尚书》《毛诗》，毁孔、郑旧义，上表请废旧注，行己所注者，诏礼部集诸儒详议。玄度口辩，诸博士皆不能诘之。郎中许敬宗请付秘阁藏其书，河间王孝恭特请与孔、郑并行"②，但被崔仁师驳奏罢免。开元十四年（726）元行冲向玄宗奏上奉诏所撰的《类礼义疏》五十卷，遭到了尚书左丞相张说的反对，他认为古礼历经千年，不可随意更改，"今之《礼记》，是前汉戴德、戴圣所编录，历代传习，已向千年，著为经教，不可刊削"，而且元行冲的注解与先儒大为不同，不能实际应用，"今行冲等解征所注，勒成一家，然与先儒第乖，章句隔绝，若欲行用，窃恐未可"③。最终，玄宗听从了张说的建议，只是简单地赏赐了元行冲，将其著作藏于内府，未能立于学官。这两次对于官方主流礼学思想的突破与反抗，最终都以失败告终，王玄度与元行冲也因此受到了极大的打击，逐渐沉沦，足以看出官方统治意志的强大。

天宝十四载（755）安史之乱的爆发彻底敲碎了唐朝君臣的盛世美梦，长达八年的叛乱席卷了唐朝北方的大部分地区，经济残破、民不聊生，史载"东至郑、汴，达于徐方，北自覃怀，经于相土，人烟断绝，

---

① 《唐会要》卷七五《贡举》，第1629页。
② 《旧唐书》卷七四《崔仁师传》，第2620页。
③ 《旧唐书》卷一〇二《元行冲传》，第3178页。

222

千里萧条"①。安史之乱既是唐朝历史的拐点，也是整个中国古代史的转折点，八年战争结束后社会政治经济等各方面均已发生了天翻地覆的变化，史家于此着墨颇重，兹不赘述。广德元年（763），安史之乱虽然宣告结束，但礼崩乐坏、内忧外患的局面则一时难以改变。唐玄宗、代宗、德宗前后三次被迫离开京师逃难，仓促之际，肃宗只能即位于灵武，德宗又被迫罪己于奉天，同时安禄山、史思明、朱泚、李希烈等僭越称帝，朱滔、田悦等盗议称王，都妄图改朝换代或割据一方，严重挑战着唐朝中央的政治统治与礼仪秩序。代宗以来的姑息之政，致使藩镇"地益广，兵益强，僭拟益甚，侈心益昌"②，唐帝国威权不再，危机四伏，礼仪也日渐崩坏。

鉴于上述危机，平定叛乱并重新回到长安的德宗便开始了重构唐帝国权威的行动，礼制建构就是其中最重要的一环。唐德宗重修礼仪，规范秩序，在继承《大唐开元礼》的基础上顺应时代需要，产生了《大唐郊祀录》《通典》这样的礼仪著作，既载沿革，又注重当朝之礼仪章程。德宗在选举中也加入了《三礼》与《开元礼》科目，重视对礼仪之士的选拔与重用，宪宗更是在其基础上再次重申举子对于礼书的修习。③ 德宗之后宪宗锐意进取，廓清御宇，促成"元和中兴"，政治上取得了大一统，礼制也取得了卓越的成就，前述《礼阁新仪》《曲台新礼》《续曲台礼》都完成于元和年间，可谓相得益彰。但"元和中兴"仅仅持续了十余年便寿终正寝，企图通过复兴古礼来重造盛世的愿望也被打破④，穆敬二宗断送了宪宗以来的大好局面，文宗虽然有铲除宦官、改革时弊之志，却事与愿违，弄巧成拙，酿成"甘露之变"的惨剧，而唐朝的国运则每况愈下，积重难返。在这一重构阶段，唐朝皇帝们大都有重归开元盛世、制礼作乐的雄心壮志，而且在一定程度上得以实现，只是因为

---

① 《旧唐书》卷一二〇《郭子仪传》，第3457页。
② 《新唐书》卷二〇九《藩镇魏博》，第5922页。
③ 参见《唐会要》卷七六《贡举志》，第1653—1654页。
④ 冯茜：《礼书编纂中的制礼思想——以〈大唐郊祀录〉为中心》，《唐史论丛（第三十辑）》，三秦出版社2020年版，第170—184页。

造化弄人，时过境迁，所有的努力最终如昙花一现，草草收场，重回大唐盛世礼乐文明的场景只能成为黄粱一梦。"甘露之变"前，唐朝的国势仍然受惠于"元和中兴"的余绪，统治集团中的那种积极入世、求治进取的革新精神尚未完全熄灭，整个社会还是表现出平稳发展的势头，而事变之后，唐朝开始步入王朝晚年的多事之秋，政局逐渐晦暗莫测，宦官专权渐趋恶化，阶级与社会矛盾则日益激化。① 政治局势的变化也会影响到国家的行政制度，随着唐代社会秩序的崩溃，唐代礼制也就徒留空文，过渡于五代、宋，等待着新的时代新的礼仪秩序的诞生。

同时，这一时期，随着官方意识的衰弱，私家礼书开始大量出现。大历年间，"助（啖助）、匡（赵匡）、质（陆质）以《春秋》，施士匄以《诗》，仲子陵、袁彝、韦彤、韦（裴）茞以《礼》，蔡广成以《易》，强蒙以《论语》，皆自名其学，而士匄、子陵最卓异"②；郑余庆，大历年间进士，贞元、元和之际为相，撰写《书仪》二卷；裴茞，元和太常少卿，撰《内外亲族五服仪》二卷、《书仪》三卷；卢弘宣，元和年间进士，历任剑南东川节度使、义武节度使，"患士庶人家祭无定仪，乃合十二家法，损益其当，次以为书"③；裴度，贞元年间进士，任宪宗、穆宗、敬宗、文宗数朝宰相，撰写《书仪》二卷。可见，越来越多的官僚文士着眼于私家礼书的撰作，也更加关注日常礼仪生活，这与唐代社会的转变有很大的关系。④

唐朝是中国古代礼仪制度发展的高峰时期，也是一个承上启下，充满变革的时代，著名的"唐宋变革论"也发端于此。唐以前，贵族制盛行，礼仪活动更加关注社会上层，主要为贵族统治阶级服务。入唐以后，受科举制的影响，贵族阶层逐渐没落，代之而起的是新兴科举官僚阶层，

---

① 参见《唐代文宗武宗两朝中枢政局探研》，第6页。
② 《新唐书》卷二〇〇《儒学传》，第5707页。
③ 《新唐书》卷一九七《循吏传》，第5633页。
④ 英国学者麦大维曾在其著作中提到了在唐前后历史阶段礼制的衰落与经学的转变，参见［英］麦大维《唐代中国的国家与学者》，张达志、蔡明琼译，中国社会科学出版社2019年版。

## 第九章 从文献到思想

更加注重社会上层与下层的互动，不少家境贫寒的文士出任官僚，立足于基层社会生活，家族观念也逐渐萌发。他们不仅享受着政治上、经济上的特权，还要求具有符合他们身份地位的礼仪，于是，以官品高低为标准的家庙、婚丧礼仪制度就列入了《大唐开元礼》之中[①]，故而家庙祭祀、婚丧嫁娶等民间礼俗活动也越来越受到唐代社会各阶层的重视，使得吉凶婚丧类书仪广泛传播。而且，唐朝自身的历史发展也经历了重大转折，安史之乱以后，开元盛世的美梦已经破灭，中央政府权威屡受挑战，阶层流动更加频繁，遍地林立的藩镇也加速了各个地区之间的流动，各藩镇之间、藩镇与中央之间的来往交流非常频繁，也促进了日常交往类书仪的产生与兴盛，带有礼仪文字的书信交往变得更受欢迎，也更大程度地促进了来往双方意愿的满足，这些书仪散存于敦煌文书之中，备受史家瞩目，成为今人窥探唐代社会日常生活的绝佳窗口。

而且，尽管唐前期礼学在官方主流意识的引导下实现了礼学思想的统一与树立起了权威，但也逐渐走向了僵化与没落，正如冯茜所言，"唐代礼学在经学式微的整体背景下趋于衰落，著述亦乏善可陈"[②]。唐后期不断出现的私修礼仪典籍，如《通典》《大唐郊祀录》等，开始凸显礼仪制度之间的传承与礼义，并对后世礼仪典籍的修撰产生直接影响。宋代理学思想兴起之后，礼学在其基础上完成了蜕变，开启了宋代及其后世的礼学发展新篇章。

唐代礼仪思想还有一个很大的转变就是越来越实用。唐代社会普遍信奉着实用主义，只要有用，都会被唐人慢慢接受并加以利用，华而不实、偏重理论而忽略实际的事物则会被历史烟尘所埋没，佛教的流传就是最明显的例证，虽然玄奘亲身从印度带回了最正宗、最原始的佛教理

---

[①] 有关唐代的家庙、婚丧礼仪制度的发展演变，可参见甘怀真《唐代家庙礼制研究》，台湾商务印书馆1991年版；王鹤鸣《唐代家庙研究》，《史林》2012年第6期；张国刚《唐代婚姻礼俗与礼法文化》，《唐研究（第十卷）》，北京大学出版社2004年版，第361—376页；史睿《出土文献所见唐代士族婚姻礼法的特点与源流——兼谈婚姻礼法与士族兴衰》，载余欣主编《中古时代的礼仪、宗教与制度》，上海古籍出版社2012年版，第85—108页；等等。

[②] 冯茜：《唐宋之际礼学思想的转型》，生活·读书·新知三联书店2020年版，第43页。

下编　唐代五礼制度下的文献描写与礼仪实践

论，但依然敌不过后来禅宗的发展壮大与普遍流传。就礼制来说，帝王制礼的目的在于规范统治，要达到实际的统治效果，而不会拿出一些三坟五典来简单地坐而论道。文宗开成二年（837）敕立终南山祠，而立祠的缘由在于"每闻京师旧说，以为终南山兴云，即必有雨。若当晴霁，虽密云他至，竟不沾濡。况兹山北面阙庭，日当恩顾，修其望祀，宠数宜及"①。正是由于终南山有兴云致雨的特殊功效，即便是京师传闻，朝廷也能立祠致祭，甚至唐朝政府会利用摩尼教来祈雨②，雷闻认为这种现象"一方面反映了各种宗教都试图在官方礼书中占据一席之地，另一方面也反映了唐代国家对于各种宗教势力的利用，同时，这也体现了中国人的实用理性精神"③。葛兆光先生认为唐朝安史之乱以后内忧外患的困境引发了其主流思想秩序的崩溃，实用政治、经济与军事被广泛需要，从而促使实用之风盛行，甚至"道德伦理失坠"④。这种实用之风也反映到礼仪之上，大量实用仪注类礼书就完成于唐开元盛世以后，其目录被收录于《新唐书·艺文志》之中。

如果说唐前期礼书的撰作更多是为满足统治者营造盛世的需要，带有很强的政治色彩，那么安史之乱以后，家祭礼书、丧礼五服、书仪的撰作更加体现了唐人现实社会生活所要面对的礼仪问题，带有普遍的实用主义色彩。姜伯勤先生认为，唐贞元、元和年间，五礼之学发展的一条线索，就是将士族家礼、家训和通行习俗纳入五礼中的吉凶之仪，使礼仪庶民化、实用化及不与社会实际生活脱离，用国家提倡的意识形态来影响日常生活习俗，通过建立新规范来巩固统治。⑤ 吴丽娱也认为，贞元、元和礼书的一个特点是其内容具体实用⑥，朝廷正礼与民间俗礼

---

① 《唐大诏令集》卷七四《立终南山祠敕》，第420页。
② 参见《唐会要》卷四九《摩尼寺》，第1012页。
③ 雷闻：《郊庙之外：隋唐国家祭祀与宗教》，生活·读书·新知三联书店2009年版，第306—307页。
④ 葛兆光：《中国思想史（第二卷）》，复旦大学出版社2013年版，第101—102页。
⑤ 姜伯勤：《敦煌艺术宗教与礼乐文明》，中国社会科学出版社1996年版，第456页。
⑥ 吴丽娱：《唐礼摭遗：中古书仪研究》，第228页。

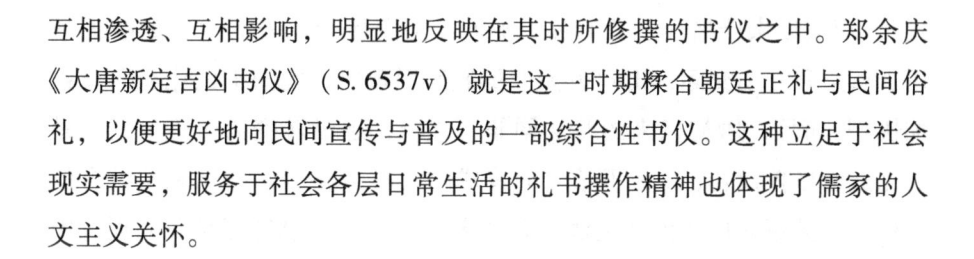

互相渗透、互相影响，明显地反映在其时所修撰的书仪之中。郑余庆《大唐新定吉凶书仪》（S.6537v）就是这一时期糅合朝廷正礼与民间俗礼，以便更好地向民间宣传与普及的一部综合性书仪。这种立足于社会现实需要，服务于社会各层日常生活的礼书撰作精神也体现了儒家的人文主义关怀。

## 第三节 礼仪文献与礼仪制度、文化、思想关系的再认识

陈寅恪先生曾在《论韩愈》一文中做出了"唐代之史可分前后两期，前期结束南北朝相承之旧局面，后期开启赵宋以降之新局面，关于政治社会经济者如此，关于文化学术者莫不如此"[1]的纲领性论断，时至今日，依旧影响深远。无论是文献，还是制度、文化，乃至思想，都是同一时代的产物，自然与其时代特点息息相关，唐代的礼仪文献、礼仪制度、礼仪文化以及礼学思想，之所以影响深远，令人瞩目，也与其高度开放、自信包容、繁荣昌盛的帝国形象有关，这一关联早已被学界熟知，兹不赘述。本书则主要探讨具体的礼仪文献与礼仪制度、文化、思想之间的辩证关系。

唐代的五礼体系虽然已经发展成熟，但礼制的实际内容却在随着社会的发展而产生改变。自科举制推行以来，国家取士逐渐抛弃了门阀制度，贵族社会开始逐渐向平民社会转变，礼仪制度也因此而趋于世俗化、平民化，中晚唐以后这一进程加速，至五代和宋则基本完成[2]，礼制不再是高官显贵崇高身份的表象，而是成为平民百姓婚丧嫁娶的行程仪

---

[1] 陈寅恪：《金明馆丛稿初编》，上海古籍出版社1980年版，第296页。
[2] 关于唐宋之际礼仪制度的下移与社会影响，参见王美华《礼制下移与唐宋社会变迁》，中国社会科学出版社2015年版。

式①。唐初以来严格规定的避讳、平阙，随着社会的发展也开始被大量用于私家和官场交际，出现极为严重的滥用现象，礼的平民化趋向日益加快。②而且，唐初以来的礼法同修、并行，逐渐转变为令式入礼，最后完全由格敕代礼，文宗开成年间修成的《开成格》就成为礼法结合的新标志。吴丽娱也认为"礼法结合的方式与礼的型制变迁是我们理解中古制度和唐宋变革的一个出口"③，而文宗开成年间至唐末这一时期的历史与礼制的发展进程则正处于唐宋社会的过渡阶段。

可以直观地看出，唐代礼仪制度的盛衰演变与唐朝国运的盛衰过程基本一致，而且，相应的礼仪文献、礼仪文化与思想的发展轨迹也是如出一辙的。"先王之立礼也，有本有文。忠信，礼之本也；义理，礼之文也。无本不立，无文不行。"④忠信是礼仪的内核，义理则是礼仪的表达，二者对于礼仪的形成与发展来说缺一不可。与之相对应的是礼仪文献作为礼仪的表达方式之一，通过文字记录和描绘了礼仪制度的内容与实施场面，而礼学思想则是礼仪的内核，决定着礼仪制度的性质与影响，礼仪文献与礼仪思想统一缺一不可，都是礼仪制度与礼仪文化的重要组成部分。

于俊利曾总结认为礼与文在本源、意义上有相关性，二者相生相成。首先，礼仪制度推进了文章的发展，并直接促进某些文体的产生；其次，中国古代文体很早就形成了一个与礼仪制度、意识形态密切相关的价值序列；最后，文章以文献的方式记录、保存礼乐制度，成为礼乐的主要载体。同时，随着礼文化的发展与抬高，礼又在多方面制约着文人的创作思维与个人情感，并影响了唐代科举取士的标准与社会贤能观念，甚至产生重经史而轻文词的思想倾向。⑤但需要注意的是，这里的"文"

---

① 郑显文：《唐代礼学的社会变革》，《人文杂志》1995年第2期。
② 吴丽娱：《唐礼摭遗：中古书仪研究》，商务印书馆2002年版，第231页；黄正建：《平阙与唐代政治》，载《春史卞麟锡教授还历纪念唐史论丛》，（韩国）庆北大丘图书1995年版，第141—154页。
③ 吴丽娱：《从唐代礼书的修订方式看礼的型制变迁》，《中国古代法律文献研究（第八辑）》，社会科学文献出版社2014年版，第148—177页。
④ 《礼记正义》卷二三《礼器》，第836页。
⑤ 于俊利：《唐代礼制文化与文学》，中国社会科学出版社2014年版，第94—103页。

第九章　从文献到思想

更倾向于文学（文体、文词等），而非本书所讨论的文献，固然，文学与文献的关系非常密切，但文献区别于文学的最大之处在于文献具有明显的独立性，一篇文章、一本著作，都有着自身的逻辑结构与审美情趣，具备自身的内容意义与价值导向，而文学则主要与时代背景、个人风格等外部的影响因素更为密切。

唐代的礼仪文献是唐人在其所属时空范围内的产物，文献自身所包含的礼仪内容自然与同时代的礼仪制度、文化与思想密切相关。如本书论述中所提到的《大唐开元礼》《大唐郊祀录》等礼仪著作，以及南郊赦文、碑志、国忌行香文等礼仪文章，都是实际礼仪实施过程中的实用文献，甚至被作为国家礼仪制度的文献典章，既可以自身体现出唐代礼仪制度的重要内容，也可以结合其他资料，用以研究更深层次的礼仪文化与礼学思想，乃至作为唐人著作，可以进而论证这一时代的文学风格与文学成就，具有非常珍贵的史学价值与文学价值。

同时，也有一些礼仪文献存在与其所处时代与实际情况颇有出入的现象，如唐人撰作的礼学训诂集解之类的著作以及蕃书、射礼判文等文章，动辄引经据典、推崇古礼，或者自居华夏，蔑称四夷，很少考虑古今礼仪的差异与双方真实的强弱态势，更多只是想通过文字辞藻来构建想要的优越感与先手地位，不仅无济于事，反而暴露出舍本逐末、不知变通的陈腐心态。如此，则其文献与现阶段实际的礼仪制度、文化与思想相去甚远，仅仅能从侧面反映出现实社会中的一些内容而已，强调出时人对于古礼的认知与继承。

此外，还需要对唐代礼仪文献所涉及的文质观问题进行讨论。传统的文质观指的是某一特定时期内文学作者及其作品的文风特点，是文学批评的重要内容之一，有重文、重质、文质参半三个标准。从前秦时期诸子百家关于"文""质"内容的争辩，到秦汉时期董仲舒各有侧重的"三统之说"[1]，再到魏晋南北朝时期"风骨""情采"文质论的形成[2]，

---

[1] 左康华：《先秦"文""质"之争与礼学的演进》，《云南社会科学》2015年第1期。
[2] 孙婷：《魏晋南北朝时期文质论研究》，硕士学位论文，延边大学，2019年。

每一个时代的文质论都有其发展演变的特点,并不拘泥于一隅。有唐一代近三百年,其文质论的发展也有一个漫长的历史过程,薛龙春曾从唐代书法的品评之中总结出初唐时文质彬彬、盛中唐时"先质而后文"的变迁轨迹。

前文已经提到,唐代文学文风的变化大致经历了三个阶段,即初唐、盛唐、中晚唐,这一分类与元人杨士弘根据唐诗发展过程所提出的"四分法"基本一致①,而唐代的文质观也大致经历了重质轻文、文过于质、文以载道(先质后文)的演变过程,但并不绝对,比如初唐时期除了传统经史观所影响之下的重文轻质的文风之外,还有对这一传统的转变与南北文学、文质之间的平衡,也就是文质参半的实际内容②。作为唐代文学作品之一的唐代礼仪文献,自然也包含于这一整体发展演变的范畴之中,而且结合前述唐代礼仪制度、礼仪思想的发展轨迹,也能很清楚地发现它们与有唐一代文质观的实际内容是非常相似的。

根据本书所提到的唐代礼仪文献来看,它们的内容更加侧重于实际应用,对于礼仪细节的描述与礼仪思想的阐发也非常深刻,能够有效地反映出唐代礼仪制度的应有之义,其自身也可作为官方制诰或科举文卷,整体上呈现出重质轻文的特点;而在具体文献的文风与辞藻上,则会受到文体以及作者本人文学素养的严重影响,也是某一时代特殊文学风气滋养下的成果之一,便会出现文过于质、重质轻文、文质参半等不同的价值选择。

因此,礼仪文献与礼仪制度、文化与思想的关系是辩证统一、相辅相成的,礼仪文献既是礼仪制度的载体,也是礼仪文化与礼学思想的反映,而同一时期的礼仪制度、礼仪文化与礼学思想,又会对礼仪文献的形成与撰作产生影响,它们共同构成了唐代辉煌灿烂的礼乐文明与盛世景象,成为后人魂牵梦绕的情感寄托与思想归宿。

---

① (元)杨士弘编选,(明)张震辑注,(明)顾璘评点,陶文鹏、魏祖钦整理点校:《唐音评注》,河北大学出版社2006年版,第1—7页。
② 梁森:《经史观照下的唐初文质论》,《安徽大学学报》2015年第5期。

# 结　语

本书利用上下两编、共九个章节的内容，对于唐代的礼仪文献进行了从整体概括到局部分析的研究与论述。上编主要对唐代礼仪著作、礼仪文章等礼仪文献进行整体性的概括与分析，重在考察唐代礼仪文献的内容、作者及其创作背景、编撰特点与后世的保存情况，并以此为基础展开进一步的分析与研究；下编则从唐代五礼制度出发，分别对于吉、嘉、宾、军、凶礼所涉及的礼仪文献进行了分析与阐释，从具体细节着眼，由此展开对于唐代五礼制度内容、特点以及实际实施情况的剖析与研究，实现了从历史文献研究向社会制度研究的转变。在下编第六章，对于唐代礼仪文献、礼仪制度及其文化、思想内涵的发展演变轨迹进行了总结概括，并且对于这三者之间的密切关系也尝试性地展开了初步探究与再思考，实现了对于唐代礼仪文献的全方位考察研究。

吉、嘉、宾、军、凶等五礼既是唐代礼仪制度体系的主要内容，又是唐代日常内外政务必不可少的规范与指导，在具体礼仪的实施过程中，随之产生的礼仪文献本是描述与记载这些礼仪活动的一手资料，具有非常丰富的内涵与珍贵价值。只是随着时间的推移和历史的变迁，很多礼仪文献渐渐佚失，不复存在，使得后世之人难以全方位地认识与理解大唐礼仪之盛，很多细节也无法得到准确的解释与复原。有鉴于此，很多前辈学者都不遗余力地探索钩沉，取得了很多优异的成果，且颇有建树，但仍有不足与缺憾之处。

## 结　语

　　因此，本书在研究论证的过程之中，以唐代时空界域内所产生的礼仪文献为研究对象，先对其进行了广泛而又全面的讨论，并在此基础之上，深化到对其所涉及的礼仪制度、文化乃至思想方面的分析与阐述，从由下而上、由外到内的视角来考察唐代礼仪制度的内容特征与发展变迁轨迹。从中可以发现唐代礼仪文献不仅数量颇丰，而且极具研究价值，不同礼仪制度下的礼仪文献也具有不同的意义与内涵，比如吉礼文献所反映出的唐人关于祭祀器物的认知与运用；南郊赦文所体现的吉礼与嘉礼的融合及其在宣扬国家时事政策方面的实际功能；宾礼文献所反映的唐代不同历史时期的外交局面以及唐代蕃书的撰作与外交政策；军礼中射礼文献所反映的礼仪制度的衰落与价值导向；出土礼仪文献所反映的唐人对于吉凶礼仪的重视与实际应用等。虽然在具体探究的过程中仅仅选择了部分礼仪进行考察，有些失于全面，但一叶落而知天下秋，文章已经尽可能地对其内容进行了发散与延伸，实现了从局部到整体的全方位考察，将唐代礼仪文献与礼制的关系与内涵进行了深入的研究与探讨。

　　通过本书的系列分析与研究工作，唐代礼仪文献的整体内容与特点内涵已经得到了充分的概括与论证，可见，礼仪文献自身与其所反映的礼仪制度、文化、思想，乃至于时代文风、政治统治的盛衰发展演变趋势都息息相关，互为表里。而且，由于文体格式的差异以及所涉及的礼仪类别的不同，相应的礼仪文献也就自然具有了不同的含义与功能，是特定时期某一礼仪内容的真实反映，并随着时间的流逝而记录保留下来，成为后世探索唐代礼制发展变迁的关键细节所在，这也是本书以此为题并展开细致研究的直接动因。

　　中古礼仪制度发展到了唐代，基本趋于完善并达到鼎盛，随之产生的便是大量体例不一、内容各异的礼仪文献，极具代表性与研究价值。但实际上，唐代五礼制度个体之间在内容与实施影响方面本就存在着巨大而又明显的差异，而且，这一差异也直观地反映在了唐代礼仪文献的内容与数量之上，其中又以丰富多样的礼仪文章最为明显，这一点在唐代礼仪文章的论述之中已有提及。这种不均衡的现象是唐代国家政治与

## 结 语

社会生活礼仪需要的真实写照,也是洞察唐代礼仪制度发展与成果的重要突破口,由此便可以进一步地了解唐人最为实际的礼仪关切。当今学界关于唐代礼仪文献与礼仪制度的研究成果日益增加,所涉及的文献资料与研究理论也在不断推陈出新,极大地丰富和完善了唐代礼仪制度的整体内容,也使得人们对于唐代礼制的认识更加真实与清晰。

同时,需要进一步留意的是,由于大多数礼仪文献具有史学与文学的双重属性,其产生的过程以及最终成果或多或少会受到朝廷礼制、时代文风以及作者个人礼学修养、撰作目的等内外因素的影响。所以,在分析研究的过程中,要将其文学内容和史学内容进行甄别,以免在史学论证的过程之中受到夸大、虚构等不实辞藻的影响,得出与现实情况大相径庭的观点与结论。而且,礼仪之学存在浓重的传承与慕古之风,很多文人学子在进行礼仪文献创作的过程中会潜移默化地将前代的礼仪制度移植到当今的社会现实之上,造成文本内容与现实情况完全不符的矛盾现象,也需要研究者依据礼制的发展脉络进行辨别。这一现象也与唐代文质观理论的发展与变化息息相关,随着历史的推移与政治发展,不同的时代背景下营造出了不同的文质观点,并深深地影响着这一时代的文人风骨与文学创作,文与质的不同选择与侧重,既是社会现实的造就与需要,也是大量文史工作者结合多方因素之后的考量与选择。

"礼也者,合于天时,设于地财,顺于鬼神,合于人心,理万物者也"[①],礼在维持尊卑等级、稳定社会秩序方面的功能性与实用性非常明显,也正是因此,它才会受到中国古代统治阶级的重视与追捧,并从上到下约束着古人的衣食住行与行为方式。"仓廪实而知礼节,衣食足而知荣辱",随着唐代社会经济的繁荣发展,唐代的礼制建设也臻于至盛,礼仪之风弥漫于整个国家,并广泛传播到亚洲各地,成为唐文化以及盛世文明的重要组成部分。而安史之乱以后,唐帝国的权威受到了极大的挑战,皇帝屡次逃离长安,国土疆域也惨遭强邻鲸吞蚕食,与其相表里

---

① 《礼记正义》卷二三《礼器》,第836页。

## 结 语

的礼仪制度自然也失去了发展的条件与土壤,只能在原本的基础之上小修小补,以服务于社会现实,而随着国家治理方式的转变与社会经济的衰落,唐前期的礼仪制度大多徒具空文,只能走上转型与再发展的历史道路,唐中后期礼仪文献的撰作风格与特点就为五代、宋的礼典编撰奠定了基础。

尽管中国古代经历了一波又一波王朝更迭、天下易主,其间也不乏波诡云谲与改弦更张,但礼作为国家权威与社会秩序的象征,一直被统治者尊崇并采用。虽然在当今的社会条件之下,中国古代那些佶屈聱牙、晦涩难懂的礼仪辞藻与名物制度看似一文不值、毫无用处,新时代的道德与法律也早已取代了礼仪的功能与地位。但是,古礼的文化与精神内涵仍然可以作为处理和解决一些社会问题的借鉴与参考,在充实与丰富普罗大众日常的精神文化需求之外,我们可以从更高的维度层面来重视和利用古礼的意义与价值,以促进社会和谐、富强、文明发展。

# 参考文献

## 一 基本史料

（汉）班固：《汉书》，中华书局1964年版。

（汉）许慎撰，（清）段玉裁注：《说文解字注》，上海古籍出版社1981年版。

（汉）郑玄注，（唐）孔颖达正义，吕友仁整理：《礼记正义》，上海古籍出版社2008年版。

（后晋）刘昫等：《旧唐书》，中华书局1975年版。

（南朝梁）刘勰著，周振甫注：《文心雕龙》，人民文学出版社1981年版。

（唐）白居易撰，顾学颉校点：《白居易集》，中华书局1979年版。

（唐）杜甫著，王学泰点校：《杜工部集》，辽宁教育出版社1997年版。

（唐）杜佑撰，王文锦等点校：《通典》，中华书局2016年版。

（唐）韩愈撰，马其昶校注，马茂元整理：《韩昌黎文集校注》，上海古籍出版社1986年版。

（唐）李德裕撰，傅璇琮、周建国校笺：《李德裕文集校笺》，河北教育出版社2019年版。

（唐）李林甫等撰，陈仲夫点校：《唐六典》，中华书局1992年版。

（唐）李商隐著，朱怀春等标点：《李商隐全集》，上海古籍出版社1999年版。

（唐）李肇：《唐国史补》，上海古籍出版社1979年版。

（唐）刘禹锡著，卞孝萱校订：《刘禹锡集》，中华书局1990年版。

（唐）柳宗元：《柳宗元集》，中华书局1979年版。

（唐）陆龟蒙著，宋景昌、王立群点校：《甫里先生文集》，河南大学出版社1996年版。

（唐）王泾：《大唐郊祀录》，民族出版社影印适园丛书本2000年版。

（唐）魏徵、长孙无忌：《隋书》，中华书局1973年版。

（唐）萧嵩等奉敕撰，周佳、祖慧点校：《大唐开元礼》，浙江大学出版社2016年版。

（唐）张九龄撰，熊飞校注：《张九龄集校注》，中华书局2008年版。

（唐）张鷟撰，赵守俨点校：《朝野佥载》，中华书局1997年版。

（宋）晁公武撰，孙猛点校：《郡斋读书志》，上海古籍出版社1990年版。

（宋）陈振孙撰，徐小蛮、顾美华点校：《直斋书录解题》，上海古籍出版社1987年版。

（宋）洪迈撰，孔凡礼点校：《容斋随笔》，中华书局2005年版。

（宋）李昉等：《文苑英华》，中华书局影印本1966年版。

（宋）欧阳修、宋祁：《新唐书》，中华书局1975年版。

（宋）欧阳修著，邓宝剑、王怡琳笺注：《集古录跋尾》，人民美术出版社2010年版。

（宋）钱易撰，黄寿成点校：《南部新书》，中华书局2002年版。

（宋）司马光编著：《资治通鉴》，中华书局2011年版。

（宋）宋敏求编：《唐大诏令集》，中华书局2008年版。

（宋）王钦若等编：《册府元龟》，中华书局1960年版。

（宋）叶梦得撰，侯忠义点校：《石林燕语》，中华书局1984年版。

（宋）赵明诚著，刘晓东、崔燕南点校：《金石录》，齐鲁书社2009年版。

（宋）赵彦卫撰，傅根清点校：《云麓漫钞》，中华书局1996年版。

（元）脱脱等：《宋史》，中华书局1977年版。

（元）杨士弘编选，（明）张震辑注，（明）顾璘评点，陶文鹏、魏祖钦整理点校：《唐音评注》，河北大学出版社2006年版。

（明）吴讷著，于北山点校：《文章辨体序说》，人民文学出版社 1998 年版。

（清）董诰等编：《全唐文》，中华书局 1983 年版。

（清）刘宝楠撰，高流水点校：《论语正义》，中华书局 1990 年版。

（清）彭定求等编：《全唐诗》，中华书局 1960 年版。

（清）皮锡瑞著，周予同注释：《经学历史》，中华书局 1959 年版。

（清）孙希旦撰，沈啸寰、王星贤点校：《礼记集解》，中华书局 1989 年版。

（清）孙诒让撰，王文锦、陈玉霞点校：《周礼正义》，中华书局 1987 年版。

（清）王昶：《金石萃编》，景嘉庆十年青浦王师经训堂刊同治十年补刊本。

《大唐开元礼》，1990 年江苏广陵古籍刻印社据清光绪刊本影印。

《十三经注疏》整理委员会整理：《十三经注疏》，北京大学出版社 1999 年版。

## 二　考古资料（以著者姓氏汉语拼音为序）

北京大学图书馆金石组等编：《北京大学图书馆藏历代墓志拓片目录》，上海古籍出版社 2013 年版。

陈尚君辑校：《全唐文补编》，中华书局 2005 年版。

郭茂育、谷国伟、张新峰编著：《新出土墓志精粹》，上海书画出版社 2014 年版。

国家图书馆善本金石组编：《隋唐五代石刻文献全编（全四册）》，北京图书馆出版社 2003 年版。

河南省文物研究所等编：《千唐志斋藏志》，文物出版社 1984 年版。

胡戟、荣新江主编：《大唐西市博物馆藏墓志》，北京大学出版社 2012 年版。

胡戟：《珍稀墓志百品》，陕西师范大学出版社 2016 年版。

李明、刘呆运、李举纲主编：《长安高阳原新出土隋唐墓志》，文物出版社2016年版。

刘文编著：《陕西新见隋朝墓志》，三秦出版社2018年版。

齐运通编：《洛阳新获七朝墓志》，中华书局2012年版。

齐运通、杨建锋编：《洛阳新获墓志 二〇一五》，中华书局2017年版。

荣丽华编集，王世民校订：《1949—1989四十年出土墓志目录》，中华书局1993年版。

陕西古籍整理办公室编：《长安碑刻》，陕西人民出版社2014年版。

唐耕耦、陆宏基编：《敦煌社会经济文献真迹释录（第一辑）》，书目文献出版社1986年版。

吴钢主编：《全唐文补遗（第一——九辑）》，三秦出版社1994—2007年版。

西安市长安博物馆编：《长安新出墓志》，文物出版社2011年版。

西安市文物稽查队编：《西安新获墓志集萃》，文物出版社2016年版。

杨作龙、赵水森等编著：《洛阳新出土墓志释录》，北京图书馆出版社2004年版。

张沛编著：《昭陵碑石》，三秦出版社1993年版。

赵君平、赵文成编：《秦晋豫新出墓志搜佚》，国家图书馆出版社2012年版。

赵君平、赵文成编：《秦晋豫新出墓志搜佚续编》，国家图书馆出版社2015年版。

赵力光等编著：《西安碑林博物馆新藏墓志汇编》，线装书局2007年版。

赵力光主编：《西安碑林博物馆新藏墓志续编》，陕西师范大学出版总社有限公司2014年版。

赵平编辑：《中国西北地区历代石刻汇编》，天津古籍出版社2000年版。

赵文成、赵君平编选：《新出唐墓志百种》，西泠印社出版社2010年版。

周绍良、赵超主编：《唐代墓志汇编续集》，上海古籍出版社2001年版。

周绍良主编：《全唐文新编》，吉林文史出版社2000年版。

周绍良主编：《唐代墓志汇编》，上海古籍出版社1992年版。

### 三　今人著作（以著者姓氏汉语拼音为序）

陈飞飞：《戎祀之间：唐代军礼研究》，中国社会科学出版社2021年版。

陈戍国：《中国礼制史·隋唐五代卷》，湖南教育出版社1998年版。

陈寅恪：《金明馆丛稿初编》，上海古籍出版社1980年版。

陈寅恪：《隋唐制度渊源略论稿》，生活·读书·新知三联书店2004年版。

杜泽逊：《文献学概要》，中华书局2008年版。

敦煌研究院编：《敦煌遗书总目索引新编》，中华书局2000年版。

冯茜：《唐宋之际礼学思想的转型》，生活·读书·新知三联书店2020年版。

傅修延：《文本学——文本主义文论系统研究》，北京大学出版社2004年版。

甘怀真：《唐代家庙礼制研究》，台湾商务印书馆1991年版。

高明士：《中国中古礼律综论：法文化的定型》，商务印书馆2017年版。

顾涛：《汉唐礼制因革谱》，上海书店出版社2018年版。

胡戟等主编：《二十世纪唐研究》，中国社会科学出版社2002年版。

华喆：《礼是郑学：汉唐间经典诠释变迁史论稿》，生活·读书·新知三联书店2018年版。

黄俊杰编：《东亚儒学研究的回顾与展望》，华东师范大学出版社2008年版。

黄日初：《唐代文宗武宗两朝中枢政局探研》，齐鲁书社2015年版。

黄永年：《唐史史料学》，中华书局2015年版。

黄永武主编：《敦煌宝藏》，新文丰出版公司1985年版。

黄征、吴伟校注：《敦煌愿文集》，岳麓书社1995年版。

姜伯勤：《敦煌艺术宗教与礼乐文明》，中国社会科学出版社1996年版。

赖瑞和：《唐代高层文官》，中华书局2017年版。

雷闻：《郊庙之外：隋唐国家祭祀与宗教》，生活·读书·新知三联书店2009年版。

黎虎：《汉唐外交制度史（增订本）》，中国社会科学出版社 2019 年版。

李大龙：《唐代边疆史》，中国社会科学出版社 2013 年版。

梁满仓：《魏晋南北朝五礼制度考论》，社会科学文献出版社 2009 年版。

刘健明编：《黄约瑟隋唐史论集》，中华书局 1997 年版。

刘俊文笺解：《唐律疏议笺解》，中华书局 1996 年版。

刘又辛、方有国：《汉字发展史纲要》，中国大百科全书出版社 2000 年版。

潘思源：《施蛰存北窗唐志选萃》，上海古籍出版社 2014 年版。

任爽：《唐代礼制研究》，东北师范大学出版社 2000 年版。

荣新江：《敦煌学十八讲》，北京大学出版社 2001 年版。

王美华：《礼制下移与唐宋社会变迁》，中国社会科学出版社 2015 年版。

王一涵：《先唐哀祭文体研究》，中央编译出版社 2018 年版。

王贞平：《唐代宾礼研究：亚洲视域中的外交信息传递》，中西书局 2017 年版。

吴丽娱：《敦煌书仪与礼法》，甘肃教育出版社 2013 年版。

吴丽娱：《礼俗之间：敦煌书仪散论》，浙江大学出版社 2015 年版。

吴丽娱：《唐礼摭遗：中古书仪研究》，商务印书馆 2002 年版。

吴丽娱：《终极之典：中古丧葬制度研究》，中华书局 2012 年版。

吴丽娱主编：《礼与中国古代社会·隋唐五代宋元卷》，中国社会科学出版社 2016 年版。

吴宗国主编：《盛唐政治制度研究》，上海辞书出版社 2003 年版。

徐海容：《唐代碑志文研究》，中华书局 2018 年版。

阎步克：《士大夫政治演生史稿》，北京大学出版社 2015 年版。

于俊利：《唐代礼制文化与文学》，中国社会科学出版社 2014 年版。

张方：《中国诗学的基本观念》，东方出版社 1999 年版。

张国刚主编：《隋唐五代史研究概述》，天津教育出版社 1996 年版。

张文昌：《唐代礼典的编纂与传承———以〈大唐开元礼〉为中心》，花木兰文化出版社 2008 年版。

张文昌：《制礼以教天下：唐宋礼书与国家社会》，台湾大学出版中心

2012年版。

张应桥：《隋唐荥阳郑氏家族墓志疏证》，中州古籍出版社2018年版。

赵超：《中国古代石刻概论》，文物出版社1997年版。

赵和平：《敦煌写本书仪研究》，新文丰出版公司1993年版。

周一良、赵和平：《唐五代书仪研究》，中国社会科学出版社1995年版。

朱溢：《事邦国之神祇：唐至北宋吉礼变迁研究》，上海古籍出版社2014年版。

邹昌林：《中国古礼研究》，台湾文津出版社1992年版。

［美］柯马丁：《秦始皇石刻：早期中国的文本与仪式》，刘倩等译，上海古籍出版社2018年版。

［日］金子修一：《古代中国与皇帝祭祀》，肖圣中等译，复旦大学出版社2017年版。

［日］金子修一：《中国古代皇帝祭祀研究》，徐璐等译，西北大学出版社2018年版。

［日］金子修一主编：《大唐元陵仪注新释》，汲古书院2013年版。

［日］堀敏一：《隋唐帝国与东亚》，韩昇、刘建英编译，兰州大学出版社2010年版。

［日］石见清裕：《唐代北方问题与国际秩序》，胡鸿译，复旦大学出版社2019年版。

［日］石见清裕：《唐代的民族、外交与墓志》，王博译，西北大学出版社2019年版。

［日］释圆仁著，［日］小野胜年校注，白化文等修订校注：《入唐求法巡礼行记校注》，花山文艺出版社1992年版。

［日］丸桥充拓：《唐代军事财政与礼制》，张桦等译，西北大学出版社2018年版。

［日］中村裕一：《唐代制敕研究》，汲古书院1991年版。

［英］杜希德（Denis Twitchett）：《唐代官修史籍考》，黄宝华译，上海古籍出版社2010年版。

［英］麦大维（David McMullen）：《唐代中国的国家与学者》，张达志、蔡明琼译，中国社会科学出版社 2019 年版。

**四 论文（以著者姓氏汉语拼音为序）**

白雪松：《浅谈〈大唐开元礼〉中的释奠礼》，《理论界》2011 年第 3 期。

拜根兴：《唐朝的宾礼仪式及其实施考论——以与新罗的交往为中心》，《域外汉籍研究集刊（第十二辑）》，中华书局 2015 年版。

拜根兴：《一人两志：隋代将领王赟墓志考释——兼论王赟之子初唐名将王文度》，《史学集刊》2020 年第 6 期。

蔡艺：《秦汉之后大射礼的发展与嬗变》，《湖南工业大学学报》2015 年第 6 期。

陈峰：《文本与历史：近代以来文献学与历史学的分合》，《山东社会科学》2010 年第 1 期。

陈赟：《文章与礼乐》，《贵州社会科学》2006 年第 2 期。

程章灿：《传统、礼仪与文本——秦始皇东巡刻石的文化史意义》，《文学遗产》2014 年第 2 期。

崔乐泉：《"射侯"考略》，《成都体育学院学报》1995 年第 2 期。

丁放、韩文涛：《论青词与唐诗》，《江淮论坛》2017 年第 2 期。

杜海：《敦煌书仪研究评述》，《史学月刊》2012 年第 8 期。

杜文玉：《关于唐内诸司使与威远军使研究的几个问题》，《河北学刊》2011 年第 3 期。

樊英峰、拜根兴：《唐懿德太子哀册文关联问题述论》，载《乾陵文化研究（二）》，三秦出版社 2006 年版。

冯培红：《敦煌本〈国忌行香文〉及相关问题》，载郑炳林主编《敦煌归义军史专题研究四编》，三秦出版社 2009 年版。

冯茜：《〈开元礼〉与郑王之争在礼制层面的消亡——以郊祀为中心讨论》，《中国典籍与文化》2011 年第 4 期。

冯茜：《礼书编纂中的制礼思想——以〈大唐郊祀录〉为中心》，载《唐史论丛》第 30 辑，三秦出版社 2020 年版。

冯志弘：《鬼神、祭礼与文道观念——以韩愈〈潮州祭城隍神文〉等祭神文为中心》，《河北师范大学学报》2016 年第 4 期。

郭绍林：《隋唐军事文书》，《洛阳师范学院学报》2003 年第 3 期。

韩理洲：《陈子昂生卒年考辩》，《西南师范大学学报》1980 年第 4 期。

韩昇：《空海入唐与日本国书初探》，《暨南史学》2002 年第 1 期。

郝二旭：《唐五代敦煌农业祭祀礼仪浅论》，《农业考古》2014 年第 4 期。

何易展：《唐代巴蜀文人仲子陵生平考述》，《西华师范大学学报》2006 年第 6 期。

胡云：《吕温研究论文综述》，《赤峰学院学报》2015 年第 12 期。

黄正建：《平阙与唐代政治》，载《春史卞麟锡教授还历纪念唐史论丛》，（韩国）庆北大丘图书 1995 年版。

贾鸿源：《〈唐惠昭太子哀册〉复原研究》，《文献》2021 年第 6 期。

金身佳：《敦煌写本宅经葬书与古人的天人合一理念》，《湘潭大学学报》2007 年第 4 期。

景凯东：《论唐代的蕃书类王言》，载叶炜主编《唐研究（第二十五卷）》，北京大学出版社 2020 年版。

雷闻：《吐鲁番新出土唐开元〈礼部式〉残卷考释》，《文物》2007 年第 2 期。

黎虎：《略论唐后期外交管理体制的变化》，《文史哲》1999 年第 4 期。

李小奇：《论白居易婚姻判文律法书写的意义》，《宁夏大学学报》2015 年第 6 期。

李小勇：《唐杨执一神道碑考释》，《文博》2014 年第 4 期。

李正宇：《〈下女夫词〉研究》，《敦煌研究》1987 年第 2 期。

连秀丽：《青铜礼器与礼乐制度的历史沿革》，《北方论丛》2005 年第 6 期。

梁满仓：《论魏晋南北朝时期的五礼制度化》，《中国史研究》2001 年第 4 期。

梁森：《经史观照下的唐初文质论》，《安徽大学学报》2015 年第 5 期。

梁子：《唐人国忌行香述略》，《佛学研究》2005 年第 1 期。

林晓娜：《论封禅文体的演变及唐代封禅文的特色》，《理论界》2010 年第 12 期。

刘安志：《关于〈大唐开元礼〉的性质和行用问题》，《中国史研究》2005 年第 3 期。

刘瑞萍：《唐代遗诏的传世情况及基本模式》，《黑龙江史志》2015 年第 5 期。

刘小明：《〈文苑英华〉中的涉礼判文》，《广播电视大学学报》2011 年第 4 期。

陆扬：《从墓志的史料分析走向墓志的史学分析——以〈新出魏晋南北朝墓志疏证〉为中心》，《中华文史论丛》2006 年第 4 辑。

吕博：《唐代露布的两期形态及其行政、礼仪运作——以〈太白阴经·露布篇〉为中心》，《魏晋南北朝隋唐史资料（第二十八辑）》，上海古籍出版社 2012 年版。

罗军凤：《文本与礼仪：早期中国文化研究与礼仪理论》，《文学评论》2013 年第 3 期。

马楠：《〈新唐书·艺文志〉增补修订〈旧唐书·经籍志〉的三种文献来源》，《中国典籍与文化》2018 年第 1 期。

孟宪实：《唐代册礼及其改革》，《历史研究》2021 年第 3 期。

聂顺新：《张氏归义军时期敦煌与内地诸州国忌行香制度的差异及其原因初探》，《敦煌研究》2015 年第 6 期。

鹏宇：《唐惠陵出土哀册与谥册校勘》，《文物春秋》2011 年第 4 期。

曲景毅：《唐代"大手笔"作家现存文章著录汇考》，载朱万曙主编《古籍研究（2008 年卷·下）》，安徽大学出版社 2008 年版。

任远：《唐代语法研究刍议》，《浙江师范大学学报》1993 年第 3 期。

邵治国：《浅析唐代赦宥实施的仪式、程序及赦书》，《常德师范学院学报》2002年第2期。

史睿：《出土文献所见唐代士族婚姻礼法的特点与源流——兼谈婚姻礼法与士族兴衰》，载余欣主编《中古时代的礼仪、宗教与制度》，上海古籍出版社2012年版。

宋雪春：《敦煌本〈下女夫词〉的写本考察及相关问题研究》，《敦煌学辑刊》2012年第4期。

孙微：《"以土代火"与"四星聚尾"：杜甫献〈三大礼赋〉的政治文化背景及相关问题考述》，《文史哲》2020年第3期。

王美华：《唐宋时期乡饮酒礼演变探析》，《中国史研究》2011年第2期。

王雨萌：《唐代青词刍议》，《乾陵文化研究（八）》，三秦出版社2011年版。

王育龙：《唐惠庄太子李撝墓哀册简论》，《文博》2001年第6期。

魏斌：《"伏准赦文"与晚唐行政运作》，《中国史研究》2006年第1期。

魏斌：《唐代赦书内容的扩展与大赦职能的变化》，《历史研究》2006年第4期。

魏晓明：《处州孔庙碑刻考》，《东方博物》2014年第3期。

闻人军：《周代射侯形制新考》，《咸阳师范学院学报》2021年第2期。

吴丽娱：《从郊礼"奠玉帛"的文字看〈开元礼〉的制作——〈大唐开元礼〉札记之二》，《隋唐辽宋金元史论丛（第八辑）》，上海古籍出版社2018年版。

吴丽娱：《从唐代礼书的修订方式看礼的型制变迁》，《中国古代法律文献研究》第8辑，社会科学文献出版社2014年版。

吴丽娱：《对〈贞观礼〉渊源问题的再分析——以贞观凶礼和〈国恤〉为中心》，《中国史研究》2010年第2期。

吴丽娱：《敦煌书仪中的唐礼》，《中国社会科学院院报》2003年1月23日。

吴丽娱：《关于唐〈丧葬令〉复原的再检讨》，《文史哲》2008年第

4 期。

吴丽娱：《关于唐五代书仪传播的一些思考——以中原书仪的西行及传播为中心》，《敦煌学辑刊》2018 年第 2 期。

吴丽娱：《关于〈贞观礼〉的一些问题——以所增"二十九条"为中心》，《中国史研究》2008 年第 2 期。

吴丽娱：《兼融南北：〈大唐开元礼〉的册后之源》，《魏晋南北朝隋唐史资料（第二十三辑）》，武汉大学文科学报编辑部 2006 年版。

吴丽娱：《礼用之辨〈大唐开元礼〉的行用释疑》，《文史》2005 年第 2 期。

吴丽娱：《显庆礼与武则天》，《唐史论丛（第十辑）》，三秦出版社 2008 年版。

吴丽娱：《新制入礼：〈大唐开元礼〉的最后修订》，载侯仁之主编《燕京学报（新十九期）》，北京大学出版社 2005 年版。

吴丽娱：《营造盛世：〈大唐开元礼〉的撰作缘起》，《中国史研究》2005 年第 3 期。

吴羽：《敦煌文书〈阴阳书·葬事〉补正数则》，《敦煌研究》2013 年第 2 期。

吴羽：《今佚唐代韦彤〈五礼精义〉的学术特点及影响——兼论中晚唐礼学新趋向对宋代礼仪的影响》，载《魏晋南北朝隋唐史资料（第二十五辑）》，武汉大学文科学报编辑部 2009 年版。

吴羽：《今佚唐〈开元礼义鉴〉的学术渊源与影响》，《魏晋南北朝隋唐史资料（第二十六辑）》，武汉大学文科学报编辑部 2010 年版。

吴羽：《论中晚唐国家礼书编撰的新动向对宋代的影响——以〈元和曲台新礼〉、〈中兴礼书〉为中心》，《学术研究》2008 年第 6 期。

向群：《唐判文中所见有关家庙问题的讨论》，《广州文博》2017 年第 1 期。

严春华：《唐代祭神文论略》，《衡阳师范学院学报》2012 年第 2 期。

杨华：《论〈开元礼〉对郑玄和王肃礼学的择从》，《中国史研究》2003

年第 3 期。

杨为刚：《礼制与情欲：唐代婚礼的仪式书写与文学表达》，《中华文史论丛》2020 年第 3 辑。

杨英：《改革开放四十年来的中古礼学和礼制研究》，《文史哲》2020 年第 5 期。

姚美玲：《唐代墓志中的"礼也"释证》，《语言科学》2007 年第 2 期。

于俊利、傅绍良：《从唐代祭文看骈文的演进》，《东方丛刊》2009 年第 2 辑。

于俊利：《唐代祭文的文体演变》，《社会科学评论》2008 年第 2 期。

张剑光：《礼缘人情：唐代民间的丧祭礼仪——以宋代笔记为核心的考察》，《社会科学动态》2017 年第 4 期。

张全明：《唐河东监军使刘中礼墓志考释》，《敦煌学辑刊》2007 年第 2 期。

张树国：《汉至唐郊祀制度沿革与郊祀歌辞研究》，《陕西师范大学学报》2008 年第 1 期。

张文昌：《唐宋礼书及其研究的回顾与展望》，载黄俊杰编《东亚儒学研究的回顾与展望》，华东师范大学出版社 2008 年版。

张信通：《汉代的乡饮酒礼和乡射礼》，《凯里学院学报》2018 年第 5 期。

张艳云：《从敦煌的婚书程式看唐代许婚制度》，《敦煌研究》2002 年第 6 期。

张宇：《从〈乾符二年南郊赦〉看唐后期对逋悬欠负的追征和免放》，《武汉大学学报》2001 年第 2 期。

张忠纲：《杜甫献〈三大礼赋〉时间考辨》，《文史哲》2006 年第 1 期。

赵晶：《唐令复原所据史料检证——以〈大唐开元礼〉为中心》，《文史哲》2018 年第 2 期。

赵晶：《〈显庆礼〉所见唐代礼典与法典的关系》，载［日］高田时雄《唐代宗教文化与制度》，京都大学人文科学研究所 2007 年版。

赵澜：《〈大唐开元礼〉初探——论唐代礼制的演化历程》，《复旦学报》

1994年第5期。

赵玉平：《唐代敦煌地区"雩礼"考述》，《兰台世界》2009年第10期。

郑显文：《唐代礼学的社会变革》，《人文杂志》1995年第2期。

周一良：《敦煌写本书仪中所见的唐代婚丧礼俗》，《文物》1985年第7期。

朱溢：《隋唐礼制史研究的回顾和思考》，《史林》2011年第5期。

左康华：《先秦"文""质"之争与礼学的演进》，《云南社会科学》2015年第1期。

[韩]禹成旼：《论唐代赦文的变化及其意义》，《北京理工大学学报》2004年第3期。

[韩]禹成旼：《唐代德音考》，《中国史研究》2006年第2期。

[韩]禹成旼：《唐代赦文颁布的演变》，载《唐史论丛（第八辑）》，三秦出版社2006年版。

[日]池田温：《大唐开元礼解说》，载古典研究会《大唐开元礼》，汲古书院1972年版。

[日]稻田奈津子：《奈良时代天皇丧葬仪礼——关于大唐元陵仪注的讨论》，《东方学》2007年第104辑。

[日]金子修一等：《大唐元陵仪注试释（一）》，《山梨大学教育人间科学部纪要》2002年第3期。

[日]金子修一等：《大唐元陵仪注试释（二）》，《山梨大学教育人间科学部纪要》2002年第4期。

[日]金子修一等：《大唐元陵仪注试释（三）》，《山梨大学教育人间科学部纪要》2003年第5期。

[日]金子修一等：《大唐元陵仪注试释（四）》，《山梨大学教育人间科学部纪要》2005年第6期。

[日]金子修一等：《大唐元陵仪注试释（五）》，《山梨大学教育人间科学部纪要》2005年第7期。

[日]金子修一、[日]江川式部：《从唐代礼仪制度看〈大唐元陵仪

注〉研究的意义》,中国唐史学会第九届年会论文,云南,2004年7月。

[日]金子修一:《围绕〈大唐元陵仪注〉的诸多问题》,博明妹译,《中国史研究动态》2011年第4期。

[日]石见清裕:《唐朝的国书授予礼仪》,《东洋史研究》1998年第2期。

[日]石见清裕:《唐朝发给〈国书〉一览》,《亚洲游学(第26辑)》,勉诚出版社2001年版。

[日]王博:《唐宋射礼的性质及其变迁——以唐宋射礼为中心》,载《唐史论丛(第十九辑)》,三秦出版社2014年版。

McMullen David, "The Death Rites of Tang Daizong", in *State and Court Ritual in China*, edited by Joseph P. McDermott, London: Cambridge University Press, 1999.

### 五 学位论文(以时间为序)

樊昕:《唐人文集宋代生存状况研究》,博士学位论文,扬州大学,2014年。

龚泽军:《敦煌写本祭悼文研究》,博士学位论文,四川大学,2005年。

何奕儒:《敦煌祭文写本研究》,硕士学位论文,贵州师范大学,2019年。

江波:《唐代墓志撰书人及相关文化问题研究》,博士学位论文,吉林大学,2010年。

金身佳:《敦煌写本宅经葬书研究》,博士学位论文,兰州大学,2006年。

李丽艳:《唐代宾礼研究——以〈大唐开元礼〉为研究视角》,硕士学位论文,辽宁大学,2015年。

刘东楠:《唐代祭文研究》,硕士学位论文,郑州大学,2008年。

刘永华:《唐代国家藏书初探》,硕士学位论文,山东大学,2005年。

陆超祎:《初唐前期外交文书研究》,硕士学位论文,南京师范大学,2016年。

吕博:《"君之大柄"与"圣人之履"——礼与唐代政治变迁诸问题研

究》，博士学位论文，武汉大学，2014年。

倪晨辉：《"为邦之道"与唐宋令典研究——以〈卤簿令〉、〈衣服令〉、〈乐令〉复原为中心》，博士学位论文，吉林大学，2017年。

谭淑娟：《唐代判文研究》，博士学位论文，西北师范大学，2009年。

田红玉：《唐代大赦研究》，硕士学位论文，首都师范大学，2002年。

王学军：《无厚与有间：先唐礼制与文学》，博士学位论文，南京大学，2013年。

吴凌杰：《唐代帝王丧葬礼制研究》，硕士学位论文，上海师范大学，2020年。

吴羽：《唐宋礼典与社会变迁——以〈中兴礼书〉为中心》，博士学位论文，中山大学，2007年。

张祥：《唐代遗诏、即位册文诸问题研究》，硕士学位论文，南京师范大学，2017年。

朱莉华：《唐代哀册文研究》，硕士学位论文，西华师范大学，2018年。

### 六　网络资源

法国国家图书馆，http：//gallica. bnf. fr/accueil/？mode = desktop。

国际敦煌项目，http：//idp. bl. uk/database/database_ search. a4d。

# 附 表

附表1　《旧唐书·经籍志》与《新唐书·艺文志》所载经部《礼》类著录对比表

| 序号 | 书名 | 作者 | 旧唐书 | 新唐书 | 备注 |
| --- | --- | --- | --- | --- | --- |
| 1 | 《周官》十二卷 | (东汉)马融传 | 有 | 同 | |
| 2 | 《周官礼》十三卷 | (东汉)郑玄注 | 有 | 同 | |
| 3 | 《周官礼》十卷 | (西晋)伊说撰 | 有 | 同 | |
| 4 | 《周官》十二卷 | (曹魏)王肃注 | 有 | 同 | |
| 5 | 《周官》十二卷 | (东晋)干宝注 | 有 | 同 | |
| 6 | 《周官论评》十二卷 | (西晋)陈邵驳,(西晋)傅玄评 | 有 | 同 | |
| 7 | 《周官宁朔新书》八卷 | (西晋)司马伷序,(西晋)王懋约注 | 有 | 同 | |
| 8 | 《周官驳难》五卷 | (不详)孙略问,(东晋)干宝答 | 有 | 同 | |
| 9 | 《周礼义疏》四十卷 | (北周)沈重撰 | 有 | 同 | |
| 10 | 《周礼疏》五十卷 | (唐)贾公彦撰 | 有 | 同 | |
| 11 | 《周礼义决》三卷 | (唐)王玄度撰 | 有 | 同 | |
| 12 | 《周官音》三卷 | (东汉)郑玄撰 | 有 | 同 | |
| 13 | 《仪礼》十七卷 | (东汉)郑玄注 | 有 | 同 | |
| 14 | 《仪礼》十七卷 | (曹魏)王肃注 | 有 | 同 | |

续表

| 序号 | 书名 | 作者 | 旧唐书 | 新唐书 | 备注 |
|---|---|---|---|---|---|
| 15 | 《仪礼音》二卷 | （曹魏）王肃 | 有 | 同 | |
| 16 | 《丧服纪》一卷 | （东汉）马融注 | 有 | 同 | |
| 17 | 《丧服纪》一卷 | （东汉）郑玄注 | 有 | 同 | |
| 18 | 《丧服纪》一卷 | （西晋）袁准注 | 有 | 有，《仪礼》一卷 | |
| 19 | 《丧服纪》一卷 | （东晋）孔伦注 | 有 | 有，《仪礼》一卷 | |
| 20 | 《丧服纪》一卷 | （东晋）陈铨注 | 有 | 有，《仪礼》一卷 | |
| 21 | 《丧服纪》二卷 | （刘宋）蔡超宗注 | 有 | 有，《仪礼》二卷 | |
| 22 | 《丧服纪》二卷 | （南齐）田僧绍注 | 有 | 有，《仪礼》二卷 | |
| 23 | 《丧服变除》一卷 | （西汉）戴德撰 | 有 | 同 | |
| 24 | 《丧服要纪》一卷 | （曹魏）王肃注 | 有 | 同 | |
| 25 | 《丧服要集议》三卷 | （西晋）杜预撰 | 有 | 同 | |
| 26 | 《丧服要纪》五卷 | （东晋）贺循撰，谢微注 | 有 | 同 | |
| 27 | 《仪礼疏》五十卷 | （唐）贾公彦撰 | 有 | 同 | |
| 28 | 《丧服变除》一卷 | （东汉）郑玄撰 | 有 | 同 | |
| 29 | 《丧服要纪》十卷 | （东晋）贺循撰，（刘宋）庾蔚之注 | 有 | 有，五卷 | |
| 30 | 《丧服古今集记》三卷 | （南齐）王俭撰 | 有 | 同 | |
| 31 | 《丧服五代行要记》十卷 | （南齐）王逡之注 | 有 | 同 | |
| 32 | 《丧服经传义疏》四卷 | （陈）沈文阿撰 | 有 | 同 | |
| 33 | 《丧服发题》二卷 | （陈）沈文阿撰 | 有 | 同 | |
| 34 | 《丧服文句义》十卷 | （南梁）皇侃撰 | 有 | 同 | |
| 35 | 《丧服天子诸侯图》二卷 | （孙吴）谢慈撰 | 有 | 射慈一卷 | |
| 36 | 《丧服图》一卷 | （西晋）崔游撰 | 有 | 同 | |
| 37 | 《丧服谱》一卷 | （东晋）蔡谟撰 | 有 | 同 | |
| 38 | 《丧服谱》一卷 | （东晋）贺循撰 | 有 | 同 | |

续表

| 序号 | 书名 | 作者 | 旧唐书 | 新唐书 | 备注 |
|---|---|---|---|---|---|
| 39 | 《丧服要难》一卷 | （不详）赵成问，（不详）仇祈答 | 有 | 有，袁祈答 | |
| 40 | 《大戴礼记》十三卷 | （西汉）戴德撰 | 有 | 有 | |
| 41 | 《小戴礼记》二十卷 | （西汉）戴圣撰，郑玄注 | 有 | 有，《小戴圣礼记》 | |
| 42 | 《礼记》二十卷 | （东汉）卢植注 | 有 | 有，《小戴礼记》 | |
| 43 | 《礼记》三十卷 | （曹魏）王肃注 | 有 | 有，《小戴礼记》 | |
| 44 | 《礼记》三十卷 | （曹魏）孙炎注 | 有 | 有 | |
| 45 | 《礼记》十二卷 | （刘宋）叶遵注 | 有 | 有 | |
| 46 | 《礼记宁朔新书》二十卷 | （西晋）司马伷序，（西晋）王懋约注 | 有 | 有 | |
| 47 | 《次礼记》二十卷 | （唐）魏徵撰 | 有 | 有 | |
| 48 | 《月令章句》十二卷 | （刘宋）戴颙撰 | 有 | 有 | |
| 49 | 《礼记·中庸传》二卷 | （刘宋）戴颙撰 | 有 | 有 | |
| 50 | 《礼记义记》四卷 | （曹魏）郑小同撰 | 有 | 有 | |
| 51 | 《礼记要钞》六卷 | （东汉）缑氏撰 | 有 | 有 | |
| 52 | 《礼记音》二卷 | （东汉）郑玄注，（东晋）曹耽解 | 有 | 三卷 | |
| 53 | 《礼记音》二卷 | （三国吴）谢慈撰 | 有 | 有，谢慈 | |
| 54 | 《礼记音》二卷 | （东晋）李轨撰 | 有 | 有 | |
| 55 | 《礼记音》二卷 | （东晋）尹毅撰 | 有 | 有 | |
| 56 | 《礼记音》三卷 | （东晋）徐邈撰 | 有 | 有 | |
| 57 | 《礼记音》二卷 | （刘宋）徐爰撰 | 有 | 有 | |
| 58 | 《礼记隐》二十六卷 | | 有 | 有 | |
| 59 | 《礼记略解》十卷 | （刘宋）庾蔚之撰 | 有 | 有 | |
| 60 | 《礼记讲疏》一百卷 | （南梁）皇侃撰 | 有 | 有 | |
| 61 | 《礼记义疏》五十卷 | （南梁）皇侃撰 | 有 | 有 | |
| 62 | 《礼记义疏》四十卷 | （北周）沈重撰 | 有 | 有 | |
| 63 | 《礼记义疏》四十卷 | （北周）熊安生撰 | 有 | 有 | |
| 64 | 《礼记义证》十卷 | （北魏）刘芳撰 | 有 | 有 | |

续表

| 序号 | 书名 | 作者 | 旧唐书 | 新唐书 | 备注 |
| --- | --- | --- | --- | --- | --- |
| 65 | 《礼记类聚》十卷 | | 有 | 有 | |
| 66 | 《礼记正义》七十卷 | (唐)孔颖达撰 | 有 | 有 | 两《唐书》有传 |
| 67 | 《礼记疏》八十卷 | (唐)贾公彦撰 | 有 | 《礼记正义》 | 两《唐书》有传 |
| 68 | 《礼论》三百七卷 | (刘宋)何承天撰 | 有 | 有 | 何伦侄孙 |
| 69 | 《礼义》二十卷 | (西汉)戴圣等撰 | 有 | 有 | |
| 70 | 《三礼目录》一卷 | (东汉)郑玄注 | 有 | 有 | |
| 71 | 《答问礼俗》十卷 | (西晋)董勋撰 | 有 | 有 | |
| 72 | 《礼记评》十卷 | (不详)刘隽撰 | 有 | 有,刘儁 | |
| 73 | 《礼仪问答》十卷 | (南齐)王俭撰 | 有 | 有 | |
| 74 | 《杂礼义》十一卷 | (西晋)吴商等撰 | 有 | 有 | |
| 75 | 《礼义杂记故事》十一卷 | | 有 | 有 | |
| 76 | 《礼问》九卷 | (东晋)范宁撰 | 有 | 有 | |
| 77 | 《礼论答问》九卷 | (东晋)范宁撰 | 有 | 有 | |
| 78 | 《礼论问答》九卷 | (刘宋)徐广撰 | 有 | 有 | |
| 79 | 《杂礼仪问答》四卷 | (晋)戚寿撰 | 有 | 有 | |
| 80 | 《礼论降议》三卷 | (刘宋)颜延之撰 | 有 | 有,《礼逆降议》 | |
| 81 | 《礼论条牒》十卷 | (刘宋)任预撰 | 有 | 有 | |
| 82 | 《礼论帖》三卷 | (刘宋)任预撰 | 有 | 有 | |
| 83 | 《礼论抄》六十六卷 | (刘宋)任预撰 | 有 | 有 | |
| 84 | 《礼论抄》二十卷 | (刘宋)庾蔚之撰 | 有 | 有 | |
| 85 | 《礼仪答问》十卷 | (南齐)王俭撰 | 有 | 有,《礼杂答问》 | |
| 86 | 《礼杂抄略》二卷 | (刘宋)荀万秋撰 | 有 | 有 | |
| 87 | 《礼议》一卷 | (刘宋)傅伯祚撰 | 有 | 傅隆 | 傅隆,字伯祚 |
| 88 | 《礼统郊祀》六卷 | | 有 | 有 | |
| 89 | 《礼论要抄》十三卷 | | 有 | 有 | |
| 90 | 《礼记区分》十卷 | | 有 | 有 | |
| 91 | 《礼论抄略》十三卷 | | 有 | 有 | |
| 92 | 《礼大义》十卷 | (南梁)梁武帝撰 | 有 | 有 | |

附 表

续表

| 序号 | 书名 | 作者 | 旧唐书 | 新唐书 | 备注 |
|---|---|---|---|---|---|
| 93 | 《礼疑义》五十卷 | （南梁）周舍撰 | 有 | 有 | |
| 94 | 《礼记义》十卷 | （南齐）何佟之撰 | 有 | 有 | |
| 95 | 《礼答问》十卷 | （南齐）何佟之撰 | 有 | 有 | |
| 96 | 《三礼义宗》三十卷 | （南梁）崔灵恩撰 | 有 | 有 | |
| 97 | 《礼论要抄》一百卷 | （南梁）贺㻛撰 | 有 | 有 | 贺循玄孙 |
| 98 | 《礼统》十三卷 | （南梁）贺述撰 | 有 | 有，十二卷 | |
| 99 | 《三礼宗略》二十卷 | （北魏）元延明撰 | 有 | 有 | |
| 100 | 《三礼图》十二卷 | （晋）夏侯伏朗撰 | 有 | 有 | |
| 101 | 《江都集礼》一百二十卷 | （隋）潘徽等撰 | 有 | 史部仪注类 | |
| 102 | 《大唐新礼》一百卷 | （唐）房玄龄等撰 | 有 | 史部仪注类 | |
| 103 | 《紫宸礼要》十卷 | （唐）大圣天后撰 | 有 | 史部仪注类 | |
| 104 | 《丧服纪》一卷 | （曹魏）王肃注 | 无 | 有 | 以下为《新唐书》独有 |
| 105 | 《礼记》二十卷 | （唐）王玄度注 | 无 | | |
| 106 | 《类礼义疏》五十卷 | （唐）元行冲撰 | 无 | | 《旧唐书》有传 |
| 107 | 《御刊定礼记月令》一卷 | （唐）李林甫等注解 | 无 | | 两《唐书》有传 |
| 108 | 《礼记外传》四卷 | （唐）成伯玙撰 | 无 | | |
| 109 | 《礼记绳愆》三十卷 | （唐）王元感撰 | 无 | | 两《唐书》有传 |
| 110 | 《礼记正义》十卷 | （唐）王方庆撰 | 无 | | 《旧唐书》有传 |
| 111 | 《礼杂问答》十卷 | （唐）王方庆撰 | 无 | | |
| 112 | 《礼论》六十卷 | （唐）李敬玄撰 | 无 | | 两《唐书》有传 |
| 113 | 《三礼图》九卷 | （唐）张镒撰 | 无 | | 两《唐书》有传 |
| 114 | 《类礼》二十卷 | （唐）陆质撰 | 无 | | 两《唐书》有传 |
| 115 | 《五礼精义》十卷 | （唐）韦彤撰 | 无 | | |
| 116 | 《礼志》十卷 | （唐）丁公著撰 | 无 | | 两《唐书》有传 |
| 117 | 《礼记字例异同》一卷 | 元和十二年诏定 | 无 | | |
| 118 | 《五礼异同》十卷 | （唐）丘敬伯撰 | 无 | | |

续表

| 序号 | 书名 | 作者 | 旧唐书 | 新唐书 | 备注 |
|---|---|---|---|---|---|
| 119 | 《五礼名义》十卷 | （唐）孙玉汝撰 | 无 | | |
| 120 | 《礼略》十卷 | （唐）杜肃撰 | 无 | | |
| 121 | 《礼粹》二十卷 | （唐）张频撰 | 无 | | |

**附表2　　《旧唐书·经籍志》与《新唐书·艺文志》所载史部仪注类著录对比表**

| 序号 | 书目 | 作者 | 旧唐书 | 新唐书 | 备注 |
|---|---|---|---|---|---|
| 1 | 《汉旧仪》四卷 | （汉）卫宏撰 | 有 | 同 | |
| 2 | 《舆服志》一卷 | （曹魏）董巴撰 | 有 | 同 | |
| 3 | 《晋尚书仪曹新定仪注》四十一卷 | （东晋）徐广撰 | 有 | 同 | |
| 4 | 《甲辰仪注》五卷 | | 有 | 同 | |
| 5 | 《车服杂注》一卷 | （东晋）徐广撰 | 有 | 同 | |
| 6 | 《司徒仪注》五卷 | （东晋）干宝撰 | 有 | 无 | |
| 7 | 《大驾卤簿》一卷 | | 有 | 同 | |
| 8 | 《冠婚仪》四卷 | | 有 | 同 | |
| 9 | 《晋杂仪注》二十一卷 | | 有 | 同 | |
| 10 | 《晋仪注》三十九卷 | | 有 | 同 | |
| 11 | 《诸王国杂仪》十卷 | | 有 | 同 | |
| 12 | 《宋仪注》三十六卷 | | 有 | 有，《宋尚书仪注》 | |
| 13 | 《杂仪注》一百八卷 | | 有 | 有，一百卷 | |
| 14 | 《杂府州郡仪》十卷 | （东晋）范汪撰 | 有 | 同 | |
| 15 | 《晋尚书仪曹吉礼仪注》三卷 | | 有 | 同 | |
| 16 | 《古今舆服杂事》十卷 | （南梁）周迁撰 | 有 | 同 | |
| 17 | 《梁祭地祇阴阳仪注》二卷 | （南梁）沈约撰 | 有 | 同 | |
| 18 | 《宋仪注》二卷 | | 有 | 同 | |

续表

| 序号 | 书目 | 作者 | 旧唐书 | 新唐书 | 备注 |
|---|---|---|---|---|---|
| 19 | 《梁吉礼》十八卷 | （南梁）明山宾等撰 | 有 | 同 | |
| 20 | 《梁吉礼仪注》十卷 | | 有 | 同 | |
| 21 | 《北齐吉礼》七十二卷 | （北齐）赵彦深撰 | 有 | 同 | 赵隐，字彦深 |
| 22 | 《陈吉礼仪注》五十卷 | | 有 | 同 | |
| 23 | 《梁皇帝崩凶仪》十一卷 | （南齐）严植之撰 | 有 | 同 | |
| 24 | 《隋吉礼》五十四卷 | （隋）高颎等撰 | 有 | 同 | |
| 25 | 《梁凶礼天子丧礼》五卷 | （南齐）严植之撰 | 有，《梁天子丧礼》 | | |
| 26 | 《梁凶礼天子丧礼》七卷 | | 有 | 有，《梁天子丧礼》 | |
| 27 | 《梁王侯已下凶礼》九卷 | （南齐）严植之撰 | 有 | 同 | |
| 28 | 《梁太子妃薨凶仪注》九卷 | | 有 | 同 | |
| 29 | 《北齐王太子丧礼》十卷 | （北齐）赵彦深撰 | 有 | 无 | |
| 30 | 《梁诸侯世子凶仪注》九卷 | | 有 | 有，《梁诸侯世子卒凶仪注》 | |
| 31 | 《梁宾礼》一卷 | （南梁）贺瑒等撰 | 有 | 同 | |
| 32 | 《隋书礼》七卷 | （隋）高颎等撰 | 有 | 无 | |
| 33 | 《梁嘉礼》三十五卷 | （南梁）司马褧撰 | 有 | 同 | |
| 34 | 《陈宾礼仪注》六卷 | （南陈）张彦志撰 | 有 | 同 | |
| 35 | 《梁军礼》四卷 | （南梁）陆琏撰 | 有 | 用 | |
| 36 | 《梁嘉礼仪注》二十一卷 | （南梁）司马褧撰 | 有 | 有，四十五卷 | |
| 37 | 《梁尚书仪注》十八卷 | | 有 | 有，《梁尚书仪曹仪注》 | |
| 38 | 《梁仪注》十卷 | （南梁）沈约撰 | 有 | 同 | |
| 39 | 《梁陈大行皇帝崩仪注》八卷 | | 有 | 同 | |

续表

| 序号 | 书目 | 作者 | 旧唐书 | 新唐书 | 备注 |
|---|---|---|---|---|---|
| 40 | 《陈尚书曹仪注》二十卷 | | 有 | 无 | |
| 41 | 《陈诸帝后崩仪注》五卷 | | 有 | 同 | |
| 42 | 《陈杂吉仪志》三十卷 | | 有 | 同 | |
| 43 | 《梁大行皇后崩仪注》一卷 | | 有 | 有,《梁大行皇帝皇后崩仪注》一卷 | |
| 44 | 《陈皇太子妃薨仪注》五卷 | （不详）仪曹志 | 有 | 同 | |
| 45 | 《陈杂仪注凶仪》十三卷 | | 有 | 同 | |
| 46 | 《陈皇太后崩仪注》四卷 | （不详）仪曹撰 | 有 | 同 | |
| 47 | 《陈杂仪注》六卷 | | 有 | 同 | |
| 48 | 《后魏仪注》三十二卷 | （北魏）常景撰 | 有 | 有,五十卷 | |
| 49 | 《理礼仪注》九卷 | （南齐）何点撰 | 有 | 同 | |
| 50 | 《晋谥议》八卷 | | 有 | 同 | |
| 51 | 《魏明帝谥议》二卷 | （曹魏）何晏撰 | 有 | 同 | |
| 52 | 《魏氏郊丘》三卷 | | 有 | 同 | |
| 53 | 《晋简文谥议》四卷 | | 有 | 同 | |
| 54 | 《晋明堂郊社议》三卷 | （西晋）孔朝等撰 | 有 | 同,孔晁 | |
| 55 | 《魏台杂访议》三卷 | （曹魏）高堂隆撰 | 有 | 同 | |
| 56 | 《杂议》五卷 | （东晋）干宝撰 | 有 | 同 | |
| 57 | 《晋七庙议》三卷 | （东晋）蔡谟撰 | 有 | 同 | |
| 58 | 《要典》三十九卷 | （南齐）王景之撰 | 有 | 同 | |
| 59 | 《晋杂议》十卷 | （西晋）荀顗等撰 | 有 | 同 | |
| 60 | 《皇典》五卷 | （南梁）丘孝仲撰 | 有 | 同,丘仲孚（确） | |
| 61 | 《齐典》四卷 | （南齐）王逸 | 有 | 同 | |

续表

| 序号 | 书目 | 作者 | 旧唐书 | 新唐书 | 备注 |
|---|---|---|---|---|---|
| 62 | 《吊答书仪》十卷 | （南齐）王俭撰 | 有 | 同 | |
| 63 | 《太宗文皇帝政典》三卷 | （唐）李延寿撰 | 有 | 无 | 两《唐书》有传 |
| 64 | 《杂仪》三十卷 | （不详）鲍昶撰 | 有 | 无 | |
| 65 | 《书笔仪》二十卷 | （南齐）谢朓撰 | 有 | 同，谢朓 | |
| 66 | 《妇人书仪》八卷 | （北周）唐瑾撰 | 有 | 同 | |
| 67 | 《皇室书仪》十三卷 | （南齐）鲍行卿撰 | 有 | 有，鲍衡卿 | |
| 68 | 《大唐书仪》十卷 | （唐）裴矩撰 | 有 | 同 | 两《唐书》有传 |
| 69 | 《童悟》十三卷 | | 有 | 同 | |
| 70 | 《封禅录》十卷 | （唐）孟利贞撰 | 有 | 同 | 《旧唐书》有传 |
| 71 | 《皇帝封禅仪》六卷 | （唐）令狐德棻撰 | 有 | 同 | 两《唐书》有传 |
| 72 | 《玉玺谱》一卷 | （南齐）僧约贞撰 | 有 | 有，纪僧真 | |
| 73 | 《神岳封禅仪注》十卷 | （唐）裴守贞撰 | 有 | 有，裴守真 | 两《唐书》有传 |
| 74 | 《玉玺正录》一卷 | （唐）徐令信撰 | 有 | 有，徐令言 | |
| 75 | 《传国玺》十卷 | （隋）姚察撰 | 有 | 同 | |
| 76 | 《大享明堂仪注》二卷 | （唐）郭山恽撰 | 有 | 同 | 《旧唐书》有传 |
| 77 | 《明堂义》一卷 | （唐）张大瓒撰 | 有 | 有，张大颐 | |
| 78 | 《明堂仪注》七卷 | （唐）姚璠等撰 | 有 | 有，三卷 | |
| 79 | 《亲享太庙仪》三卷 | （唐）郭山恽撰 | 有 | 有《亲享太庙仪注》 | |
| 80 | 《皇太子方岳亚献仪》二卷 | | 有 | 同 | |
| 81 | 《晋新定仪注》四十卷 | （刘宋）傅瑗撰 | 无 | | 以下为《新唐书》独有 |
| 82 | 《晋尚书仪曹事》九卷 | | 无 | | |
| 83 | 《宋尚书仪注》三十六卷 | | 无 | | |
| 84 | 《宋东宫仪记》二十三卷 | （刘宋）张镜撰 | 无 | | |

259

附 表

续表

| 序号 | 书目 | 作者 | 旧唐书 | 新唐书 | 备注 |
|---|---|---|---|---|---|
| 85 | 《南齐仪注》二十八卷 | （南齐）严植之撰 | 无 | | |
| 86 | 《梁皇太子丧礼》五卷 | | 无 | | |
| 87 | 《士丧礼仪注》十四卷 | | 无 | | |
| 88 | 《新仪》三十卷 | （南梁）鲍泉撰 | 无 | | |
| 89 | 《梁吉礼仪注》四卷 | | 无 | | |
| 90 | 《梁尚书仪曹仪注》二十卷 | | 无 | | |
| 91 | 《梁宾礼仪注》七卷 | | 无 | | |
| 92 | 《北齐皇太后丧礼》十卷 | | 无 | | |
| 93 | 《隋江都集礼》一百二十卷 | （隋）牛弘、（隋）潘徽撰 | 无 | | |
| 94 | 《古今舆服杂事》二十卷 | （南梁）萧子云撰 | 无 | | |
| 95 | 《决疑要注》一卷 | （西晋）挚虞撰 | 无 | | |
| 96 | 《古今注》一卷 | （西晋）崔豹撰 | 无 | | |
| 97 | 《祭典》三卷 | （东晋）范汪撰 | 无 | | |
| 98 | 《丧服治礼仪注》九卷 | （南齐）何胤撰 | 无 | | |
| 99 | 《婚仪祭仪》二卷 | （北魏）崔皓撰 | 无 | | |
| 100 | 《杂祭注》六卷 | （晋）卢谌撰 | 无 | | |
| 101 | 《祀典》五卷 | （北周）卢辨撰 | 无 | | |
| 102 | 《家仪》一卷 | （刘宋）徐爰撰 | 无 | | |
| 103 | 《吉仪》二卷 | （南齐）王俭撰 | 无 | | |
| 104 | 《皇室书仪》七卷 | （南齐）王俭撰 | 无 | | |
| 105 | 《书仪》二卷 | （东晋）谢允撰 | 无 | | |
| 106 | 《东宫杂事》二十卷 | （南梁）萧子云撰 | 无 | | |
| 107 | 《东宫典记》七十卷 | （隋）陆开明、（隋）宇文恺撰 | 无 | | 陆爽，字开明 |

260

续表

| 序号 | 书目 | 作者 | 旧唐书 | 新唐书 | 备注 |
|---|---|---|---|---|---|
| 108 | 《吉凶礼要》二十卷 | (唐)窦维鋆撰 | 无 | | 《旧唐书》有传 |
| 109 | 《五礼要记》三十卷 | (唐)韦叔夏撰 | 无 | | 《旧唐书》有传 |
| 110 | 《礼仪注》八卷 | (唐)王悫中撰 | 无 | | |
| 111 | 《家礼》十卷 | (唐)杨炯撰 | 无 | | 两《唐书》有传 |
| 112 | 《大唐仪礼》一百卷 | (唐)长孙无忌等撰 | 无 | | 即《贞观礼》 |
| 113 | 《永徽五礼》一百三十卷 | (唐)长孙无忌等撰 | 无 | | 即《显庆礼》 |
| 114 | 《紫宸礼要》十卷 | (唐)武则天撰 | 无 | | |
| 115 | 《开元礼》一百五十卷 | (唐)萧嵩等撰 | 无 | | 《旧唐书》有传 |
| 116 | 《开元礼义镜》一百卷 | (唐)萧嵩撰 | 无 | | |
| 117 | 《开元礼京兆义罗》 | | 无 | | |
| 118 | 《开元礼类释》二十卷 | | 无 | | |
| 119 | 《开元礼百问》二卷 | | 无 | | |
| 120 | 《礼乐集》十卷 | (唐)颜真卿定 | 无 | | 任礼仪使时所定 |
| 121 | 《贞元新集开元后礼》二十卷 | (唐)韦渠牟撰 | 无 | | 两《唐书》有传 |
| 122 | 《唐礼纂要》六卷 | (唐)柳逞撰 | 无 | | |
| 123 | 《礼阁新仪》二十卷 | (唐)韦公肃撰 | 无 | | 元和人 |
| 124 | 《元和曲台礼》三十卷 | (唐)王彦威撰 | 无 | | 两《唐书》有传 |
| 125 | 《续曲台礼》三十卷 | (唐)王彦威撰 | 无 | | |
| 126 | 《直礼》一卷 | (唐)李弘泽撰 | 无 | | 李林甫孙,开成太府卿 |
| 127 | 《东封记》一卷 | (唐)韦述撰 | 无 | | 两《唐书》有传 |
| 128 | 《明堂序》一卷 | (唐)李袭誉撰 | 无 | | 两《唐书》有传 |
| 129 | 《明堂新礼》三卷 | (唐)员半千撰 | 无 | | |
| 130 | 《明堂新礼》十卷 | (唐)李嗣真撰 | 无 | | 两《唐书》有传 |

续表

| 序号 | 书目 | 作者 | 旧唐书 | 新唐书 | 备注 |
|---|---|---|---|---|---|
| 131 | 《大唐郊祀录》十卷 | （唐）王泾撰 | 无 | | 贞元九年上，时为太常礼院修撰 |
| 132 | 《崇丰二陵集礼》 | （唐）裴瑾撰 | 无 | | 裴光庭曾孙，元和吉州刺史 |
| 133 | 《三品官祔庙礼》二卷 | （唐）王方庆撰 | 无 | | |
| 134 | 《古今仪集》五十卷 | （唐）王方庆撰 | 无 | | |
| 135 | 《家祭礼》一卷 | （唐）孟诜撰 | 无 | | 两《唐书》有传 |
| 136 | 《家祭仪》一卷 | （唐）徐闰撰 | 无 | | |
| 137 | 《寝堂时飨仪》一卷 | （唐）范传式撰 | 无 | | 进士出身 |
| 138 | 《祠享仪》一卷 | （唐）郑正则撰 | 无 | | |
| 139 | 《祭录》一卷 | （唐）周元阳撰 | 无 | | |
| 140 | 《家荐仪》一卷 | （唐）贾顼撰 | 无 | | |
| 141 | 《家祭仪》卷亡 | （唐）卢弘宣撰 | 无 | | 《新唐书·循吏传》 |
| 142 | 《仲享仪》一卷 | （唐）孙日用撰 | 无 | | |
| 143 | 《二仪实录》一卷 | （唐）刘孝孙撰 | 无 | | 两《唐书》有传 |
| 144 | 《二仪实录衣服名义图》一卷 | （唐）袁郊撰 | 无 | | 袁滋子，昭宗翰林学士 |
| 145 | 《服饰变古元录》一卷 | （唐）袁郊撰 | 无 | | |
| 146 | 《使范》一卷 | （唐）王晋撰 | 无 | | |
| 147 | 《丧服变服》一卷 | （唐）戴至德撰 | 无 | | 两《唐书》有传 |
| 148 | 《丧仪纂要》九卷 | （唐）张戬撰 | 无 | | |
| 149 | 《丧服正要》二卷 | （唐）孟诜撰 | 无 | | |
| 150 | 《丧礼极议》一卷 | （唐）商价撰 | 无 | | |
| 151 | 《五服图》 | （唐）张荐撰 | 无 | | 两《唐书》有传 |
| 152 | 《五服图》十卷 | （唐）仲子陵撰 | 无 | | 贞元九年上 |
| 153 | 《内外亲族五服仪》二卷 | （唐）裴茝撰 | 无 | | 元和太常少卿 |

续表

| 序号 | 书目 | 作者 | 旧唐书 | 新唐书 | 备注 |
|---|---|---|---|---|---|
| 154 | 《书仪》三卷 | （唐）朱侑注 | 无 | | |
| 155 | 《葬王播仪》一卷 | | 无 | | |
| 156 | 《书仪》二卷 | （唐）郑余庆撰 | 无 | | 两《唐书》有传，S.6537v《大唐新定吉凶书仪》 |
| 157 | 《书仪》二卷 | （唐）裴度撰 | 无 | | 两《唐书》有传 |
| 158 | 《书仪》二卷 | （唐）杜有晋撰 | 无 | | P.3442《吉凶书仪》 |

附表3　　《金石录》《集古录》《隋唐五代石刻文献全编》所录唐代涉礼碑刻表

| 序号 | 碑名 | 撰书者 | 所涉内容 | 时间 | 文献来源 |
|---|---|---|---|---|---|
| 1 | 《唐孔子庙堂碑》 | 虞世南撰并书 | 祭孔 | 武德九年（626） | 集① 114；石刻② 2—610；金③ 190 |
| 2 | 《太宗祭比干文》 | | 祭比干 | 贞观十九年（645） | 石刻2—691—692 |
| 3 | 《唐晋祠铭》 | 太宗撰并书 | 祭叔虞 | 贞观二十年（646） | 金195 |
| 4 | 《太宗哀册文》 | | 太宗哀册 | 贞观二十三年（649） | 石刻2—706—708 |
| 5 | 《岱岳观碑》 | | 封禅 | 显庆六年（661） | |
| 6 | 《唐登封纪号文》 | 高宗撰并书 | 封禅 | 乾封元年（666） | 金201 |
| 7 | 《唐修孔子庙诏表祭文碑》 | | 祭孔 | 仪凤二年（677） | 石刻2—507—509 |
| 8 | 《唐少姨庙碑》 | 杨炯撰，沮渠智烈书 | 祭祀嵩山少室庙 | 永淳元年（682） | 金203 |
| 9 | 《唐启母庙碑》 | 崔融撰，沮渠智烈书 | 祭祀嵩山 | 永淳二年（683） | 金204 |

---

① （宋）欧阳修著，邓宝剑、王怡琳注：《集古录跋尾》，人民美术出版社2010年版。
② （宋）赵明诚著，刘晓东、崔燕南点校：《金石录》，齐鲁书社2009年版。
③ 国家图书馆善本金石组编：《隋唐五代石刻文献全编（全四册）》，北京图书馆出版社2003年版。

续表

| 序号 | 碑名 | 撰书者 | 所涉内容 | 时间 | 文献来源 |
|---|---|---|---|---|---|
| 10 | 《唐襄州孔子庙堂碑》 | 于敬之撰 | 祭孔 | 垂拱元年（685） | 金 207 |
| 11 | 《唐八都坛实录》 | | 山神 | 垂拱三年（687） | 集 129 |
| 12 | 《金台观主马元贞投龙记》 | | 投龙 | 天授二年（691） | 石刻 1—196 |
| 13 | 《周武后昇中述志碑》 | 武后撰，睿宗书 | 封禅 | 万岁登封元年（696） | 金 207 |
| 14 | 《封祀坛碑》 | 武三思撰 | 封禅 | 万岁登封元年（696） | 石刻 3—70—73 |
| 15 | 《周武后封中岳碑》 | 薛稷书 | 封禅 | 万岁登封元年（696） | 金 207 |
| 16 | 《周昇仙太子碑》 | 武后撰并书 | 道教 | 圣历二年（699） | 金 208 |
| 17 | 《唐修封禅坛记》 | 贾膺福撰并书 | 封禅 | 景云二年（711） | 金 212 |
| 18 | 《唐玄宗谒玄元庙诗》 | 唐玄宗撰并书 | 谒庙 | | 集 142 |
| 19 | 《周公祠碑》 | 贾大义撰 | 祭祀周公 | 开元二年（714） | 石刻 3—211—214 |
| 20 | 《唐益州府学孔子庙堂碑》 | 周颢撰 | 祭孔 | 开元七年（719） | 金 41 |
| 21 | 《唐孔子庙碑》 | 李邕撰，张庭珪书 | 祭孔 | 开元七年（719） | 金 41 |
| 22 | 《华岳精享昭应碑》 | 咸廙撰 | 祭祀华山神 | 开元八年（720） | 石刻 3—252—255 |
| 23 | 《大唐北岳府君之碑》 | 韦虚心撰，陈怀志书 | 祭祀北岳山神 | 开元九年（721） | 金 42；石刻 3—257—258 |
| 24 | 《唐河侯新祠颂》 | 秦宗撰，王晏书 | 祭祀河伯 | 开元九年（721） | 金 215 |
| 25 | 《老子孔子颜子讚并奏敕》 | | 祭祀道教、儒教 | 开元十一年（723） | 石刻 4—362 |
| 26 | 《纪太山铭》 | 唐玄宗撰并书 | 封禅 | 开元十四年（726） | 石刻 3—314—320 |

续表

| 序号 | 碑名 | 撰书者 | 所涉内容 | 时间 | 文献来源 |
|---|---|---|---|---|---|
| 27 | 《北岳恒山祠碑》 | 张嘉贞文 | 祭祀北岳山神 | 开元十四年（726） | 石刻3—320—322 |
| 28 | 《唐龙角山纪圣铭》 | 唐玄宗撰并书 | 祭祀龙角山神 | 开元十七年（729） | 金217 |
| 29 | 《唐庆唐观纪圣铭》 | 唐玄宗 | 道观祭祀 | 开元十七年（729） | 石刻4—257 |
| 30 | 《唐老子庙碑》 | 于孺卿、房自谦撰，房自谦书 | 祭祀老子 | 开元十八年（730） | 金46 |
| 31 | 《唐北岳真君碑》 | 房凤文 | 祭祀北岳 | 开元二十年（732） | 金47 |
| 32 | 《唐南岳真君碑》 | 赵颐祯撰，萧诚正书 | 祭祀南岳 | 开元二十年（732） | 金47 |
| 33 | 《唐北岳恒山碑》 | 释邈词，释旷书 | 祭祀北岳 | 开元二十一年（733） | 金48 |
| 34 | 《唐后土神祠碑》 | 唐玄宗撰并书 | 祭祀后土 | 开元二十一年（733） | 金48 |
| 35 | 《唐老子庙碑》 | 崔季友撰，郑铉书 | 祭祀老子 | 开元二十二年（734） | 金48 |
| 36 | 《北岳神庙碑》 | 郑子春 | 祭祀北岳 | 开元二十三年（735） | 石刻3—372—377 |
| 37 | 《白鹿泉神祠碑》 | 韦济文，裴抗书 | 祭祀水神 | 开元二十四年（736） | 石刻1—352 |
| 38 | 《唐云龙山投龙诗》 | 赵居贞撰序 | 投龙 | 天宝中 | 金227 |
| 39 | 《唐修东镇沂山记》 | 范正则撰并书 | 祭祀东镇 | 天宝元年（742） | 金55 |
| 40 | 《告华岳文》 | 韩赏撰，韩择木书 | 祭祀华山 | 天宝元年（742） | 石刻3—459 |
| 41 | 《兖公颂》 | 颜回、张之宏撰，包文该书 | 祭祀颜回 | 天宝元年（742） | 石刻3—460—462 |
| 42 | 《唐舞阳侯祠堂碑》 | 王利器撰 | 祭祀樊哙 | 天宝二年（743） | 集148 |
| 43 | 《北岳恒山安天王铭》 | 李荃撰，戴千龄书 | 祭祀北岳 | 天宝七载（748） | 石刻3—496—501 |

续表

| 序号 | 碑名 | 撰书者 | 所涉内容 | 时间 | 文献来源 |
|---|---|---|---|---|---|
| 44 | 《唐美原夫子庙碑》 | 王岩撰并书 | 祭孔 | 天宝八载（749） | 集149 |
| 45 | 《拜比干庙文》 | 李翰文，张琪书 | 祭祀比干 | 天宝十载（751） | 石刻3—508—509 |
| 46 | 《云门山投龙诗刻》 | 赵居贞撰并书 | 投龙 | 天宝十一载（752） | 石刻1—798 |
| 47 | 《唐李阳冰城隍神记》 | 李阳冰撰并书 | 祭祀城隍 | 乾元二年（759） | 集153 |
| 48 | 《唐缙云孔子庙记》 | 李阳冰撰并书 | 祭孔 | 上元二年（761） | 集154 |
| 49 | 《唐禹庙碑》 | 段季展书 | 祭祀大禹 | 大历三年（768） | 集158 |
| 50 | 《唐河渎祠碑》 | 王延昌撰，赵复书 | 祭祀河渎之神 | 大历三年（768） | 金68 |
| 51 | 《麻姑仙坛记》 | 颜真卿撰并书 | 祭祀神仙 | 大历六年（771） | 石刻3—605—608 |
| 52 | 《黄石公祠记》 | 李卓撰 | 祭祀先贤 | 大历八年（773） | 石刻3—643 |
| 53 | 《文宣王庙新门记》 | 裴孝治撰 | 祭孔 | 大历八年（773） | 石刻3—647 |
| 54 | 《妒神颂》 | 李涇撰 | 祭祀妒水 | 大历十一年（776） | 石刻1—453—456 |
| 55 | 《赤山湖记》 | 樊珣撰 | 祭祀水神 | 大历十二年（777） | 石刻2—99 |
| 56 | 《禹庙碑》 | 韩秀实撰 | 祭祀大禹 | 建中元年（780） | 石刻4—405 |
| 57 | 《吴岳祠堂记》 | 冷朝阳书 | 祭祀山神 | 兴元元年（784） | 石刻3—712 |
| 58 | 《诸葛武侯新庙碑》 | 沈迥撰 | 祭祀诸葛亮 | 贞元十一年（795） | 石刻3—729 |
| 59 | 《盐池灵庆公碑》 | 崔敖撰，韦纵书 | 祭祀盐池神 | 贞元十三年（797） | 石刻3—733 |
| 60 | 《济渎庙北海坛祭器碑》 | 张洗撰 | 祭祀渎神 | 贞元十三年（797） | 石刻3—738 |
| 61 | 《唐济渎庙祭器铭》 | 张洗撰 | 祭祀济水 | 贞元十三年（797） | 集183 |

266

续表

| 序号 | 碑名 | 撰书者 | 所涉内容 | 时间 | 文献来源 |
|---|---|---|---|---|---|
| 62 | 《唐神女庙诗》 | 李吉甫、丘玄素、李贻孙、敬骞等作 | 祭祀神女 | 贞元十四年（798） | 集183 |
| 63 | 《广仁寺龙泉记》 | 张铸述，裴少微书 | 祭祀水神 | 元和三年（808） | 石刻1—711 |
| 64 | 《唐卢顼祷聪明山记》 | 卢顼撰 | 祭祀山神 | 元和三年（808） | 集189 |
| 65 | 《诸葛武侯祠堂碑》 | 裴度撰，柳公绰书 | 祭祀诸葛亮 | 元和四年（809） | 石刻3—778 |
| 66 | 《十哲赞碑》 |  | 祭祀儒家 | 元和十年（815） | 石刻4—423 |
| 67 | 《辛秘中岳题记》 |  | 祭祀山神 | 元和十二年（817） | 石刻4—426 |
| 68 | 《唐韩愈南海神庙碑》 | 韩愈撰，陈谏书 | 南海神庙碑 | 元和十五年（820） | 集186；石刻3—807 |
| 69 | 《唐韩愈罗池庙碑》 | 柳宗元、韩愈撰，沈传师书 | 祭祀罗池庙 | 长庆中 | 集186 |
| 70 | 《唐韩愈黄陵庙碑》 | 韩愈撰，沈传师书 | 祭祀黄陵庙 | 长庆元年（821） | 集187 |
| 71 | 《周公祠灵泉记》 | 崔珙撰 | 祭祀灵泉 | 大中二年（848） | 石刻4—72 |
| 72 | 《处州孔子庙碑》 | 韩愈撰 | 祭孔 | 太和三年（829） | 石刻3—830 |
| 73 | 《唐太清宫钟铭》 | 冯宿撰，柳公权书 | 道教祭祀 | 太和五年（831） | 金88 |
| 74 | 《唐襄州文宣王庙记》 | 裴度撰，崔倬书 | 祭孔 | 太和六年（832） | 金88 |
| 75 | 《唐武侯碑阴记》 | 崔备撰 | 祭祀诸葛亮 | 开成二年（837） | 集203 |
| 76 | 《唐文宣王新庙碑》 | 刘禹锡撰，卢径书 | 祭孔 | 开成二年（837） | 金89 |
| 77 | 《唐新修紫极宫记》 | 贾岛撰 | 道教祭祀 | 会昌元年（841） | 金90 |
| 78 | 《唐修文宣王庙记》 | 裴坦撰，卢匡书 | 祭孔 | 会昌五年（845） | 金91 |

续表

| 序号 | 碑名 | 撰书者 | 所涉内容 | 时间 | 文献来源 |
|---|---|---|---|---|---|
| 79 | 《唐会昌投龙文》 | | 投龙 | 会昌五年（845） | 集207 |
| 80 | 《唐吕温祭舜庙文》 | 裴昇之书 | 祭祀大禹 | 大中元年（847） | 金91 |
| 81 | 《唐闽迁新社记》 | 濮阳宁撰 | 祭祀社神 | 大中十年（856） | 集210 |
| 82 | 《唐定州文宣王庙记》 | 卢肇撰并书 | 祭孔 | 大中十三年（859） | 金93 |
| 83 | 《修中岳庙记》 | 李方郁撰 | 祭祀山神 | 咸通六年（865） | 石刻1—573—575 |
| 84 | 《禹庙什物记》 | 李构立撰 | 祭祀大禹 | 咸通九年（868） | 石刻1—727 |
| 85 | 《唐张将军新庙记》 | 张鲁，李巨川撰，唐彦谦书 | 祭祀张将军 | 龙纪元年（889） | 集217 |

# 后　　记

本书是在本人博士学位论文基础上删改而成的，一边修改，一边回忆过往的青春，回想起那段峥嵘岁月，至今仍留恋不已。长达十年的陕西师范大学生活，让本该奔波于山野的我走上了三尺讲台，接续了传承历史与文化的使命，我很荣幸，也倍感知足。历史文化学院诸位先生授我以句读之学，经典之文，课堂往昔种种，皆历历在目，并使我坚定不移，一路向前，终乃业有所增，学有所获，非虚度光阴而已。感谢导师李宗俊教授以及李军、张维慎、黄寿成、周晓薇、介永强、葛洲子诸位老师在本人学习成长与论文答辩过程中提供的帮助和论文指导意见。但文中所有错讹之处，均属本人才疏学浅，与他人无关，只能算是对过往学习生涯的一个总结，受种种条件的限制，在这个领域浅尝辄止而已，不足为外人道也。

非常荣幸能够进入新的工作单位，学院领导、同事们都对我关照有加，帮助我顺利度过了萌新阶段，逐渐开始能够自信自立，独当一面。历史是向前发展的，历史也是丰富多样的，可以任人装扮，但又明白它是无法人为干预的，只能眼看他起高楼，眼看他宴宾客，眼看他楼塌了。长此以往，反倒养成了宠辱不惊、恬静淡然的旁观者心态，到底是福是祸，也只能留待将来去验证。

所有的梦想终将实现，未来的路仍在脚下，在选择与决定的过程之中，我也曾犹豫过、退缩过，但却并未后悔，因为我深刻地意识到我最

## 后 记

后的目的与需求为何物,也是为此而一直努力奋斗。我感恩帮助过我的所有人,让我知道人间有大爱,这个世界上仍有很多美好的事情值得留恋;我也感谢那些试图阻挡我,向我施加压力的人,因为他们并没有击垮我,反而使我的心智更加成熟,更加无所畏惧。达则兼济天下,穷则独善其身,本人家徒四壁,位卑学浅,能做的必将尽心尽力,但也仅此而已,自知、自足,不求感动世界,只求无愧于心。

从今以后,孝为人子,贤为人夫,学为人父,重任在肩,又怎敢轻易退缩,必将以己前半生之所学,全力开拓后半生之征程。在此,我由衷地感谢那些陪伴我、帮助我的同窗好友,无论是"小聚贤庄""长安一片月"还是"菩提树",都十分可爱又可敬。虽然不能一一留名,但你我岁月与共、情感长存。还要特别感谢本书出版过程中帮助我进行排版、校稿的中国社会科学出版社宋燕鹏编审、石志杭编辑等,虽未谋面,但两次三番相扶,感激之情铭记于心。

癸卯腊月书于陇东寓所